KB056912

방언학

방언학

이익섭

The Humanities

1

민음사

개정 증보판 머리말

『방언학』 초판이 간행된 지 21년이 지났다. 까마득한 세월이 흐른 듯하다. 그동안 꾸준히 분외의 사랑을 받아 판을 거듭해 오면서 총서 이름도 "대우학술총서 13"에서 "민음사 인문사회과학 총서 1"로 한 차례 바뀌었다. 그리고 이제 지형이 낡아 새 판을 내게 되었다.

이왕 판을 새로 짜는 것을 계기로 조그만 손질을 하였다. 노출되었던 한자를 괄호에 넣고, 표현도 얼마간 바꾸었을 뿐 아니라 초판 간행 이후에 이루어진 성과들을 최소한은 반영하려 하였다. 그중에서도 '민간방언학'이라는, 아마 그 내용은 물론이거니와 그 용어도 처음으로 소개되는 항목을 새로 집필한 것이 큰 변화라면 변화일 것이다.

초판 머리말에서 이 책이 우리나라 미개척 분야를 다루는 총서에 들어가야 하는 현실을 지적하면서 우리나라 방언학의 더딘 발걸음을 안타까워한 바 있다. 다행히 그 후 우리 방언학은 활기를 띠고 괄목할 만한 발전을 거듭해 오고 있다. 마침, 때늦은 감이 없지 않으나 방언학회도 당당한 모습으로 출범하였다. 이러한 활기가 앞으로도 계속되고, 거기에 이 작은 책이 조그만 디딤돌이 되었으면 싶다.

2006년 1월 17일
이익섭

머리말

우리나라 방언학이 근대적인 모습을 띠고 등장한 것은 여타 국어학에 비하여 결코 뒤지지 않았다. 그러나 어느 때부터인지 우리 방언학은 발전을 모르고 제자리걸음을 거듭해 왔으며 때로는 뒷걸음질까지 쳐 왔다. 여러 방언에 관한 조사보고서는 풍성하였으나 방법론에 있어서의 빈곤은 좀체로 극복되지 않았다. 그처럼 오랜 기간을 개설서 하나 없이 버티어 온 분야가 우리 방언학 이외에 달리 또 있을까 하는 의문이 들 만큼 우리의 뜰은 허전하였었다.

저자는 평소 기회가 닿는 대로 이 방법론의 정밀화를 위하여 주의를 환기시키고자 노력하였었다. 그러다가 이번에 대우재단에서 우리나라의 미개척 분야에 대한 입문서를 펴내는 기획의 일환으로 이 작은 책자를 쓰게 되었다. 시대적으로 결코 미개척 분야일 수 없는 방언학이 이 기획에 끼이게 된 것이 못내 부끄럽지만 뒤늦게나마 이만한 이론서를 펴내게 된 것을 매우 기쁘게 생각한다.

본서는 모두 여섯 장(章)으로 되어 있다. 제1장은 방언의 개념을 다루었다. 특히 언어와 방언 간의 관계를 중점적으로 다루었으며 지역방언과 사회방언의 기본적인 개념도 아울러 밝혀 두었다.

제2장은 방언학이 발달하여 온 큰 줄기를 개관한 장이다. 전국적인 규모의 언어지도를 만든 나라들의 방언조사 사업 중 후대에 영향을 크게 끼친 업적들을 중점적으로 다루었다. 구조방언학과 생성방언학 및 도시방언학에 관해서도 개략적인 소개를 해 두었다.

제3장의 현지조사 방법론은 본서에서 가장 역점을 둔 장일 것이다. 방언 연구의 가장 핵심적인 분야가 자료의 수집인데 우리나라 방언 연구는 바로 이 방법론에서 그동안 가장 허술한 면모를 드러냈다고 판단되었기 때문이다.

제4장의 언어지도 및 방언구획에 관한 장도 본서의 가장 큰 비중을 차지하는 장의 하나이다. 제3장과 제4장이 이처럼 큰 비중을 차지하게 된 것은 방언학의 본령은 역시 언어지리학이며 우리나라 방언학이 더 시급히 발전해야 할 분야도 바로 이 분야라는 저자의 생각에 말미암은 것이다.

그러나 본서는 최근의 사회방언에 관한 연구 경향도 가능한 한 소상히 소개하려 하였다. 제5장이 바로 그러한 장이다. 이 장에서는 개별 연구를 하나씩 소개하면서 그 방법론까지를 서술하는 방식을 취하였는데 이는 이 분야가 아직 역사가 짧아 관계 업적이 많지 않음을 감안한 것이다.

제6장 방언의 전파는 매우 흥미롭고 다른 분야에도 기여가 클 분야이나 아직 크게 진척되지 못하여 간략히 소개하였다. 앞으로의 연구를 자극하는 의미를 가지는 장이라 보아 좋을 것이다. 결론 장을 쓰려 하였으나 여의치 못하였다. 기회를 보아 추가하고자 한다.

본서를 위하여 도움을 주신 분들이 많다. 특히 이기문 선생님은 본서를 집필하도록 주선해 주신 일에서부터 귀중한 자료들을 마련해 주신 일에 이르기까지 도움을 주신 일이 한두 가지가 아니다. 여기서 깊은 감사의 뜻을 표하고자 한다. 대우재단의 여러분에게도 감사를 드린다. 그리고 교정이며 색인 작성 등 어려운 일을 맡아 준 김창섭, 이지양, 한재영, 장소원 등 여러 문하생들의 노고를 또한 잊을 수 없다. 민음사와 인쇄소 여러분의 노고도 고마울 뿐이다.

원고가 진행되는 것을 지켜보며 격려를 주곤 하던 가족들과 이 새 아기의 탄생의 기쁨을 나누며 이번 주말은 그들과 좀 한가로이 지낼 수 있었으면 한다.

1984년 10월 23일
관악 기슭 연구실에서 저자

차례

●

지도 · 도표 · 표 목록

●

지도

도표

표

제 1 장
방언이란 무엇인가

방언학(dialectology)은 말할 것도 없이 방언을 연구 대상으로 하는 언어학의 한 분야다. 따라서 방언학이 구체적으로 어떠한 학문인가를 알려면 우선 방언의 개념부터 바로 파악할 필요가 있다. 그리고 그것은 방언이 언어와는 어떻게 구별되며 또 어떠한 관계를 가지는지를 아는 일에서부터 시작된다. 이 장에서는 이러한 방언의 기초적인 사항을 몇 절로 나누어 살펴보기로 하겠다.

1.1 방언의 개념

언어학의 많은 술어들이 그러하듯이 방언도 늘 같은 개념으로 쓰이지만은 않는다. 시대에 따라 또는 나라나 학자에 따라 몇 가지 다른 개념으로 쓰이지만, 일반인이 쓰는 개념과 전문가가 쓰는 개념도 반드시 일치하는 것이 아니다.

방언과 표준어

방언(dialect)이라는 용어의 한 용법은 표준어와 대립되는 개념으로서의, 다시 말하면 비표준어라는 개념으로서의 용법이다. '방송극에 방언을 함부로들 써서 야단'이라든가, '공직자가 방언을 써서는 안 된다'든가 할 때의 '방언'은 표준어와 대립되는 개념으로서의 방언이다.

이러한 개념으로서의 방언은 '사투리'라는 용어로 바뀌어 쓰이는 수가 많다. '충청도 사투리', '평안도 사투리'라고 할 때의 사투리는 대개 이러한 개념으로 쓰이는 경우다. 이때의 방언이나 사투리는, 말하자면 표준어가 아닌 어느 시골의 말을 뜻하며, 나아가서는 표준어보다 열등한 지위에 있는, 그만큼 세련되지 못하고 격을 갖추지 못한 변방의 말을 일컫는다. 그리고 이때의 방언 내지 사투리는 대개 한 고장의 언어 체계 전반을 가리키기보다는 그 고장의 말 가운데서 표준어에는 없는, 그 고장 특유의 언어 요소만을 일컫는 것이 보통이다. '사투리가 많아 못 알아듣겠다'라고 할 때의 사투리가 바로 그러한 용법으로 쓰인 경우일 것이다.

언어의 하위개념으로서의 방언

그러나 언어학 내지 방언학에서 '방언'이라고 할 때는 표준어보다 못하다든가 세련되지 못하고 규칙이 엄격하지 않다든가와 같은, 어떤 나쁜 평가를 동반한 의미를 가지지 않는다. 한 언어를 형성하고 있는 하위 단위로서의 언어 체계 전반을 곧 방언이라 하여, 가령 한국어를 예로 들면 한국어를 이루고 있는 각 지역의 말 하나하나를, 즉 그 지역의 언어 체계 전부를 방언이라 한다. 서울말은 이때에는 표준어이기도 하지만 동시에 한국어의 한 방언이기도 하다. 그리고 나머지 지역의 방언들은 표준어가 아니기 때문에, 또는 표준어보다 못한 언어이기 때문에 방언인 것이 아니라 한국어라는 한 언어의 하위류들이기 때문에 방언인 것이다.

이때의 '충청도방언'은, 충청도에서만 쓰이는, 표준어에도 없고 다른 도의 말에도 없는 충청도 특유의 언어 요소만을 가리키는 것이 아니라 충청도의 토박이들이 전래적으로 써 온 한국어 전부를 가리킨다. 이 점에서 한국어는 우리나라에서 쓰이는 각 방언의 집합이라고 할 수 있다. 그리고 각 지역의 방언은 상위 단위인 한국어의 변종(variety)들이라고 정의할 수 있다.

방언의 크기

한 언어의 방언들은 대체로 애초에는 한 가지 모습만을 가졌던 언어가 시간이 흐름에 따라 여러 지역에서 각각 다른 모습으로 변화를 일으킨 결과라고 할 수 있다. 즉 한 모체로부터의 분화체인 것이다. 이 언어의 분화(differentiation, diversity)는 그 폭이 아주 커지면 아주 다른 언어로 갈리기도 한다. 가령 한국어와 만주어는 애초 알타이 조어(祖語)로부터 분화되기 시작할 무렵에는 방언차 정도의 조그만 차이밖에 없는 사이였을 것인데 이것이 점차 커져서 드디어는 별개 언어로 분립하기에 이른 것이다.

한 언어의 방언이란, 이처럼 별개 언어로 될 정도의 큰 분화를 일으키지 않은, 적어도 한 언어로서의 공통점을 유지하는 한도 안에서의 분화만을 거친 분화체들이라고 할 수 있다. 그러나 그 분화의 크기는 이 경우에도 일정하지 않다. 한 언어 안에서의 언어 분화라 할지라도 여러 층위에서 갖가지 다른 이유로 갖가지 다른 크기로 일어나기 때문이다. 가령 같은 제주도 안이라 하더라도 한라산 북쪽과 남쪽의 말이 갈릴 수 있고, 또 같은 남쪽 지역이라 하더라도 산간지방과 해안지방 사이에서 다시 언어 분화를 일으킬 수 있다.

이때 방언은 한 언어의 어느 크기, 어느 층위의 하위류를 가리키는 것일까. 가령 한 언어의 제1차 하위류만을 방언이라 하는 것일까. 그렇지 않다. 방언을 이처럼 엄격하게 규정된 술어로 쓰는 일은 별로 없다. 즉 한 언어의 하위류요 분화체이면 그 크기나 층위에 구애됨이 없이 다 방언이라 부르는 것이 일반적이다. 제주도 전역의 언어를 가리키는 '제주도방언', 한라산 이남 지방의 언어만을 가리키는 '남제주도방언', 또 그중 어촌의 언어만을 가리키는 '남제주도 어촌방언' 등의 명명이 다 가능한 것은 이 때문이다.

한 개인의 말을 특별히 구별하여 지칭하고자 할 때는 개인어(idiolect)라 한다. 이는 방언이 한 개인의 말 정도로 작은 크기의 언어를 가리키는 용어로까지는 쓰이지 않는다는 것을 시사하는 것이기도 하다. 그러나 일반적으로 방언이 어느 크기 이하의 작은 단위는 가리킬 수 없다든가 하는 엄격한 제한은 없다. 한 군 단위의 언어를 가리켜 '경주방언'이라 불러도 좋으며, 한 마을 단위의 언어를 가리켜 '석교리방언'이라 불러도 방언이라는 용어의 용법에 조금도 어긋나지 않는다. '방언'은 그만큼 쓰임이 자유롭고 용도의 폭이 큰 용어라 이해하여 좋을 것이다.

1.2 지역방언과 사회방언

한 언어 안에서의 방언의 분화는 크게 두 가지 원인에 의해 발생하는 것으로 인식되고 있다. 그 하나는 지역이 다름으로써 방언이 발생하는 경우이며, 다른 하나는 사회적인 요인들, 가령 사회계층, 성별, 세대차 등에 의해 방언이 갈리는 경우다.

지역방언

두 가지 원인 중 전자, 즉 지역의 다름에 의해 형성된 방언을 지역방언(regional dialect)이라 한다. 두 지역 사이에 큰 산맥이나 강, 또는 큰 숲이나 늪 등의 지리적인 장애가 있을 때면 특히 그러하지만, 이러한 뚜렷한 장애물이 없더라도 거리가 멀리 떨어져 있으면 그 양쪽 지역 주민들 사이의 왕래가 어려워지고 따라서 두 지역의 언어는 점차 다른 모습으로 발전해 가리라는 것은 쉽게 짐작되는 일이다. 행정구역이 다르다든가 시장권이나, 학군, 또는 교구(敎區) 등이 다르다는 것도 서로의 왕래를 소원하게 함으로써 방언의 분화를 일으키는 요인이 되는 수가 많다.

어떠한 조건에 의해서든 이처럼 지리적인 거리로 인하여(다시 말하면 지역이 떨어져 있음으로써) 서로 분화를 일으킨 방언 각각을 지역방언이라 한다. 우리나라에서 흔히 '제주도방언, 경상도방언, 전라도방언' 등으로 도명을 붙여 부르는 방언들이 이 지역방언의 전형적인 예이지만 '중부방언, 영동(嶺東) 방언, 강릉방언, 흑산도방언'과 같은 이름의 방언도 역시 훌륭한 지역방언의 예들이다. 전통적으로 방언이라 하면 이 지역방언을 일컬을 만큼 지역방언은 방언 중 대표적인 존재라 할 만하다.

사회방언

방언은 지역이 달라짐에 따라서만 형성되는 것이 아니다. 동일한 지역 안에서도 몇 개의 방언이 있을 수 있는 것이다. 한 지역의 언어가 다시 분화를 일으키는 것은 대개 사회계층의 다름, 세대의 차이, 또는 성별의 차이 등의 사회적 요인에 기인한다. 이처럼 지리적인 거리에 의해서가 아니라, 사회적인 요인에 의하여 형성되는 방언을 사회방언(social dialect)이라 한다. 사회방언은 때로 계급방언(class dialect)이라고 부르는 수도 있는데 이는 사회방언이 여러가지 사회적 요인에 의하여 형성되지만 그 중에서도 사회계층이 가장 중요한 요인임이 일반적인 데서 연유한다.

사회방언은 지역방언과 함께 2대 방언의 하나를 이룬다. 그러나 사회방언은 지역방언만큼 일찍부터 방언학자의 주목을 받지 못하였다. 어느 사회에나 사회방언이 없지는 않았으나 일반적으로 사회방언 간의 차이는 지역방언들 사이의 그것만큼 그렇게 뚜렷하지 않기 때문이었다. 가령 20대와 60대 사이에는 분명히 방언차(사회방언으로서의 차이)가 있지만 그 차이가 전라도방언과 경상도방언 사이의 그것만큼 현저하지는 않은 것이 일반적이며, 남자와 여자 사이의 방언차 역시 마찬가지다.

사회계층 간의 방언차는 사회에 따라서는 상당히 현격한 차이를 보여 일찍부터 논의의 대상이 되어 오기는 하였다. 인도에서의 카스트(caste)에 의해 분화된 방언, 미국 흑인영어(Black English)의 특이성, 우리나라 일부 지역에서 발견되는 양반 계층과 일반 계층 사이의 방언차 등이 그 대표적인 예들이다. 그러나 이러한 사회계층 간의 방언분화는 역시 어느 사회에서나 발견되는 것이 아니어서 지역 간의 방언분화만큼 일반적이지 못하고 따라서 최근 사회방언학(sociolinguistics)의 대두에 따라 점차 큰 관심의 대상이 될 때까지는 방언학의 중심 과제가 되지 못하였다.

1.3 언어와 방언

상호의사소통력

방언은 언어의 변종들이며 그 하위류들이기 때문에 한 언어에 속하는 방언들은 그들 사이의 차이가 아무리 현저하고 크다고 하더라도 상호의사소통이 안 될 정도로 크지는 않은 것으로 이해되는 것이 일반적이다. 이에 반해서 가령 한국어와 일본어, 또는 한국어와 중국어처럼 서로 다른 언어는 그 차이가 너무 커서 이들 두 다른 언어를 쓰는 사람들 사이는 의사소통이 되지 않는다. 이 때문에 방언과 언어를 구분하는 기준으로 흔히 상호의사소통력(mutual intelligibility)을 든다. 말의 차이가 있는 두 지역의 사람이 만나 서로 의사가 소통되면 그 두 지역의 말은 한 언어의 방언들이며, 그렇지 못하고 의사소통이 되지 않는다면 그 두 지역의 말은 별개의 언어라는 것이다.

그러나 의사소통 여부에 의한 언어와 방언의 구분 기준은, 때로는 그대로 잘 적용되지 않는 예외적인 경우도 있어, 그리 강력한 기준이 되지 못한다는 점도 자주 지적된다. 즉 한 언어에 속하는 방언들이면서도 상호의사소통을 불가능하게 할 만큼 그 차이가 큰 경우도 있으며, 분명히 별개의 언어를 쓰는 두 나라 사람들이 서로 자기 나라 말을 쓰면서도 의사가 자유롭게 소통되는 실례도 있는 것이다. 전자의 예로는 흔히 중국을 든다. 표준 중국어인 북경 관화(官話)와 광동(廣東)의 방언은 같은 중국어이면서도 의사소통이 안 될 만큼 그 차이가 크다고 한다. 중국어는 크게 네 방언권으로 나뉘는데 위의 두 방언권 사이에서뿐만 아니라 네 방언권 사이는 어느 사이에서나 의사소통이 잘 안 된다고 한다.

한 언어 안의 방언들 사이가 의사소통이 안 될 정도로 거리가 먼 사례는 중국에서뿐만 아니라 독일이나 이태리에서도 알려져 있다. 우리나라에서도 제주도 사람끼리 하는 순수한 제주도방언은 육지 사람들이 알아듣기 어렵다고 한다. 제주도 사람과 두만강 부근의 함경도 사람이 서로 만나 이야기할 경우의 상황이 아직 정확히 보고된 일이 없지만 이들 상호간의 의사소통이 불가능할 가능성은 매우 높다고 여겨진다. 결국 한 언어에 속하는 방언들 간의 언어차가 늘 의사소통이 가능할 정도의 가벼운 것만은 아니라는 것을 알 수 있다.

반면 전술한 대로 서로 다른 별개의 언어이면서도 의사소통이 가능한 정도로 그 차이가 크지 않은 예들도 널리 알려져 있다. 한 예로 스웨덴, 노르웨이, 덴마크 세 나라의 언어들은 각기 독자적인 특징을 가지고 있는 별개의 언어들인데도 이 세 나라 사람들은 서로 제 나라 말을 쓰면서 자유롭게 의사소통을 한다고 한다.

경우가 좀 다르지만 이러한 현상은 국경 지대에서 특히 일반적이다. 미국과 멕시코의 국경 지대, 독일과 네덜란드의 국경 지대 등이 대표적인 예이지만, 이들 지역에서는 이쪽 나라 사람들이 저쪽 나라 사람들의 말을 쉽게 알아듣는다고 한다. 미국 내륙지방 사람들과 멕시코 내륙지방 사람들 사이에서는 이루어지지 않는 의사소통이 이들 국경 지대에서는 이루어지는 것이다.

이는 물론 국경 지대에서는 상대편 나라 사람들과도 접촉을 자주 함으로써 두 나라 언어의 요소도 서로 오고가는 데서 연유하는 것이지만, 이들의 예가 언어 간의 차이란 반드시 의사소통이 불가능할 정도로 큰 것이라는 입론(立論)에 대한 한 반증이 되는 것만은 분명하다. 국경 지대라는 특수성은 있지만, 상호의사소통이 가능할 정도의 작은 차이를 가지는 두 집단의 말은 한 언어의 방언들이라는 앞에서의 기준으로 보면 미국과 멕시코의 국경 지대의 영어와 멕시코어는 한 언어에 속하는 두 방언이어야 한다. 그러나 이들이 한 언어일 수 없음은 너무도 자명하다. 국경을 사이로 미국 쪽의 말은 비록 멕시코어의 영향이 크다 할지라도 영어임이 분명하고 멕시코 쪽의 말은 멕시코어임이 분명하기 때문이다. 여기서 방언과 언어를 상호의사소통 여부만으로 구분하기는 어렵다는 것을 알 수 있다.

언어와 국가

언어는 흔히 국가를 배경으로 하여 인식되는 일이 많다. 한 국가를 단위로 하여 그 안에서 한 가지 표준어를 지향하며 한 가지 정서법(正書法)으로 표기되는 말이면, 그 말들 사이에 다소간의 차이, 또는 상호의사소통이 안 될 정도의 큰 차이가 있다 하더라도 한 언어라는 인식이 그것이다. 중국어의 예의 방언들이 별개의 언어들로 간주되지 않고 중국어의 방언들로 간주되는 것은 이 까닭이다. 그들 방언은 모두 한자(漢字)라는 동일한 정서법으로 표기되며 또 그 방언들이 지향하는 표준어가 있다면 그것은 표준 중국어일 수밖에 없을 것이므로 중국에서 쓰이는 여러 방언은 아무리 그 차이가 크다고 하더라도 중국어의 방언으로 인식되는 것이다.

미국과 멕시코 국경 지대에서의 문제도 이러한 기준에 의해 해결된다. 미국 쪽 사람들은 멕시코어의 요소가 많이 섞인 말을 쓴다 하더라도 영어정서법을 쓰며 또 표준영어를 지향하기 때문에 그들의 말은 영어인 것이며, 멕시코 쪽 사람들의 말은 같은 논리로 멕시코어인 것이다. 다른 국경 지대에서의 두 나라 언어들도 그들이 각기 다른 국가, 다른 정서법, 다른 표준어를 배경으로 하고 있다면 비록 두 말이 상호간의 의사소통을 가능하게 할 정도로 가깝다 하더라도 각각 별개의 언어이며 결코 한 언어의 방언들이 아니라는 일반론이 성립한다.

언어와 방언을 이처럼 국가와 연관시켜 인식할 때 문제로 대두되는 몇 경우가 있다. 그 하나는 스위스 및 캐나다와 같은 경우다. 스위스에서 쓰이는 프랑스어와 독일어는 한 나라에서 한 국민들이 쓰는 말이라는 점에서 같은 언어의 방언들이라고 할 법하다. 캐나다에서 쓰이는 영어와 프랑스어도 마찬가지다. 그러나 이들이 각기 별개의 언어임은 너무도 분명하다.

그러면 무엇이 그 기준인가. 우선 이들이 상호의사소통이 될 정도의 가까운 언어가 아니라는 점을 한 기준으로 삼을 수 있을 것이다. 그러나 그보다도 정서법과 지향하는 표준어가 더 결정적인 기준이 된다. 스위스에서 쓰이는 프랑스어도 정서법은 프랑스 사람들이 쓰는 것을 따르며 파리의 표준어를 그 기간으로 삼기 때문에 프랑스어다. 마찬가지로 스위스에서 스위스 국민이 쓴다고 하여도 독일어는, 같은 스위스 국민이 쓰는 프랑스어와는 별개의 언어인 독일어다. 한 나라 한 국민이 두 가지 다른 언어를 쓰고 있다는 것은 분명 예외적인 현상으로서 그 언어들이 한 국가 안에서 쓰인다고 하여 단일 언어는 아닌 것이다.

국가와 언어를 묶어 생각할 때 제기되는 다른 한 경우는, 영국, 미국, 캐나다, 호주 등에서 다 영어가 쓰이는 경우다. 나라가 다 다르니 각기 다른 나라에서 쓰이는 영어를 다 다른 언어라고 하여야 할 것인가 하는 문제가 제기될 수 있기 때문이다. 그러나 비록 영국 영어(British English), 미국 영어(American English)로 구분은 할지언정 이들이 같은 영어임에는 틀림없다. 이때 이들을 같은 언어로 묶는 기준은 무엇인가. 우선 국경 지대와 같은 특수한 상황이 아니면서 이들이 모두 상호의사소통이 가능한 관계에 있다는 점을 들 수 있을 것이다. 그리고 무엇보다 동일한 정서법과 표준어를 쓰고 있다는 점을 큰 기준으로 삼을 수 있다. 이들의 정서법과 표준어는 반드시 일치하는 것은 아니지만 그 차이가 이들을 다른 언어라고 하기에는 너무나 미세한 것이어서 결국 거의 같은 정서법과 표준어를 채택해 쓴다고 할 수 있고 따라서 이 점에서도 이들은 한 언어로 묶인다.

결국 각 언어는 대개 한 국가에 소속되는 관계에 있지만 각각 다른 체계의 정서법과 표준어를 가질 때 그 독자성을 가지는 것이며, 방언은 이러한 언어의 하위류들이라고 결론지을 수 있을 것이다.

■ 참고

방언의 개념에 대해서는 Hockett의 *A Course in Modern Linguistics* (1958) 및 Bloomfield의 *Language*(1933) 등 대부분의 고전적인 언어학개설류에서 꽤 상세히 언급하고 있다. 특히 언어와 방언 간의 차이에 역점을 두면서 방언의 개념을 다룬 것으로는 Langacker의 *Language And Its Structure*(1968) 제3장과 Chambers And Trudgill의 *Dialectology* (1998)의 제1장 및 Haugen의 논문 "Dialect, Language, Nation"(1966) 등을 참조할 것.

지역방언과 사회방언의 개념에 대해서는 특히 Chambers And Trudgill의 전게서가 전권을 통하여 자세하게 다루고 있으며 Davis의 *Englisgh Dialectology*(1983)도 두 방언의 관계와 이들에 대한 연구사를 자세히 소개해 놓았다. 두 방언에 대한 상세한 개념과 관계에 대해서는 본서의 여러 곳에서 다루어지므로 해당 장을 참조할 것이며, 언어와 국가와의 관계에 대해서는 앞의 Haugen의 논문 외에 Trudgill의 *Sociolinguistics*(1983)을 참조할 것. 그리고 표준어와 방언의 관계에 대해서는 이익섭의 「한국어 표준어의 제문제」(1983) 및 Wolfram And Fasold의 *The Study of Social Dialects in American English*(1974) 등을 참고할 만하다.

제 2 장

방언학의 발달

사람들이 언어에 대해서 가지는 의식이나 감각은 놀랍도록 예민하다. 우리 속담에 '에' 해 다르고 '애' 해 다르다는 것도 언어에 대한 사람들의 놀라운 민감성을 표현한 것이라고 하겠거니와 우리는 흔히 상냥한 말투, 거만한 말씨, 상스러운 말 등등 남의 말을 단순한 의사소통의 매개체 이상으로 평가하는 일을 자주 경험한다. 방언에 대해서도 예외는 아니다. 한 예로 자기 고장 사람들은 '팥'이라고 하는 것을 저쪽 고장 사람들은 '퐃'이라고 한다는 유의 이야기를 비롯하여 방언차(方言差)에 대한 갖가지 현상을 화제로 삼곤 한다.

방언차에 대한 민감한 반응은 언어학에 문외한인 일반인들에게서도 널리 발견되는 현상이므로 시대적으로 문명이 크게 발전하지 않았을 이른 시기에도 이같은 현상이 있었을 것을 짐작하기는 어렵지 않다. 실제로 전문가가 아닌 사람들의, 또는 남보다는 이 방면에 깊은 관심을 가졌던 사람들의, 방언에 대한 관심의 결과가 단편적으로나마 문헌에 남아 있는 예는 일찍부터 여러가지가 알라져 있지만 나라에 따라서는 부피가 큰 방언어휘집 등이 만들어지기까지 하였다.

그러나 방언이 하나의 과학적 대상으로서 언어학자의 관찰 대상이 되기 시작한 것은 언어학의 다른 분야에 비하여 상당히 뒤늦은 시기였다. 이는 희랍 시대부터의 언어학이 고전에 나타나는 문어(文語)를 관찰의 대상으로 삼고 방언은 말할 것도 없고 구어(口語)는 표준어이더라도 관심 밖에 두었던 오랜 전통을 생각하면 매우 당연한 현상이기도 하였다.

방언학의 출발 배경

방언이 애초 언어학자의 관찰 대상이 된 것은 문헌에서 세워진 언어 이론을 살아 있는 언어 자료(즉 방언)에서 입증하기 위해서였다. 즉 본격적인 방언조사는 19세기 언어학계를 지배하였던 소장문법가(小壯文法家, Jungergrammatiker)의 이른바 '음운법칙의 무예외성'(無例外性, Ausnahmslosigkeit der Lautgesetze)을 방언 자료에서 확인하기 위해서 시작되었던 것이다. 결과는 음운법칙에 예외가 많다는, 애초의 기대와는 반대되는 결론을 얻는 것으로 끝났지만, 오히려 이것이 계기가 되어 방언 연구는 단순히 언어 이론의 수립에 보조자료를 제공하는 데 머물지 않고 언어지리학(言語地理學, linguistic geography)이라는 독자적인 영역으로 발전하게 되었다.

여기서는 그동안 방언학(내지 언어지리학)의 주축을 이루어 왔던 언어지도(言語地圖, linguistic atlas) 사업을 거국적인 규모로 벌였던 나라들의 방언 연구를, 언어지도를 만들기 위하여 벌였던 사업을 중심으로 간략히 간추려 보고자 한다. 그리고 그 뒤에 이러한 언어지도 작성으로 특징지어지는 언어지리학 이후에 비록 미미한 세력으로나마 발전해 나온 구조방언학(structural dialectology) 및 생성방언학(generative dialectology), 그리고 근래 큰 세력으로 발전하고 있는 도시방언학(urban dialectology)에 대하여 간략히 살펴보고, 끝으로 확고한 기반을 잡지 못한 상태에 있지만 민간방언학(民間方言學, folk diatectology)에 대해서도 소개해 두고자 한다.

2.1 독일의 언어지도

Wenker의 연구

흔히 방언학, 더 정확히 말하면 언어지리학의 효시로서 독일의 Georg Wenker의 업적을 든다. 앞에서 본격적인 방언조사는 소장문법가들의 '음운법칙의 무예외성' 이론을 증명하기 위한 것이었다고 하였는데 이 일을 최초로 착수한 것이 바로 Wenker였던 것이다. Werker는 40개의 문장으로 된 질문지를 독일 전국의 초등학교 교사들에게 보내어 그것을 그 지방의 방언으로 번역하게 함으로써 방언 자료를 수집하였다. 예를 들면 '겨울에는 마른 잎이 공중으로 이리저리 날린다.'(Im Winter fliegen die trocknen Blätter durch die Luft herum.)라든가 '우리 동네 산이 너희 동네 산보다 높다.'와 같은 표준독일어 문장을 그 지방의 방언으로 번역하게 한 것이다. Wenker는 1876년부터 1887년까지 전국의 근 5만의 초등학교에 질문지를 우송하여 그중 약 4만 5천 학교로부터 응답을 받아 풍부한 자료를 모으게 되었다.

그리고 이 조사 작업이 끝나기 전인 1881년 우선 북부 및 중앙

독일에서 수집된 자료만으로 여섯 장의 지도로 된 『북부 및 중부 독일의 언어지도』(*Sprachatlas von Nord-und Mittel-Deutschland*)를 출간하고 그 후 F. Wrede와 함께, 1, 646장으로 된 『독일국의 언어지도』(*Sprachatlas des Deutschen Reichs*)라는 이름의 언어지도를 만들었는데 출간되지는 않았다. 최초의 전국적인 규모의 방언조사도 그러하지만 특히 이 최초의 언어지도가 Wenker에게 최초의 진정한 의미의 방언학자라는 영광을 돌리게 한 업적이 된 것이다.

Wrede 및 Mitzka의 연구

독일에서의 방언 연구는 오늘날까지도 Wenker로부터의 전통이 이어지고 있다. 1926년 F. Wrede가 편집하여 발간한 『독일 언어지도』(*Deutsche Sprachatlas*)는 아예 Wenker가 수집해 놓은 자료에 의거한 것이지만 그 후 W. Mitzka로 이어진 독일의 방언 연구 또한 Wenker의 연구를 토대로 하여 행해졌다. 즉 Mitzka는 Wenker의 질문지로는 충분한 방언 어휘를 모을 수 없음을 알고 1939년 어휘항목 200개 정도로 된 새로운 질문지를 만들어 역시 5만의 학교에 우송하여 방언형을 수집하였는데 이는 근본적으로 Wenker가 개발한 방법론을 따른 것이다. 독일 방언학의 전통을 말하자면 Wenker에서부터 비롯된 통신조사의 방법이라고 요약할 수 있을 것이다.

2.2 프랑스의 언어지도

Gilliéron의 연구

방언학의 발전 단계에서 새로운 한 장은 프랑스에서 열렸다.

Wenker의 뚜렷한 업적에도 불구하고 흔히 방언학, 더 좁게는 언어지리학의 창시자로서, 애초에는 지질학자였던 스위스 태생의 언어학자 Jules Gilliéron을 든다. 이는 그만큼 Gilliéron의 방언 연구가 Wenker의 연구에 비해 괄목할 만한 진전을 보인 것이었고, 나아가 방언 연구의 정통(正統)을 이룩한 데 말미암는 것이다.

Gilliéron의 프랑스 방언조사는 1896년에 시작되었다. 그는 우선 질문지를 만드는 일에 심혈을 기울여 아주 혁신적인 모습의 질문지를 만들어냈다. 문장과 같이 분석하기 어려운 큰 단위를 조사항목으로 하는 대신 단어처럼 작은 언어 단위를 조사항목의 단위로 삼은 것이 우선 그러하며, 조사항목의 양에 있어서도 1,920개 항목(애초에는 1,400개 항목)에 이르는 큰 질문지를 만든 것이다. 그리고 이것을 통신조사에 의해서가 아니라 훈련된 조사원으로 하여금 현지에 가서 직접 조사해 오도록 하는 방법을 썼다. Gilliéron의 방법이 Wenker의 것에 비하여 방언 연구의 정통을 이룬다 함은 바로 이 현지조사 방법과 단어 단위의 조사항목을 두고(1,920개 항목 중 100개 항목만 문장 단위의 것이었다) 하는 말이다. 이들 이후의 방언 연구에 있어 거의 모든 연구는 이 Gilliéron의 방법을 채택하였던 것이다.

조사원 Edmont

Gilliéron이 선발하여 쓴 현지조사원은 방언학사에 빛나는 이름을 남긴 Edmond Edmont이었다. Edmont은 애초 청과물 장수였던 비전문가였는데 Gilliéron은 선입견이 없는, 또 미리 어떤 목표를 두고 있지 않은 비전문가가 더 낫다는 입장이었던 것이다. Edmont은 워낙 예민한 귀를 가지고 있어서 현지조사원으로 뽑힌 것인데 음성전사(音聲轉寫)의 훈련을 받은 후 1896년부터 1900년까지 프랑스 전역은 물론 스위스의 프랑스어 사용 지역, 벨기에의 Wallon어 및 Picardie어 사용 지역, 영불해협의 섬들을 두루 돌아다니면서 639지점에서 적어도 700명의 제보자를 대상으로 현지조사를 하였다.

Gilliéron은 제보자에 대해서는 토박이이기만 하면 따로 엄격한 조건을 붙이지 않았기 때문에 Edmont으로 하여금 현지에서 독자적으로 제보자를 선정하여 쓰게 했는데 다만 제보자의 수는 1지점에 1명으로 하는 제약을 두었을 뿐 나이도 15세에서 85세에 걸칠 만큼 이렇다 할 제한이 없었다. 지식 수준은 700명 중 200명이 지방 유지에 속하는 사람들이었으니 식자층이 비교적 많이 채용된 셈이었다. Gilliéron은 자료 수집을 이른바 직접질문법, 즉 표준어 어형을 대고 방언형을 캐는 방식에 의해 하되 단 한번의 질문에 대답하는 첫번째 응답을 채록하는 방식으로 하여 이에만은 엄격한 조건을 달았다. 이 점 프랑스 언어조사의 한 특징이기도 한데 식자층이 많이 채용된 것은 이 질문법과 관련되었던 것이 아닌가 한다.

프랑스 언어지도

Edmont이 수집한 자료에 근거하여 1902-10년에 만든 지도가 바로 방언학사에 찬연히 그 이름을 남긴 『프랑스 언어지도』(*Atlas Linguistique de la France*, ALF)다. Gilliéron은 조사지점 각각에 고유숫자를 배당하여 그것으로써 지도에 표시하고, 그 위에 그 조사지점의 해당 방언형(方言形)을 기입해 넣는 방식으로 지도를 작성하였다(지도 4-1 참조). 이때 방언형은 Edmont이 현지에서 썼던 음성기호(音聲記號)를 수정 없이 그대로 옮겨 적는 방식으로 표시하였는데, 후대에 와 이처럼 음성기호를 직접 기입해 넣는 대신 각 방언형에 도안 모양의 기호를 배당하고 그 기호를 지도에 기입해 넣는 방식이 일반화될 때까지 이 양식은 이 이후의 여러 언어지도의 모델이 되었다.

그러나 『프랑스 언어지도』는 이러한 양식상의 영향에서보다는 여러 나라 여러 학자에게 이 방면에 대한 관심을 불러일으켜 새로운 언어지도를 만들게 하고, 그로써 방언 연구의 면모를 일신시켰다는 데에서 그 공이 높이 평가된다. 그야말로 『프랑스 언어지도』는 언어지도의 새 장을 열고 언어지리학의 새 장을 연 불멸의 금자탑이었던 것이다.

『프랑스 언어지도』는 모두 1,920장의 지도로 이루어진 13권의 대저(大著)로서 그중 1,412장은 조사지역 전역을 포함하는 지도이며 나머지 500여 장은 남부 지방에 국한하여 만든 일종의 보충 지도였다.

Gilliéron은 이 이후 『언어지리학 연구』(*Etudes de Geographie Linguistique*)라는 저서를 M. Roques와 함께 1912년에 출간하였는데 이 저서 또한 이 언어지도의 자료를 언어사적으로 해석하는 일을 주축으로 하여 언어지리학이라는 새로운 영역을 세우는 큰 업적이 되었다.

지역별 신프랑스 언어지도

프랑스에서는 『프랑스 언어지도』의 전통 위에서 특히 이의 미비점을 수정하고 보완한다는 목표 위에서 새로운 방언 연구가 계속되었다. 그 대표적인 것이 Albert Dauzat의 『지역별 신프랑스 언어지도』(*Nouvel Atlas Lingustique de la France par Régions*)를 위한 작업이었다. Dauzat는 특히 Gilliéron의 조사지점 선정이 그 문화적인 배경을 도외시한 점과, 그로써 각 조사항목 역시 각 조사

지점의 지역적인 특성이 반영되지 못하도록 기계적으로 만들어진 것을 개선하려는 데 역점을 두었다. 그리하여 우선 새 질문지를 만들고 국립과학연구소(Centre Nationale de la Recherche Scientifique)의 지원 아래 일을 착수하였다.

이 일은 그 후 몇 년간의 공백기를 거쳐 Gardett 대주교를 중심으로 방언학자들이 뭉쳐 팀을 구성하면서 본격화하였다. 프랑스 전역을 23개 지역으로 나누고 각 지역의 언어지도를 『○○지역의 언어민속지도』(*Atlas Linguistique et Ethnographique de la* ○○)라는 이름 밑에서 역시 국립과학연구소의 지원으로 1954년 이후 속속 출간되어 지금까지 그 사업이 계속되고 있다. 참고로 그 지역명과 책임자 및 1976년까지의 진행 상황을 보이면 다음과 같다.

1 : *Picardie*, Loriot, Deparis (조사 중)

2 : *Normandie*, Leplley, Brasseur (조사 중)

3 : *Bretagne romane*, Guillaume, Chauveau (Tome 1, 1976)

4 : *Ile-de-France, Orléanais*, Mme Simoni-Aurembou (Tome 1, 1974)

5 : *Champagne, Brie*, Bourcelot (1, 1966 ; 2, 1969)

6 : *Lorraine romane*, Lahner, Litaize (조사 중)

7 : *Ouest*, Mlle Massignon, Mlle Horiot (1, 1971 ; 2, 1974)

8 : *Centre*, Mlle Dubuisson (1, 1971)

9 : *Bourgogne*, Taverdet (1, 1975)

10 : *Franche-Comté*, Mme Dondaine (1, 1972)

11 : *Lyonnais*, Gardette (1950-54)

12 : *Jura et Alpes Du Nord*, J-B. Martin, Tuaillon (1, 1971 2, 1974)

13 : *Auvergne-Limousin*, Potte (1, 1975)

14 : *Gascogne*, Séguy (1, 1954 ; 6, 1974)

15 : *Languedoc intérieur*, Ravier (조사 중)

16 : *Massif-Central*, Nauton (1958-1963)

17 : *Languedoc méditerranéen*, Michel (조사 중)

18 : *Provence*, Bouvier, Mme Martel (1, 1975)

19 : *Pyrénées Orientales*, Guiter (1 Vol. 1966)

20 : *Alsace*, Beyer, Matzen (1, 1969)

21 : *Lorraine Germanophone*, Mlle Philipp (1, 1976)

22 : *Basque*, (조사 중)

23 : *Basses-Bretagne*, Le Dê (조사 중)

2.3 이태리의 언어지도

Jaberg와 Jud의 연구

이태리의 언어지도는 Gilliéron의 제자들인 스위스 학자 Karl Jaberg와 Jakob Jud에 의해서 만들어졌다. 이들은 프랑스 언어지도에 자극을 받아 즉시 이태리 및 남부 스위스의 이태리어 사용 지역의 언어조사에 착수하여 결과적으로 Gilliéron의 프랑스 언어지도의 직접적인 영향을 받은 최초의 언어지도를 만들게 되었다.

현지조사는 3명의 조사원에 의해 1908년부터 1911년까지 예비조사를 하는 일에서부터 시작되었다. 이 예비조사를 마친 후 세 조사원 사이의 통일성을 조정한 다음 본조사에 들어가려 할 즈음 재정적인 뒷받침이 안 되고 제1차 세계대전이 발발하는 등의 어려움으로 본격적인 현지조사는 1921년에 가서야 재개되었는데 (가) 스위스와 북부 이태리, (나) 남부이태리와 Sicily섬, (다) Sandinia섬을 각각 분담하여 실시하였다. 그리고 1925년에 407지점으로부터의 자료 수집의 일이 완료되었다. 언어지도는 『이태리 및 남부 스위스의 언어민속지도』(*Sprach-und Sachatlas des Italiens und der Südschweiz*)의 이름으로 1928년부터 1940년에 걸쳐 출간되었는데 1,681장으로 된 8권의 언어지도와 별권으로 된 민속지도 한 권, 서론 및 해설을 실은 해설집 한 권, 도합 10권에 달하는 대작이었다.

이 이태리의 언어지도는 프랑스 언어지도의 영향을 직접적으로 받은 것이면서도 그 방법론을 몇 가지 개선함으로써 언어지리학의 발전에 새 디딤돌을 놓은 것으로 높이 평가되어 왔다. 이 지도는 우선 조사지점의 선정에 있어 기계적인 등거리(等距離)의 지점들을 택하던 Gilliéron의 방법을 버리고 각 지점의 역사적 배경, 경제, 종교 등의 조건을 충분히 고려하여 고형(古形)을 많이 유지하고 있는 지점을 확보하려고 애썼다. 이 점이 우선 프랑스 언어지도의 방법보다 훨씬 개선된 방법이라 할 만하다.

질문지의 구성에서도 Jaberg와 Jud는 독창적인 방안을 강구하였다. 질문지를 세 가지 종류를 만들었다는 것이 무엇보다 그러하였다. 하나는 2,000개의 항목으로 구성된 표준질문지인데 354지점에서는 이 질문지를 썼다. 다음은 800개 항목으로 된 소질문지였는데 이는 대부분 북부 이태리에 속한 28개의 도시 및 마을에서만 사용되었다. 그리고 마지막 것은 무려 4,000개의 항목으로 구성된 대질문지였는데 이것은 큰 방언권의 어휘 분포를 보기 위해 30개 지점에서 사용하였다. 각 지점의 중요도에 따라 조사할 항목의 수를 달리하였다는 것은 매우 독창적이고 특이한 시도였다고 하지 않을 수 없다.

그러나 이들이 보인 가장 의욕적인 시도는 지역 간의 언어차 외에 사물의 차이도 지도에 반영한 일일 것이다. 언어지도 이름

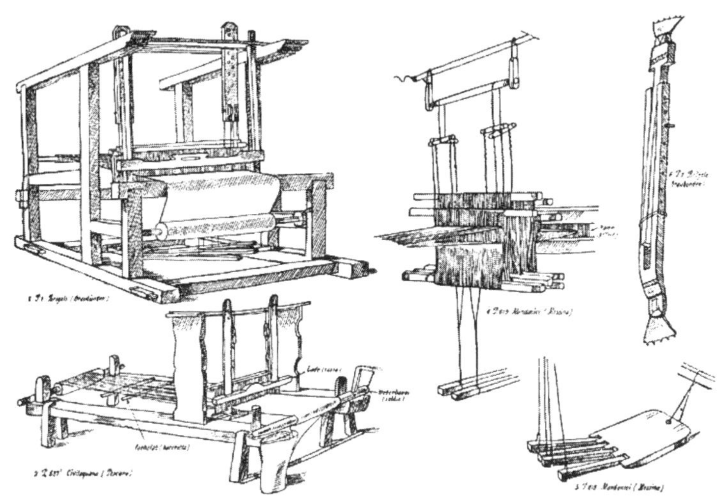

도표 2-1 이태리 및 남부 스위스 언어민속지도의 베틀 그림 (Pop 1950 : 585)

에도 '언어민속지도'라고 하여 '민속(民俗)'을 표면화시키고 있지만 같은 명칭, 같은 기능을 가지는 사물이더라도 지역에 따라 형태가 달라지고 또 기능도 얼마만큼씩 다른 경우가 많은 것을 지도에 그림으로 반영함으로써 언어 외형의 분화만을 보여주는 불완전함을 탈피하려 한 것이다. 제7권에도 247장의 삽화가 들어 있지만 별권으로 된 민속지도첩에는 758장의 그림 및 사진이 있어(도표 2-1 참조) 세계의 언어지도 중 가장 개성이 강한 언어지도의 면모를 보여 주게 되었으며 이 언어지도의 방언학사에서의 위치를 더욱 확고하게 만들어 놓았다.

이태리 언어지도

이태리에서는 앞의 언어지도 이외에 또 하나의 언어지도가 계획되었다. 『이태리 언어지도』(*Atlas Linguistique Italien*)가 그것이다. 이 사업은 역시 프랑스 언어지도에 자극을 받아 1908년 이태리 과학진흥협회(Societa Italiana per lo Sviluppo Scientifico)가 Firenze에서 이태리 언어지도를 만들 목적으로 위원회를 구성함으로써 출범한 것인데 오랜 세월 동안 위원들도 몇 번씩 바뀌면서 오늘날까지 아직 완결을 보지 못한 상태에 있다. 이 언어지도는 조사항목이 무려 7,500개에 달하는 것이어서 완결이 되면 아마 세계에서 가장 큰 언어지도가 될 것이다.

2.4 미국의 언어지도

미국은 일반적인 전통사회와는 달리 유럽 여러 국가에서 온 이민들로 구성된 신생국가여서 생각하기에 따라서는 방언 연구에 적합치 못한 나라라 할 수 있는데, 그러한 특수한 여건을 감안하면 미국의 방언조사는 꽤 일찍 시작된 셈이다.

대서양 연안의 방언조사

미국에서는 애초 캐나다까지 포함한 언어지도를 구상하여 1929년 Hans Kurath를 위원장으로 하는 위원회를 구성하였다. 그리고 제일 먼저 비교적 작은 지역부터 조사를 실시하기로 하여 선정된 곳이 New England 지방의 6개주였는데 이 지역의 조사는 9명의 현지조사원이 1931년부터 시작하여 1933년 9월까지 25개월 동안에 끝마쳤다. 이 지역의 자료는 그 후 1939년부터 1943년 사이에 Kurath를 중심으로 한 연구진에 의하여 713장의 지도로 구성된 세 권의, *Linguistic Atlas of New England*라는 이름의 언어지도로 출간되었다.

New England 지방의 현지조사가 끝나자 이어 중부 및 남부 대서양 연안주들의 조사가 실시되었다. 이번에는 현지조사원이 1명으로 한정되었다. 즉 1933년부터 1941년까지 New England 지방의 조사원이었던 Guy S. Lowman이 혼자 조사를 도맡았고, Lowman의 사거(死去)로, 또 2차 대전으로 마저 조사되지 못한 일부 지역에 대한 조사는 1949년 Raven I. McDavid, Jr가 혼자 맡아하였다. 이 지역의 언어지도는 곧바로 출간되지 못하였으나 그 자료는 몇몇 학자의 개별적인 연구에 충분히 활용되었다. 즉 Kurath의 *A Word Geography of the Eastern United States*(1949) 및 Kurath와 McDavid의 공저인 *The Pronunciation of English in the Atlantic States* (1961) 등이 그것이다. 이들은 모두 New England 지방을 포함하여 대서양 연안 지역들의 방언 자료까지를 분석한 연구업적들인 것이다.

결국 미국 전역과 캐나다를 포괄하는 언어지도를 만들려던 계획은 New England 지방의 언어지도만 제 모습을 갖추고 출간되었을 뿐이며, 자료 수집도 대서양 연안 지역에서 끝난 셈이 되었다.

내륙지방의 방언 조사

그러나 대서양 연안의 자료 수집이 끝난 후에도, 비록 애초의 미국 언어지도 사업계획과는 별개의 계획으로 진행된 것이지만 여타의 여러 지역에 대한 방언조사는 이곳저곳에서 계속되었고 또 언어지도도 만들어졌다. 그 중 대표적인 것이, New England 지방의 조사 때 쓴 질문지(The Work Sheets)를 거의 그대로 이용하여 Minnesota, Iowa, Nebraska, Dakota 네 주의 방언을 조사하여 만든 Harold B. Allen의 세 권짜리의 *The Linguistic Atlas of the Upper Midwest*(1973-6)일 것이다.

이 이후 미국에서의 언어지도 사업은 개인적인 관심의 차원에서였지만 조사지역이 점차 서부로 확대되어 Colorado를 대상으로 한 Clyde T. Hankey의 *Colorado Word Geography*(1960)도 출간되었고, 또 태평양 연안의 California가 드디어 조사지역이 된 Elizabeth Bright의 *A Word Geography of California and Nevada* (1971)등도 출간되었다. 그리고 비록 공간(公刊)되지는 않았지만 이 방면의 박사학위논문들도 활발히 출현하였다. 그리고 *Linguisrtic Atlas of the Southwest States*가 Gary N. Underwood를 책임자로 하여, *Linguistic Atlas of the Gulf States*(1986-92)가 Lee A. Pederson(외 수인)의 책임 하에서 출간되었다.

미국은 워낙 지역이 광활하여 한 시기의, 한 계획으로 언어지도를 만드는 일이 매우 힘든 일이었음이 분명하다. 그러나 비록 한 나라의 단일한 언어지도는 아니지만 상기(上記)한 미국의 언어지도들은 방언학사에 큰 족적을 남겼다. 미국 언어지도의 방법론은 Gilliéron의 방법론을 발전시켜 만든 Jaberg와 Jud의 것이었고, 실제로 Jud는 이태리 언어지도의 현지조사원이었던 Paul Scheuermeier와 함께 미국 언어지도의 기획에 자문역으로 직접 참여하기도 하였다.

그러나 미국 방언지도의 방법론에는 유럽 쪽에 없던 몇 가지 발전적인 특징이 있었다. 조사지점의 선정에 있어 도시에 큰 비중을 두었다는 것이 우선 그러하다. 미국은 앞에서 언급하였듯이 유럽으로부터의 이민으로 형성된 특수 사회였고 따라서 이들의 방언은 그 정착사(定着史)와 매우 밀접한 관계를 가질 것이 예상되었다. 그런데 그들의 정착사는 도시를 중심으로 하는 것이었으므로 미국 방언조사에서 도시가 큰 비중을 가지게 된 것이다. 일반적으로 도시는 잡다한 배경을 가지는 사람들이 집합하여 형성된 관계로 동질성이 적다고 하여 방언조사 지점으로 선택되는 일이 적었던 일과 비교하면 미국 방언조사는 이 점에서 매우 특징적이었다고 할 만하다. 미국은 도시를 다시 대도시와 중도시로 나누어 그 각각을 조사지점으로 삼고 또 농촌을 주요한 조사지점으로 삼아 결국 조사지점을 세 종류로 구분하여 선정하였다.

제보자의 선택에 있어서도 미국 언어지도는 특징적이었다. 즉 Kurath는 우선 수학(修學) 정도에 따라 제보자를 세 층으로 나누고, 그 각각을 다시 노년층과 청년층으로 나누어 선정하였다. 흔히 한 조사지점에 한 명의 제보자를 쓰고 또 전국 어디서나 노년층의 무학(無學) 농부면 무학 농부 한 종류의 제보자만으로 한정시켜 쓰는 방언조사와 비교하여 미국은 사회계층 및 세대에 따르는 방언차까지를 관찰의 대상으로 삼았다는 점에서 특징적이었던 것이다. 이 이외에도 현지조사원을 9명씩이나 훈련시켜 쓴 일이며 질문지의 내용 및 질문 방식 등에서도 미국 방언조사에는 유럽 쪽에서 볼 수 없던 시도들이 보인다.

미국 언어지도가 할 수 있는 공헌은, 미국과 같은 특수 사회에서는 방언분화의 양상이 어떠한 특징을 가지는가를 보여주는 일일 것이다. 기간(既刊)의 업적들에서도 이 특징은 훌륭하게 드러났지만 앞으로의 연구에서 우리는 세계 어느 나라에서도 볼 수 없는 값있는 현상들을 미국에서 볼 수 있으리라 기대한다.

2.5 영국의 언어지도

영국은 역사 깊은 전통사회요 일찍부터 발달된 문명국이었으면서도 신생국인 미국보다 뒤늦게 언어지도가 만들어진, 언어지도에서 보면 매우 뒤떨어진 출발을 하였다. 그리고 그 출발(및 끝

마무리)도 거국적인 사업으로서가 아니라 한 대학(Leeds 대학)의 지원 아래서 시행되었다.

영국 방언조사(English Dialect Survey) 계획은 1946년 스위스 Zurich 대학의 Eugen Dieth 교수와 영국 Sheffield 대학의 Harold Orton 교수 사이에서 수립되었다. Orton 교수는 같은 해 Leeds 대학으로 옮겼고 이 언어지도 사업도 Leeds 대학의 협조 하에서 진행되었다. 이들은 전통적인 농촌을 조사지점으로 하여 60세가 넘는 토박이로부터 전래적인 방언을 수집할 목표를 세우고 우선 1947년에 질문지를(결과적으로 그 1차본을) 작성하였다. 이들은 이 질문지를 현지에서 실험케 하면서 수정을 거듭하여 1948년에 수정본을 내고 1952년에는 다시 5차본에 해당하는 수정본을 *A Questionnaire for a Linguistic Atlas of England*라는 이름으로 출간하였다. 질문지 하나 작성하는 데에 이처럼 긴 시간을 쓰면서 심혈을 기울인 예는 영국 말고는 달리 없었던 것이 아닌가 한다.

현지조사는 1950년부터 1961년 사이에 313개 지점에서 실시되었다. 313개 지점 중 4개 지점 이외는 모두 농촌이었으니 영국 방언조사가 얼마나 농촌 중심의 조사였는가를 엿볼 수 있다. 현지조사원은 연(延) 9명이었으나 군 입대 등의 사정으로 중간에 그만두는 사람이 있어서 대개는 4명이 주된 조사원 노릇을 하였다.

영국 언어지도는 수집된 자료가 언어지도로 만들어지기 전에 일단 자료집으로 출간되었다. 이것은 다른 나라 언어지도 사업에서는 보기 어려운, 영국 언어지도 사업의 특징을 이루는 형식이라 할 만한데 이 자료집은 *Survey of English Dialects, the Basic Material*이라는 이름으로 1962년부터 1971년에 걸쳐 4권(각 권은 3부로 나뉘어 있음)으로 나뉘어 출간되었다. 그리고 언어지도가 1978년 *The Linguistic Atlas of England*의 이름으로 출간되었는데 이로써 이 사업은 일단락되었다. 이 언어지도의 출간 이전, 1974년에 Orton 교수가 N. Wright와의 공편으로 *A Word Geography of England*를 출간하였는데 이는 이 사업의 일환으로 보아 좋을 것이다.

영국의 언어지도는 해석지도(解釋地圖)라는 독특한 형식의 지도로 만들어졌다. 잡다한 방언차를 몇 개의 주요한 방언차로 묶어 매우 간명한 지도로 만든 것이다. 이에 대해서는 후술하겠거니와 영국의 언어지도 사업은, 다른 나라보다 시대적으로는 뒤졌지만 질문지의 정제된 내용과 형식이라든가 자료집의 출간이라든가 이 해석지도의 방식 등 다른 나라에서는 볼 수 없는 새롭고 성공적인 방법론을 개발한 점에서 특히 주목을 요한다고 생각된다.

영국의 언어지도는 England 지방만을 대상으로 하였다. Scotland 지방의 언어지도 계획은 영국 것과 거의 때를 같이하여 Edinburgh 대학을 중심으로 하여 완전히 별개의 사업으로 진행되었기 때문이다. 여기에서 Scotland 지방의 언어지도 사업의 개략을 간략히 서술하여 두고자 한다.

스코틀랜드 언어지도

스코틀랜드 언어조사(Linguistic Survey of Scotland, LSS) 계획은 1949년 Edinburgh 대학의 세 학과의 과장, 즉 English language and general linguistics과의 A. McIntosh, Celtic어과의 K. Jackson, phonetics과의 D. Abercrombie로 이루어진 위원회에서 세워지기 시작하였다. 조사 대상 지역으로는 스코틀랜드 본토 전역 외에 북 Ireland, England 최북단의 두 군 Northumberland와 Cumberland 및 Isle of Man이 포함되었다.

그러나 이 계획이 구체적으로 실천에 옮겨진 것은 1951년에 이르러서였다. 스코틀랜드의 언어조사는 통신조사였는데 제1차 통신질문지(postal questionnaire)가 배부된 것이 1951년이었고 제2차 것이 배부된 것은 1953년이었다. 이것들은 각각 200개의 항목으로 이루어진 것이었는데, 통신질문지의 성격상 문법과 음운에 관련된 것은 몇 개씩밖에 없었고 거의가 어휘에 관한 항목이었다.

첫 질문지는 거의 2,000명의 제보자에게서 조사되었고 두번째 질문지는 800명의 제보자에게서 조사되었다. 통신조사의 이점을 최대한으로 살려 조사지점의 밀도를 크게 높여 조사를 한 것이다. 스코틀랜드의 언어조사는 방언조사에 있어 통신조사의 효용을 시험해 본 매우 귀중한 결과를 우리에게 보여준다는 점에서 큰 가치를 가진다. 특히 어휘 조사에 있어 통신조사가 성공적인 방법임을 보여준 것은 앞으로의 이 방면의 연구에 귀중한 귀감이 될 것이다.

스코틀랜드의 언어지도는 1977년 *The Linguistic Atlas of Scotland*라는 이름으로 출간되었는데 2책으로 되어 있다. 상권은 「질문지 1」에 들어 있는 조사항목 중 100개 항목에 대한 지도 122장과 그 어휘 항목을 바탕으로 만든 음운지도(phonetic orthographical map) 21장을 싣고 있으며, 하권은 「질문지 2」에서 뽑은 항목에 대한 지도 80장을 싣고 있다. 이 스코틀랜드 언어지도는 한 지점에 한 기호를 기입해 넣는 방식은 하권에서 특수한 어형 몇 개를 보조적으로 보일 때 이외에는 쓰지 않고 전체적으로는 분포를 사선(斜線)이나 어떤 도안으로 보여주는 방식을 취하였다(지도 4-4 참조). 그리고 전국적으로 퍼져 있는 어형은 따로 지도에 표시하지 않고 부록으로 실린 방언형 리스트에서 그 사실을 언급하고 있다. 이 몇 가지 점에서 다른 나라 언어지도에서는 볼 수 없는 독특한 개성을 가지는데 이것이 그만큼 우리들에게 기여하는 점이기도 하다.

2.6 일본의 언어지도

일본의 언어지도 사업은 1948년 국립국어연구소가 발족되면서 그 평의원회에서 발의가 되어 착수되었다. 1955년부터 1956년까지 준비 조사를 거쳐 1957년부터 1964년까지 8년간 현지조사를 실시하였다. 그리고 1965년 이후 검증 검사 및 자료의 정리와 편집까지 마친 후 1966년부터 언어지도를 한 권씩 발간하기 시작하여 1974년 제6권을 마지막 권으로 일단락되었다. 비교적 최근에 만들어진 언어지도에 속한다고 할 것이다.

일본 언어지도의 자료 수집 방법은 좀 특이한 점이 있다. 통신조사가 아니면서도 조사지점이 매우 조밀하게 짜여졌다는 점이 우선 그러하다. 일본 전국에 걸쳐 2,400개 지점이 조사되었는데 이는 12km에 한 지점 꼴인 매우 촘촘한 밀도인 것이다. 그리하여 현지조사원을 무려 65명이나 쓰고 있다. 현지조사원을 이처럼 많이 쓴 방언조사는 다른 나라에서는 그 유례를 찾아보기 어려울 것이다. 이 점에서 일본 방언지도는 형식상 현지조사에 의해서 만들어졌지만 다분히 통신조사에 의한 언어지도의 성격을 지닌다고 할 수 있다.

조사항목의 수는 조사지점과는 반대로 적었다. 2,400개 전 지점에 걸쳐 조사된 항목은 128개에 불과하고 그 이외 2,000개 지점에서 조사된 것이 36개, 1,700개 지점에서 조사된 것이 55개, 1,000개 지점에서 조사된 것이 62개 그 이외 4개 등 다 합쳐도 285개를 넘지 않는 아주 적은 수의 조사항목만을 선정해 쓴 것이다. 조사지점 수는 많은 데 반해 조사항목의 수는 적은 이 특징 또한 바로 통신조사의 특징인 것이다.

조사는 전기(5년)와 후기(3년)로 나뉘어 실시되었는데 전기 조사에서는 1,665지점을 현지조사원의 재량에 맡겨 선정해 썼으며 후기 조사에서는 본부에서 735지점을 선정하여 썼다. 조사지점은 그리 엄격한 기준에 맞추어 선택된 것은 아니나, 특수한 직업이나 특수한 사회구조를 가진 곳이나 신생한 곳 등은 조사지점에서 배제하였다.

그 결과 제보자에는 농민이 63%로 가장 큰 비중을 차지하게 되었고 그 다음은 상인이 21%를 차지하였다. 이들의 학력 수준은 88.3%가 초등학교 출신이었고 10.6%가 그 이상의 교육을 받은 사람이었다. 제보자를 연령별로 보면 1894-1903년 사이의 태생이 60%, 1878-1893년 사이의 태생이 39%여서 거의가 60세 이상이었음을 알 수 있다.

일본 언어지도는 상기한 특징 이외에 각 지도가 총천연색으로 만들어져 있다는 특징을 하나 더 추가할 수가 있을 것이다. 대형판 책에 지도를 다시 접어넣어야 할 만큼 지도 사이즈 자체가 큰 데다가 좋은 지질에 칼라판으로 만들기까지 하여 아마 세계 어떤 언어지도에서도 그 유례를 찾아보기 어려운, 그야말로 초호화판 언어지도다. 기호의 도안도 다채롭기 그지없어 이 외형적인 우수성으로 일본 언어지도는 언어지도 발달사에 한 족적을 남길 만한 것이 아닌가 한다.

2.7 구조방언학과 생성방언학

언어학에 구조(構造)의 개념이 도입되면서 방언학에 대해서도, 종래의 방언학이 언어 형식을 어떤 구조(또는 체계)의 한 부분으로 해석하지 않고 동떨어진 개체로 해석하여 왔다는 비판이 가해졌다. 심지어는 구조방언학의 입장에서였지만 방언학은 그 성립조차 불가능하다는 주장까지 나타나게 되었다. 왜냐하면 방언학은 변종들 간의 비교를 바탕으로 성립되는 것인데 체계(구조)가 다른 두 변종에서 어떤 개별적인 언어 사항을 비교한다는 일은 무의미할 뿐만 아니라 가능하지도 않기 때문이라는 것이다. 이들은 한 언어 체계는 그 자체로 고찰될 것이지 다른 종류의 언어 체계와의 비교에서 고찰될 것이 아니라는 입장이기도 했던 것이다.

Weinreich의 구조방언학

이러한 비판 속에서 종래의 방언학과 새로 등장한 구조방언학을 융합시키려고 한 것이 Uriel Weinreich의 "Is a Structural Dialectology Possible?"(1954)이라는 유명한 논문으로서 구조방언학(structural dialectology)이라는 이름도 바로 이 논문에서 비롯되었다.

Weinreich는 먼저 당시까지의 방언학자들이 등어선을 그을 때만 하여도 음소의 대립보다 음성(또는 변이음)의 차이를 가지고 그었는데 구조적인 입장에서 음소의 대립이 더 중요함을 지적하고, 따라서 등어선에 대해서도 지도 2-1과 같은 등어선의 구분보다 지도 2-2의 쌍선을 등어선으로 삼아야 할 것을 주장하였다.

그리고 Weinreich는 diasystem이라는 새 개념을 창안해 냈다. 두 변종 각각의 체계보다 한 단계 높은, 두 체계를 하나로 포용하는 체계를 설정한 것이다. 가령 '방언 1'의 모음체계는 /e/와 /ɛ/가 별개의 음소로 대립되는 6모음 체계이며 다른 한 방언인 '방언 2'의 모음체계는 그 /e/와 /ɛ/가 대립을 일으키지 않는 5모음 체계일 때 종래의 방언학자들이 하듯 '방언 1'의 [e]를 전체 체계와 관련시킴이 없이 비교하는 일은 무의미하므로 이를 아래

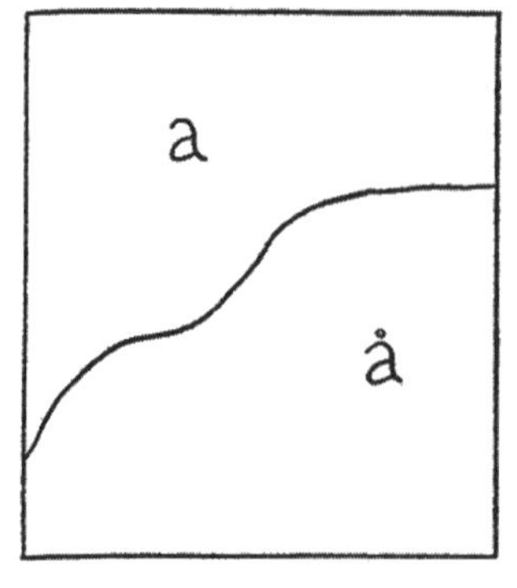

지도 2-1 전통적 등어선

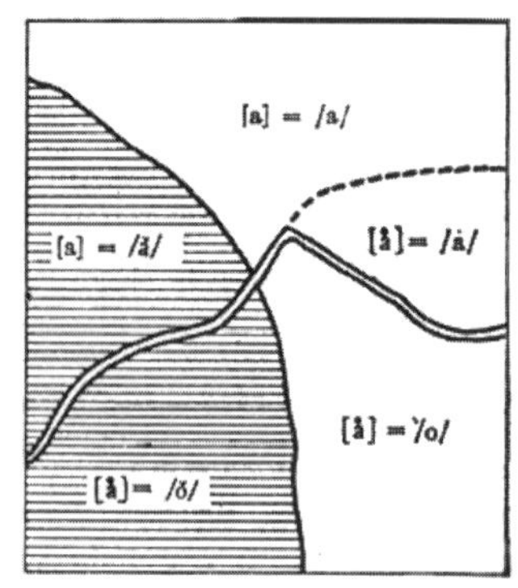

지도 2-2 구조적 등어선

(Weinreich 1954 및 Fishman 1972 : 311)

와 같은 diasystem 속에서 비교하는 길을 모색한 것이다. 이럼으로써 체계는 체계대로 살리면서 비교라고 하는 방언학 본래의 임무도 달성할 수 있도록 한 것이다.

$$1 \cdot 2/\mathrm{i} \sim \frac{1/\mathrm{e} \sim \varepsilon/}{2\mathrm{e}} \sim \mathrm{a} \sim \mathrm{o} \sim \mathrm{u}/$$

diasystem은 만일 세 방언을 비교하려면 그 세 방언의 체계를 모두 통합하는 체계가 되며, 네 방언을 비교하려면 네 방언 각각의 체계 모두를 통합하는 체계가 된다. diasystem은 말하자면 통합 체계, 또는 상위 체계인데 이론적으로도 그러하고 또 Weinreich 자신도 밝혔듯이 이것은 음운체계뿐만 아니라 어휘나 문법 항목의 비교에도 적용될 수 있다.

그러나 실재에 있어서는 diasystem의 방안이 방언 비교에 활용된 것은 아주 한정된 범위에서였다. 어휘나 문법 분야에서 나타나는 잡다한 방언차는 말할 것도 없고, 음운현상 중에서도 음운

목록의 비교에는 별 문제가 없지만 같은 음운목록을 가졌으면서도 각 음운의 분포에서 차이를 일으키는 방언들을 묶기에도 diasystem은 벌써 한계를 드러냈던 것이다. Weinreich 이후 이 방면으로 활약한 William g. Moulton은 1960년에 발표한 논문 "The Short Vowel Systems of Northern Switzerland : A Study in Structural Dialectology"에서 동일한 음운이 두 방언에서 각각 다른 어휘에 실현되는 현상을 나타내보려고 Weinreich의 diasystem 표시방식을 개선한 바가 있다. 그러나 그 한계성은 크게 개선되지 못하여 가령 두 방언 간의 어휘 대응을 정확히 체계화하는 일은 여전히 숙제로 남게 되었다.

구조방언학의 한계

반드시 diasystem의 한계성 때문이었는지는 확언키 어려우나 결과적으로 구조방언학은 그럴듯한 이름에도 불구하고 그 방법론에 의하여 어느 한 나라 전역의 방언을 조사 분석하는 것과 같은 규모 큰 업적을 남기지 못한 채 오늘에 이르고 있다. 역시 다양하기 이를 데 없는 방언분화 현상을 너무 엄격하게 형식화하려는 데서 비롯된 결과가 아닌가 한다.

방언 현상의 해석에 어떤 새 언어 이론이 적용될 문(門)은 언제나 열려 있는 것이라 생각된다. 전통방언학의 '전통'이 구시대의 낡은 이론을 고집하여야 한다는 뜻일 수는 없을 것이다. 가령 19세기에 없던 개념인 형태소나 또는 음소와 같은 개념을 요사이의 방언의 분석에 적용하지 않을 도리란 도저히 없을 것이다. 그러면 형태소와 음소와 같은 개념이 도입되었다고 하여 그것은 전통방언학이 아니고 새 방언학인가. 그럴 수는 없다고 생각한다. 전체적인 방법론에서 맥을 같이하는 것이면 그것은 여전히 전통방언학이라 불러 옳을 것이다. 따라서 구조언어학은, 조사방법 등에서 새로운 방법론을 창안해 냈던 것이 아닌 만큼 굳이 새로운 이름으로 불릴 만큼 혁신적인 방법론의 방언학이라 하기 어려웠던 것이 아닌가 한다. 다만, 이것은 구조방언학이라는 이름 밑에서 시도하지 않았어도 자연히 도입될 수밖에 없었을 것이기도 하겠지만, 방언 현상의 해석에 구조의 개념을 좀더 뚜렷이 도입시킨 것은 구조방언학자들의 큰 공이라 할 만하다. 특히 등어선을 어떤 단편적인 현상의 차이에 의해서가 아니라 구조상에서 일으키는 차이에 의해서 그어야 한다는 태도는 이후의 방언학에서도 계속 유용한, 이 시대의 수확이라 평가되어 좋을 것이다.

생성방언학

한편 생성문법의 이론을 방언 현상의 해석에 적용하려는 노력이 일각에서나마 근래에 일기 시작하였고 이와 아울러 생성방언학(generative dialectology)이라는 명칭도 생겼다. 그 가장 대표적인 것으로 B. Newton의 *The Generative Interpretation of Dialect*(1972)를 들 수 있다. Newton은 특히 생성음운론의 방법론을 도입하여 흔히 기저형(underlying form) 하나에서 교체형을 유도해 내듯 방언 간의 차이를 동일한 기저형으로부터 이끌어내되 (a) 적용되는 음운법칙의 종류, (b) 그 법칙이 적용되는 환경, (c) 그 규칙들이 적용되는 순서 등의 다름에서 각 방언형이 비롯되는 것으로 해석하려 했다. newton이 현대 희랍어의 북부방언에 적용되어 방언을 분화시키는 데 작용했다고 해석한 4개의 음운규칙을 보면 다음과 같다.

(1) 고모음탈락(high vowel loss) : 무강세의 /i/와 /u/가 탈락함.

(2) 유성음화(voicing assimilation) : 무성폐쇄음이 유성폐쇄음 앞에서 유성음이, 유성폐쇄음은 무성폐쇄음 앞에서 무성음으로 됨.
(3) 모음삽입(vowel epenthesis) : 어미자음군의 마지막 자음이 비음일 때 그 앞에 /i/가 삽입됨.
(4) 비음원순화(rounding) : /i/가 그 뒤에 순음(labial consonant)을 만나면 /u/로 바뀜.

Newton은 이들 4개 규칙으로써 가령 기저형 /ðik'osmu/(내 자신)로부터 파생되어 나왔을 북부희랍방언의 네 가지 다른 방언형을 다음과 같이 이끌어 낼 수 있다고 하였다.

	Macadonia 방언	Thessaly 방언	Epirus 방언	Euboea 방언
기저형 :	/ðikosmu/	/ðikosmu/	/ðikosmu/	/ðikosmu/
규　칙 :	(1) ðosm	(1) ðkosm	(1) ðkosm	(1) ðkosm
	(2) θkozm	(2) θkozm	(3) θkosim	(3) θkosim
	(3) θkzim	(3) θkozim	(2) ðkosim	(2) ðkosim
		(4) θkozum		(4) θkosum
표면형 :	θkozim	θkozum	θkosim	θkosum

즉 규칙이 3개만 적용되었느냐 4개가 다 적용되었느냐에 따라 서로 다른 방언형이 되기도 하고, 같은 3가지 규칙이 적용되었더라도 (2)번과 (3)번의 규칙 중 어느것이 먼저 적용되었느냐에 따라 서로 다른 방언형이 되기도 한다는 식으로 설명함으로써 네 다른 방언형의 존재를 매우 정연하게 이끌어내고 있다.

생성방언학의 자랑은 바로 이 정연함에 있다고 할 수 있다. 그러나 방언학이 앞으로 이 방향으로 그 주류를 바꿀지는 의문이다. 어느 방언에도 존재하지 않는 기저형을 설정하는 것이 이 방법론의 가장 큰 특징인데 그러한 기저형 설정의 타당성이, 그리고 규칙 적용의 순서를 상정하는 일의 타당성이 생성이론 자체에서 계속 논의의 대상이 되고 있어 생성방언학은 아직 그 방법론상의 타당성이라는 점에서조차 확고한 기반을 잡은 단계에 와 있지 못하기 때문이다. 그리고 비록 이 방법론이 타당성을 지녔다 하더라도 이 방법론에 의한 형식화가 잡다한 방언 현상을 얼마만큼이나 포용할 수 있을지는 더욱 미지수다. 위의 Newton의 시도도 음운현상에 국한된 것이지만 구조방언학이 지니는 한계성을 생성방언학도 그대로 지니는 것이 아닌가 싶다. 그만큼 생성방언학은 구조방언학과 마찬가지로 아직 조그만 시험의 단계에 있다고 보아 옳을 것이다.

2.8 도시방언학과 사회방언학

전통적인 방언학은 그 출발이 역사문법의 한 보조 분야로서였던 관계로 되도록이면 고형(古形)이 유지되어 있을 시골을 관찰의 대상으로 하였고, 언어분화에 대한 관심도 그 시골과 시골 사이의 것에만 거의 모든 관심을 집중하여 왔다. 그런데 이러한 방법론은 나중에 비판의 대상이 되기도 하였는데 그것은 전통방언학에서 다루는 언어 자료는 그 나라의 대다수 언중의 것이 아니고 아주 한정된 극소수의 것에 불과하여 당시의 언어 현실을 제대로 반영하지 못한다는 것이었다. 즉 한 국민의 90% 이상이 사는 도시를 조사지점에서 제외하고 농촌만을 조사 대상으로 하는 방법론은 지양되어야 한다는 것이며 도시 주민의 언어 즉 도시방언(urban dialect)이 필수적으로 관찰의 대상이 되어야 한다는 것이었다.

전통방언학에 대한 비판은 다른 방면에서도 일어났다. 그것은 흔히 전통방언학을 언어지리학이라고 부르는 데서 드러나듯이 그들이 관심사로 한 것은 지리적인 요인에 의해서 분화된 방언, 즉 지역방언뿐이었다는 것이다. 언어는 사회적인 요인에 의해서도 분화되므로 그 분화체인 사회방언도 관찰하여야 하며 그것이 언어 현실을 바로 파악하는 길이라는 것이다. 여러 단계의 역사적 변천의 모습이 현실 언어에 반영되어 있는 것은 지리적으로 분화된 여러 지역방언에서이지 사회방언 각각에서가 아니기 때문에 역사문법과 관계를 가지는 전통방언학이 지역방언에 관심을 집중하였다는 것은 당연한 일이기도 하였다. 그러나 지역방언이 언어 변종, 즉 방언의 한 종류이며 사회방언이 그 다른 한 종류라는 것만은 분명한 이상 사회방언에 대한 관심이 새로이 싹튼다는 것 또한 매우 자연스러운 일임이 분명하다.

사회방언 및 도시방언에 대한 관심의 대두는 1930년대부터 크게 대두한 공시언어학(共時言語學)의 영향이었던 것으로 분석된다. 한 시대의 언어를 있는 그대로 관찰한다는 공시언어학의 정신은 한 나라 국민 대다수의 현실 언어가 어떠한 것인가를 관심사로 하지 않을 수 없게 하였고 따라서 소수를 대표하는 농촌 사람들의, 그것도 노년층의 언어에 관심을 쏟는 전통적인 방언학자들의 태도에 만족할 수 없었을 것은 너무도 당연하다. 그리하여 이른바 도시방언학(urban dialectology)이라 불리는, 공시적 태도의 새로운 방법론의 방언학이 서서히 고개를 들기 시작하였던 것이다.

도시방언학의 방법론은 사회과학 방면으로부터 도입된 것이 많았다. 한두 명의 것으로 그 지역의 언어를 대표시키는 전통적인 방법론으로는 그 지역의 모든 언어 현실을 보여주려는 그들의 목표를 달성할 수가 없으므로 한 지역의 다양한 언어의 모습이 고루 드러날 수 있도록 적으면 2, 30명, 많으면 수백 명에 달하는 많은 제보자를 동원하게 되었는데 이것이 우선 그러하였다. 흔히 선거인명부 등을 참조하여 무작위(無作爲)로 제보자를 뽑아 언어 조사를 실시하는 도시방언학의 방법은 바로 사회과학의 전형적인 방법이었던 것이다.

도시와 같은 잡다한 배경을 가진, 잡다한 종류의 사람들이 모여 사는 곳에서 그 잡다한 언어 현상을 파악하기 위해서는 어느 한 부류만의 말을 관찰의 대상으로 하지 않고 되도록 여러 부류의 사람들이 제보자로 선택되도록 계획을 짜게 된다. 연령에 있어서도 여러 세대의 대표가 고루 섞이도록 하며 학력에 있어서도, 직업에 있어서도, 사회신분에 있어서도 여러 계층이 고루 섞이도록 하는 것이다. 따라서 도시방언학에서는 지역 간의 언어차보다 오히려 사회적 요인에 의한 언어차에 더 주된 관심을 기울이게 되며, 이 점에서 도시방언학은 사회언어학과 매우 밀접한 관계를 가진다.

도시방언학은 아직 초창기에 있다. 그 구체적인 성과에 대해서는 제5장에서 상술(詳述)하겠거니와 이 무한한 소재를 가진 새 분야로서의 도시방언학은 이제 방언학의 개념도 크게 바꾸어 가면서 새 세계를 열어 갈 것으로 보인다.

그러나 앞으로의 방언학은, 전통방언학의 시대가 물러가고 그 자리에 도시방언학이 자리잡는 일은 어렵지 않을까 한다. 둘은 공존할 수밖에 없을 것이며, 그보다는 후자는 사회언어학에 흡수되어 여타 이론언어학, 가령 생성이론과 대립되는 관계에 있게 되고 전자가 여전히 방언학의 중심에 자리잡고 있을 가능성이 클 것으로 보인다.

이 점에서 도시방언학이란 용어는 개념의 정리를 다시 할 필요가 있지 않을까 한다. 즉 전통적인 언어지리학, 또는 전통방언학이 도시들까지도 조사지점에 포용함으로써 단순히 도시의 언어를 다룬다고 하여 도시방언학으로 분립시킬 것까지는 없다는 것이 그 한 방안이다. 다만 이때 도시의 언어를 수집하는 방법은 시골의 언어를 수집할 때와 동일한 방법으로, 토박이면 토박이, 노년층이면 노년층으로 제보자의 조건을 국한시켜 동일한 질문지에 의해 한다는 것이 전제되어야 할 것이다. 그렇게만 한다면 도시가 조사지점에 포함된다고 하여 그 방언 연구를 전통적인 방언학의 테두리에서 배제하기는 어렵다고 생각된다. 그리고 한 지역의 사회방언을 다루는 작업은 그 지역이 농촌이든 도시든 그 방법론이 같을 수 있으므로 함께 사회언어학이면 사회언어학, 아니면 차라리 사회방언학이면 사회방언학의 테두리에 포함시키면 될 것이며 도시의 것만을 따로 떼어 도시방언학이라 부를 필요성은 별로 없는 것이 아닌가 한다.

결론적으로 도시방언학은 그것이 자연스럽게 도시에서 시작되고 도시에서 꽃피어 왔지만 도시에서만 가능한, 도시에만 적용이 가능한 분야는 아니어서 사회언어학의 테두리에서 이해하여 좋을 것이며, 방언에만 범위를 한정시킨다면 사회방언학이라 불러 좋을 분야라고 이해된다. 따라서 이 도시방언학의 등장은 전통적인 방언학의 방법론을 버리게 하는 데 그 기능이 있었던 것이 아니고 그동안 언어의 분화 현상을 지리적인 축에서 관찰하던 것을 사회적인 축에서도 관찰하게 만들어 새 시야를 열어 준 것에 그 본래의 기여가 있었다고 보여진다.

이른바 '순수' 방언이 유지되기 어렵도록 모든 사회가 산업화되고 도시화되는 현금에 있어 방언학의 방법론도 그만큼 다각적이 될 수밖에 없을 것은 당연하다. 명칭은 어떻든 도시방언학은 그러한 요청에 부응하는, 새 시대, 새 방법론의 방언학인 것만은 분명하여 앞으로의 방언학의 방향은 이 도시방언학이 어떠한 방향으로 발전해 나가느냐에 따라 크게 좌우될 수 있을 것이다.

2.9 민간방언학

사람들은 대개 자기 고장 및 주변 지역의 방언에 대해 민감한 느낌을 가지고 있다. 어디에 가면 말이 달라지기 시작하며 어느 고장 사람들의 말은 어떤 특징이 있는지 등에 대해 상당히 정확한 수준으로 알고 있는 것이 일반적이다.

방언학에, 특히 방언구획에 언중(言衆)들의 이 점을 활용하는 길이 없을까를 모색하는 노력들이 방언학 일각(一角)에서 이루어져 왔다. 방언학의 본류(本流)와 아주 다른 편의 모색으로서 이때까지의 방언학은 제보자로부터 그들이 사용하는 언어 자료를 수집하여 그것을 근거로 해석을 도모하여 온 데 반해 이들은 그 제보자들로부터 그들의 방언 내지 주변 방언에 대해 어떤 생각, 어떤 판단을 하고 있는지 그 생각과 판단을 수집하여 그것을 분석 대상으로 삼는 것이다.

이 방면의 방언학을 민간방언학(民間方言學, folk dialectology), 또는 지각방언학(知覺方言學, perceptual dialectology)라 한다. 비언어학자인 민간인의 판단을 근거로 한다고 해서 붙여진 이름이기도 하고, 다른 한편으로는 제보자의 상용(常用) 언어 자료를 근거로 하는 것이 아니라 그들의 지각(知覺)을 근거로 한다고 해서 붙여진 이름인 것이다.

민간방언학의 발원지(發源地)는 네덜란드로 알려져 있다. 1939년에 실시된 네덜란드 방언 조사에는 다음과 같은 두 개의 질문이 들어 있었다 한다.

(1) 당신 고장의 어디 사람들이 당신 말과 같은, 아니면 거의 같은 말을 씁니까?
(2) 당신 고장의 어디 사람들이 당신 말과 완연히 다른 말을 씁니까? 그 다른 말의 예를 들어 주실 수 있으시겠어요?

이 두 질문 중 첫째 질문을 가지고 따로 조사하여 방언지도를 만든 것이 1946년이었다. 이 지도는 Antonius A. Weijnen이 이른바 '작은 화살표(little-arrowes)' 방식을 고안하여 같다고 응답한 지역을 화살표로 연결하여 그것으로 방언권의 실태를 파악하려 한 것이다. 지도 2-3에서 그 일단을 볼 수 있다.

이 지도에서 S, K. LZ 등의 기호가 붙은 까만 점은 조사지점을 가리킨다. 그 지점들 사이에 화살표가 쌍방으로 표시된 것도 있고 일방으로만 표시된 것이 있으며 때로는 고립된 지역도 보인다.

이렇게 지도를 만들어 놓고 보면 방언권이라 할 만한 묶음이 이루어짐을 볼 수 있는데 그것은 방언 자료를 바탕으로 작성한 전통적인 방언지도와 매우 일치하는 모습이었다 한다. 즉 지도 2-3의 굵은 선은 등어선속(等語線束)을 넣어 본 것인데 언중들의 판단이 언어학들의 방법론으로 얻어진 결과와 매우 가까움을 보여 준다.

민간방언학은 일본에서도 활발히 전개되었다. 일본에서는 방언

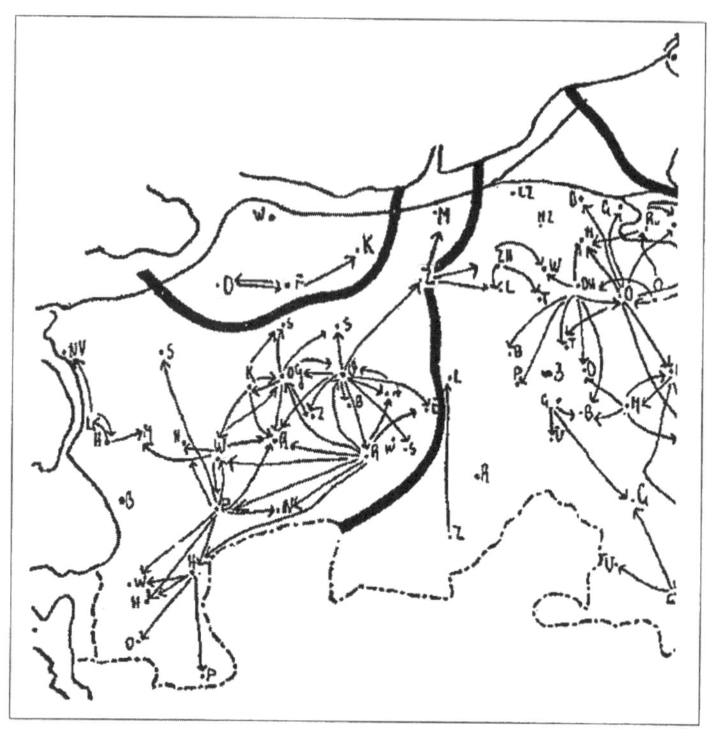

지도 2-3 네덜란드 한 지역 주민의 지각을 토대로 작성한 작은 화살표 지도
(Preston 2002 : 59)

에 대한 언중들의 생각과 판단을 '방언의식(方言意識)'이라 하여 일찍부터 관찰의 대상으로 삼아 왔는데 초기에는 1950년대 말의 시바타 다케시(柴田武)나 Grootaes의 연구들이 보여 주듯 네덜란드에서와는 달리 대체로 그것은 믿을 만한 것이 못된다는 연구 결과를 내 놓았다. 그러나 그 이후에는 일본에서도 방언의식이 상당히 신뢰할 만한다는 쪽의 연구 결과가 주류를 이루고 있다.

그 한 예로 Y. Mase가 1964년에 나가노현과 기후현의 경계를 중심으로 행한 연구를 들 수 있다. 일본의 초기 민간방언학은 어

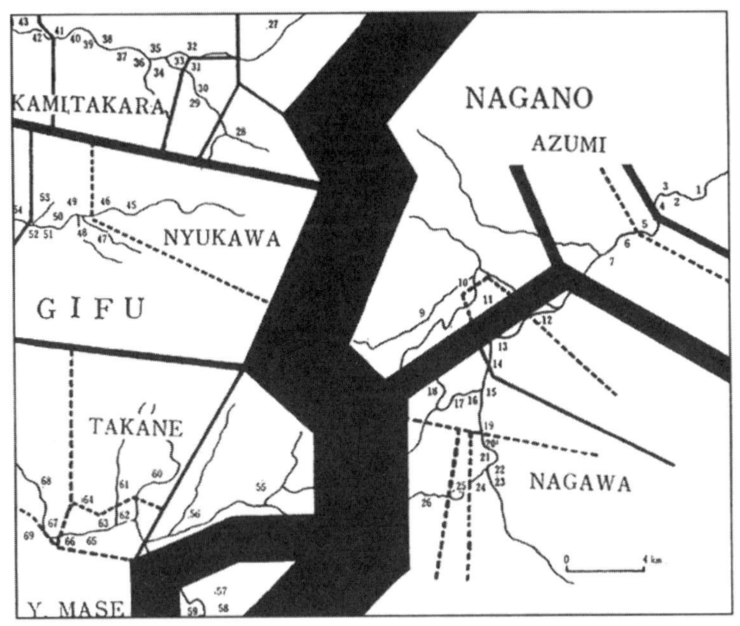

지도 2-4 일본 나가노 주민들의 언어의식을 토대로 작성한 방언구획 지도

(Mase 1991 : 87)

디가 같은 말을 쓰는 고장이냐고 묻는 네덜란드 방언 조사의 첫 번째 질문과 달리 어디가 다른 말을 쓰는 고장이냐고 묻는 두번째 질문으로 조사를 행해 왔는데 마세는 그러한 일본의 전통도 받아들이면서 네덜란드의 방식도 받아들여 결국 질문을 다섯 개로 세분하였다. 다르다고 하여도 '아주 조금', '꽤', '아주', '못 알아들을 정도로'의 여러 단계를 설정한 것이다.

그리고 이것들을 '못 알아들을 정도로'는 2점, '아주'는 1.5점, '꽤'는 1점 식으로 수치화하여 방언구획을 시도하였는데 각 응답들을 규합하여 지도 2-4와 같은 지도를 만들었다. 여기서 선의 굵기가 달리 나타나는 것은 바로 그 수치화의 결과다. 마세는 이

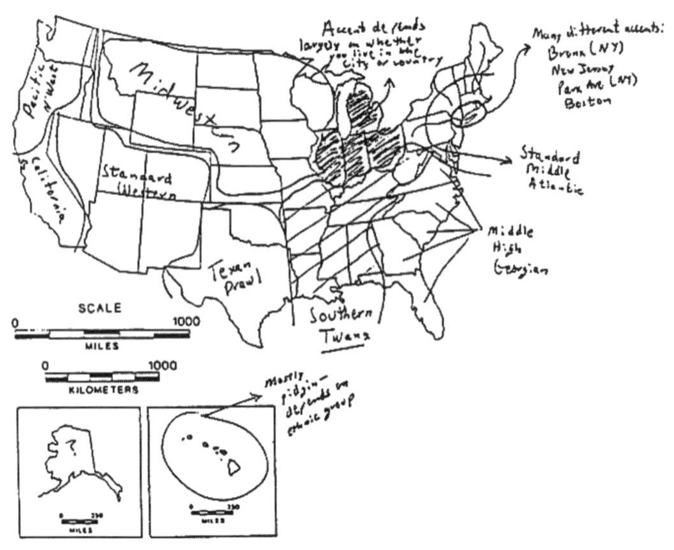

지도 2-5 하와이 주민이 손그림으로 그린 미국 방언구획 지도 (Preston 1989 : 27)

것을 다시 전통적인 등어선 지도와 대비하여 양자가 상당히 근접함을 증명해 보이고 있다.

민간방언학의 다른 한 주류는 미국의 Dennis R. Preston에 의해 주도(主導)되어 오고 있다. Preston은 '손그림 지도(hand-drawn map)'라는 독창적인 방법론을 창안해 썼는데 제보자들로 하여금 지도에 방언구획을 직접 손으로 그려 보도록 하는 방법을 채택하였던 것이다. 다음 지도 2-5가 그 한 보기다.

이것은 하와이 제보자가 그린 지도의 한 실례인데 하와이의 여러 제보자에게서 이런 지도를 수집하여 그 평균치를 내고, 다시 미국 내의 여러 도시의 제보자(및 캐나다 등 이국인들)에게 같은 작업을 하게 한 다음 이를 종합하여 말하자면 미국 방언구획을 일반 언중들의 방언의식으로써 해 보는 것이다.

이러한 민간방언학은 그 자체로 의의를 가질 수 있을 것이다. 특히 손그림 지도는 방언구획에뿐만 아니라 언중들의 언어태도(言語態度, language attitude)의 측정에도 활용되어 가령 한국에서 어느 고장에서 쓰는 말이 가장 듣기 좋은지 그 지역을 지도에 표시해 보라고 하는 일 등에도 확대 적용할 수 있다. 민간인들의 비전문가로서의 지각(知覺) 내지 의식을 캐내어 분석하는 일은 이렇듯 그 자체로 의미가 있는 일일 것이다.

그러나 민간방언학은 그 독자적 영역을 위해서보다는 한 보조적인 작업의 성격을 띤다고 보아야 할 것이다. 지금까지 방언학에서 개발하여 온 많은 방법론은 그것대로 다양한 장치를 가지고 있어 좋은 성과를 내고 있지만 과연 그것이 완벽한 수준이냐 하면 그렇지는 못하였다. 등어선의 값을 배기는 방언측정법(方言測定法)만 하여도 아직 만족할 만한 수준에 이르지 못하고 있다. 그뿐 아니라 언어의 주요 요소의 하나인 억양(抑揚)을 대개는 조사항목에 넣지조차 못하고 있다.

일반 언중의 방언의식은 인상적(印象的)이고 주관적(主觀的)이긴 하지만 종합적이라는 장점을 가진다. 특히 억양이 그들의 판단에 큰 비중을 차지한다. 언어학자들이 객관화하고 수치화하지 못하는 부분을 그들은 말하자면 직관(直觀)으로 깨닫고 있는 것이다. 이러한 그들의 판단을 보조적인 자료로 활용하는 일은 조금도 해로울 것이 없을 것이다.

양쪽의 연구 결과가 일치하지 않을 때는 그 어느 한쪽의 방법론에 구멍이 있기 때문인지 모른다. 그것을 서로 보완하다 보면 그것으로 이미 이득을 얻게 될 것이다. 그러면서 어느 한쪽이 다른 한쪽의 연구 결과를 지원해 주는 자료를 보여 준다면 방언 연구가 한결 신뢰를 얻게 될 것이 분명하다. 민간방언학은 무엇보다 이런 의미에서 앞으로 활발히 개발해 가야 할 분야라고 보아야 할 것이다.

■ 참고

방언학의 성립과 그 발달 과정을 가장 상세히 개괄한 것으로는 비록 1940년대 이전의 것만 다루었지만 Pop의 *La dialectologie* (1950)의 제1권 첫머리의 서론 "Aperçu historique sur le développement de la dialectologie"를 들 수 있다. 최근까지의 방언학의 흐름을 간명하게 다룬 것으로는 Chambers and Trudgill의 *dialectology*(1998) 제2, 3, 4장 및 Davis의 *English Dialectology*(1983) 제2장, Moulton의 "Geographical Linguistics"(1972) 등을 들 수 있다. Bloomfield의 *Language*(1933)를 비롯하여 Anttila의 *An Introduction to Historical and Comparative Linguistics*(1972) 등의 개론서에도 방언학사가 잘 요약되어 있다.

독일에서의 방언학에 대해서는 본서에서는 주로 King의 "The Study of Dialect in Germany"(1954) 및 Moulton의 앞 논문을 참조하였으나, Goossens의 *Deutsche Dialektologie*(1977)에서 더 최근까지의 자세한 내용을 소개받을 수 있을 것이다. 그리고 프랑스의 후기 방언 연구에 대해서는 주로 Tuailon의 *Comportements de recherche en dialectologie française* (1976)를 참조하였다.

미국 방언 연구사에 대해서는 Atwood의 "The Methods of American Dialectology"(1968), McDavid And McDavid의 "The Study of American Dialects"(1959), Kurath and Bloch의 *Handbook of the Linguistic Geography of New England*(1939) 등을 참조하고 특히 최근까지의 미국 방언학에 관한 소개로는 David의 *English Dialectology*(1983)를 참조하였다. Reed의 *Dialects of American English* (1977)는 특히 대서양 연안의 방언조사 이후의 미국 방언연구사를 보기 위해 아울러 참조하는

것이 좋을 것이다. 또 Preston의 *American Dialects Research*(1993) 끝에 수록되어 있는 Linn의 "Appendix : Resources for Research"에는 미국 방언학을 이끌어 온 대표적 논저에 대한 개별적 해설이 되어 있어 좋은 참고가 된다.

영국 언어지도 연구사에 대해서는 Orton의 "An English Dialect Survey : Linguistic Atlas of England"(1960)와 *Survey of English Dialects : Introduction*(1962), 그리고 Wakelin의 *English Dialects* (1977)의 제3장 "Dialect Study in England" 및 전게한 Davis의 *English Dialectology*(1983)의 제2장 "Survey of English Dialects"를 참조하였다. 스코틀랜드 언어지도의 연구 결과에 대해서는 Catford의 "Linguistic Survey of Scotland"(1957) 및 Mather and Speitel 편집의 *The Linguistic Atlas of Scotland*(1975)의 첫째 권에 있는 "Introduction"에 상세한 소개가 있다.

일본의 언어지도에 대해서는 『日本言語地圖』 1권의 부록으로 나온 『일본언어지도해설 — 방법』(1966)을 참조하였다. 이 책에는 일본 언어지리학의 역사에 대한 개관도 있고 하여 일본 방언 연구에 대해서 개략적으로 알아보기 위한 좋은 안내서 구실을 해 준다.

구조방언학에 대한 소개로는 김방한의 『언어학논고』에 재록된 「구조방언학」이 있고, 방언학사에 있어서의 구조방언학의 위치 및 이 방법론의 한계에 대해서는 Anttila의 전게서를 비롯하여 Chambers and Trudgil, Davis의 전게서와 Petyt의 *The Study of Dialect*(1980) 등을 참조할 것. 생성방언학은 생성문법의 활기와는 달리 초기의 몇몇 시도 이후 이렇다 할 진전을 보이지 못하고 있는데 그 때문인지 이렇다 할 소개 논저도 별로 없다. Petyt의 전게서 제8장에 꽤 자세한 소개가 있고, Newton의 *The Generative Interpretation of Dialect*(1972)에서 그 구체적인 내용을 볼 수 있다. 또 Chambers and Trudgill의 앞의 책 제3장 제3절에 간략히 소개된 것과 Francis의 *Dialectology*(1983)의 제7장에 생성이론의 소개와 함께 소개된 것도 참조될 만하다. 사회방언학의 발달에 관해서는 제5장에서 자세히 다루므로 여기서는 참고문헌 소개를 생략한다.

민간방언학(지각방언학)에 대해서는 현재 이 분야를 선두에서 이끌어 가고 있는 Preston의 일련의 논저를 참조하였다. *Perceptual Dialectology* (1989), "Folk Dialectology"(1993), "Perceptual Dialectology : Aims, Methods, Findings(2002)"를 비롯하여 Niedzielsky와 공저인 *Folk Linguistics*(2003) 등에서 자세한 해설을 볼 수 있다. 일본의 시바타 다케시와 Y. Mase의 논문은 애초 일본어로 발표된 것인데 Preston(1999)에 영어로 번역되어 실려 있다. Preston은 스스로 만들어 쓴 perceptual dialectology과 아울러 folk dialectology라는 용어를 오가며 쓰고 있는데 우리는 일단 덜 생소해 보이는 후자, 즉 민간방언학 쪽을 채택해 쓰고자 한다.

제 3 장

조사방법

방언을 연구 대상으로 할 때는 대개 그 자료를 직접 새로 수집하는 일을 수반한다. 남이 이미 모아놓은 자료를 근거로 어떤 새로운 연구 결과를 내는 일은 방언 연구에 있어서는 정도(正道)가 아닌 것이다. 마치 인류학자가, 또는 사회학자나 고고학자가 직접 현지로 다니면서 필요한 자료를 모으듯 방언학자는 직접 살아 있는 방언 자료를 모으지 않으면 안 된다. 그만큼 자료를 모으는 일은 방언 연구에 있어 그 출발이요 핵이라 할 만하다.

방언 자료를 모으는 일을 흔히 방언조사(方言調査)라 한다. 방언조사는 현지에 나가서 조사원이 직접 자료를 모으는 직접방법(direct method)과 우편으로 자료를 모으는 간접방법(indirect method)이 있다. 이 장에서는 방언조사 방법을 전자에 주력하여, 또 주로 언어지리학적인 입장에서 질문지, 조사지점, 제보자 및 조사자, 면접, 자료 정리 등을 중심으로 절을 나누어 서술코자 한다.

3.1 질문지

방언조사를 하려면 우선 무엇을 조사하여야 할 것인가를 결정하여야 하는데 이 '무엇'을 정리하여 놓은 조사 도구가 곧 질문지(質問紙, questionnaire)다. 머리 속에 적당히 조사 거리를 넣고 조사를 떠날 수도 없을 것이며 노트에 몇 가지 조사 거리를 간단히 메모해 가지고 조사를 떠나는 것도 좋은 성과를 기대하기 어려울 것이다. 성공적인 자료 수집은 무엇보다 먼저 좋은 질문지를 정성들여 준비하는 일에서부터 약속된다고 할 수 있다.

3.1.1 조사항목의 선정

질문지를 작성하는 일은 우선 조사항목(調査項目, item)을 선정하는 일에서부터 시작된다. 즉 어떠어떠한 어휘를 조사할 것이며, 어떠어떠한 음운 현상과 어떠어떠한 문법 현상을 조사할 것인지 등을 결정하여야 하는 것이다.

조사항목의 수

그러나 이보다 앞서 결정하여야 할 것은 조사항목의 수(數)일 것이다. 질문지를 몇 개의 조사항목, 다시 말하면 몇 개의 질문(question)으로 만들 것인지를 미리 결정할 필요가 있다. 이는 크게 그 조사의 목적, 그 조사에 투입될 수 있는 시간과 경비에 의해 좌우되지만 대체로 한 방언의 전반적인 윤곽을 파악할 수 있을 정도의 특징을 고루 포함시킬 것이 요청된다. 특히 전국적인 규모의 방언조사에서는 각 지역의 방언 특징을 최소한 파악할 수 있는 양의 질문지를 준비하여야 할 것이다. 참고로 세계 여러 나

표 3-1 세계 언어지도의 조사항목 수

언어지도명	편집자	항목수
프랑스 언어지도(ALF)	Gilliéron	1,920
루마니아 언어지도(ALR)	Pop	2,100
이태리-스위스 언어지도(AIS)	Jaberg & Jud	2,000
미국 언어지도(LANE)	Kurath	814
영국 언어지도(LAE)	Orton	1,260
프랑스 Massif-Central지방 언어지도(AMC)	Nauton	4,000

라의 대표적인 언어지도 작성을 위한 방언조사에 쓰인 질문지의 항목(즉 질문) 수를 보면 표 3-1과 같다. 여기에서 보면 대체로 1,000-2,000개 정도의 조사항목이 전국 규모의 방언조사에 동원되었다는 것을 알 수 있다.

물론 앞의 표는 현지조사를 위한 질문지의 경우다. 우편으로 방언 자료를 모으는 통신질문지(通信質問紙, postal questionnaire)는 방언조사에 관심이 크지 않은 사람들에게 어려운 부탁을 하는 것인 만큼 많은 조사항목을 포함시키기 어려운 점이 있다. 독일의 경우 Wenker의 질문지가 40개의 문장, 나중 Mitzka의 것이 200개의 어휘 항목으로 된 것이라든지 스코틀랜드의 첫 질문지가 207개의 항목으로 작성된 것이 모두 이러한 사정을 반영하는 것이다.

한 개인이 어느 특정한 현상에 대해서만 알아보고 싶은 경우라면 질문지의 크기는 훨씬 작아질 수도 있을 것이다. 가령 친족명칭의 방언 분포만을 조사하고 싶다면 50개 정도의 조사항목만 준비하면 족할지 모른다. 또는 어떤 방언에서의 'ㅣ' 역행동화의 규칙을 찾기 위한 조사라면 역시 비슷한 수의 조사항목만 필요하게 될 것이며 어떤 음운 현상에 대해서는 이보다 적은 수의 조사항목만 필요하게 될 수도 있을 것이다. 그러나 앞에서도 밝혔듯이 한 방언의 특징을 윤곽적으로나마 종합적으로 파악하기 위해서는 대개 1,000개 내외의 조사항목은 필요하다고 보아 좋을 것이다. 외국에서의 경험담으로는 500-1,000개가 하루에 조사를 할 수 있는 양이라 하니 그 점에서도 이것은 알맞은 양이라 생각된다.

조사항목의 내용

한 방언의 종합적인 특징을 파악한다는 것은 구체적으로 무엇을 의미하는가. 대체로 음운, 문법, 어휘 세 분야에 걸친 특징이 파악되면 한 방언의 특징은 대개 파악된 것으로 이해된다. 문법특징은 다시 형태상의 특징과 통사상의 특징으로 나뉘는 것이 보통이다. 그러면 이들 세, 또는 네 분야의 배분율은 대개 어떻게 잡는 것이 일반적일까. 참고로 영국의 언어지도 질문지인 *A Questionnaire for a Linguistic Atlas of England*의 1,270개의 조사항목의 내용을 보면, 음운 항목이 365개, 형태 항목 62개, 통사 항목 41개, 어휘 항목이 730개였다.

여기서 보면 어휘 항목이 가장 큰 몫을 차지하고 그 다음이 음운 항목이며, 형태 항목과 통사 항목은 합쳐 보아도 이들보다 훨씬 적은 분량임을 알 수 있다. 이는 대체로 일반 질문지의 배분율을 대표한다고 보아 좋을 것이다. 어휘 항목이 가장 큰 비중을 차지하고 문법 항목이 가장 작은 비중을 가지게 되는 것은 방언의 특성으로 보아 매우 자연스러운 귀결일 것이기 때문이다.

방언이란 한 언어의 분화체이기 때문에 방언조사에서 그 분화된 모습에 역점을 둔다는 것은 당연하다. 전국적으로 아무런 분화를 보이지 않는 항목을 조사하는 일은 방언조사에서 거의 도로(徒勞)에 가깝다고 할 수 있다. 그 항목이 전국적으로 아무런 분화를 일으키지 않는다는 사실도 중요한 정보의 하나이기는 하겠으나 방언조사의 일차적 목표는 아무래도 어느 지역이 어느 지역과 언어적으로 어떻게 다른가를 알기 위해서이기 때문이다. 따라서 조사항목을 선정할 때 가장 기본이 되는 조건은 각 방언의 특성을 잘 드러내 줄 분화형을 가지는 항목부터 선정하여야 한다는 점일 것이다.

어휘 항목

어휘 항목이 방언조사 질문지에서 큰 비중을 차지하게 되는 것은 무엇보다도 방언 간의 언어분화가 어휘에서 가장 쉽게 일어나기 때문이다. 어휘는 지역이 조금씩만 달라져도 쉽게 쉽게 분화를 일으키는 특성이 있다. 그렇기 때문에 좁은 지역 간의 방언차를 찾고자 할 때는 특히 그러하지만 전체적으로 지역 간의 언어분화 현상을 살피는 데에 있어 어휘 항목은 큰 몫을 한다.

반복되는 이야기이지만 음운이나 문법 현상에서는 지역 간의 언어 분화가 어휘에서만큼 활발치 못하다. 극단적인 예로서 '아이들이 사과를 따 먹는다'라는 문장의 어순은 전국 어디에 가나 바뀔 가능성이 희박하다. 혹은 'ㅂ'나 'ㅍ'의 대립이 어느 방언에는 있는데 어느 방언에는 없을 가능성도 기대키 어렵다. 음운이나 문법 현상은 어휘에 비하여 변화를 쉽게 입지 않는 성질이 있고 따라서 지역 간의 분화에도 반영되는 일이 그만큼 적은 것이다.

질문지에 어휘 항목이 많게 되는 다른 한 이유는, 언어를 구성하는 요소 중 이른바 개방류(open class)로서 계속 수효가 많아지는 어휘 부문이 음운이나 문법 부문보다 수적으로 훨씬 많기 때문일 것이다. 한 언어를 이루는 음운 목록과 음운 현상은 다 합쳐도 수십만에 이르는 어휘의 수에 비교도 될 수 없을 정도로 적은 수에 불과하다. 문법형태소나 문법 현상도 마찬가지다. 따라서 음운 항목이나 문법 항목은 원초적으로 어휘 항목보다는 그 분량이 훨씬 적을 수밖에 없다.

조사하기 쉬운 항목

음운 항목과 문법 항목이 질문지에 많이 포함되지 못하는 또 하나의 이유로서 이들이 조사하기에 힘이 들고 시간도 많이 걸린다는 점을 들 수 있을 것이다. 뒤에서 질문 방식을 논하게 되지만 어휘 항목은 대개 쉽게 쉽게 조사가 되는데 음운 항목이나 문법 항목을 위해서는 좀더 세심한 질문법을 동원하여야 한다.

조사항목의 중요한 선정 원칙의 하나로서 확고한 의미(fixed points of reference)를 가지고 있는 항목을 고르라는 것을 드는 수가 있다. 어휘에서도 부사나 형용사 등에는 그 의미를 꼭 집어 한정시키기 어려운 것들이 많이 있다. 가령 '아련하다, 아련히'라든가 '다소곳이' 등은 말할 것도 없고 '짭짤하다, 높직하다'를 '짜다, 높다'와 구별하여 묻는 정도도 결코 쉬운 일이 아니다. 그 의미를 꼭 집어 진술하기도 어렵고 이 단어들이 결정적으로 쓰일 상황을 설정하기도 어렵기 때문이다. '무척, 매우, 굉장히'와 같은 부사에 대당하는 방언형을 구별하여 캔다고 할 때도 마찬가지다. 이처럼 확고한 의미를 손쉽게 잡아내기 어려운 것들은 조사항목에 되도록 포함시키지 말라는 것이 조사항목 선정의 한 원칙이다. 이들은 특히 지역지역에 따라 그 용법을 얼마큼씩 달리하는 경향이 있어 더욱 부적당한 항목들이라 할 만하다.

앞에서 음운 항목이나 문법 항목이 조사에 시간이 더 걸리고 힘이 든다고 한 것은 이들 항목이 부사류처럼 어떤 결정적인 상황을 설정하여 질문하기에 어려운 특성이 있음을 두고 한 말이다. 이는 특히 문법 항목들이 그러한데 가령 '옛날에는 나무가 잘

자랐었다'의 '-었었'의 쓰임이라든가 '눈이 많아서 좋겠다'와 '눈이 많으니까 좋겠다'의 '-아서'와 '-으니까'의 의미차 같은 것을 캔다고 가정해 보면 그것이 쉬운 작업이 아니리라는 것을 쉽게 짐작할 수 있다.

조사하기 힘들다고 하여 조사 대상에서 뺄 수는 없을 것이다. 시간이 걸리고 노력이 많이 들더라도 방언 연구에 중요한 정보를 줄 자료라면 어떤 수단을 써서라도 조사하여야 할 것이다. 다만 한정된 시간 안에 전체적인 윤곽을 잡으려는 방언조사에서는 시간이 너무 걸릴 항목은 희생할 수밖에 없다는 것이며, 또 시간을 들이더라도 정확하고 신빙성이 있는 자료가 얻어질 가능성이 적은 것은 역시 뒤로 미룰 수밖에 없다는 점을 말하고 있는 것이다.

전래적인 조사항목

조사항목 선정에 있어 문제가 되는 것이 하나 더 있다면 그것은, 특히 어휘 항목의 선택에 있어 전래적(傳來的)인 것들만 선택할 것인가 아니면 근래에 생성된, 혹은 근자에 도입된 새 단어들도 포함시킬 것인가 하는 점이다. 이것은 무엇보다 조사 목적에 달려 있다고 할 수 있다. 그러나 방언조사에 있어서는 전래적인 것에 비중을 두지 않을 수 없다는 원칙론은 얘기할 수 있을 것이다.

전통방언학이 도시화하지 않은 농촌을 대상으로 하여, 거기서도 되도록이면 고형(古形)의 전래적인 언어 자료를 모으는 입장을 고수하여 왔다는 것은 자주 지적되는 일이다. 이는 무엇보다 전통적인 방언 연구가 한 언어의 역사를 캐는 데 도움이 될 자료를 얻기 위한 작업이었다는 것과 관련된다. 즉 현대화하지 않은 고형에서라야 그 언어의 옛 모습을 찾을 수 있었고 따라서 전래적인 것으로써 조사항목의 주축을 삼았던 것이다.

한편 조사항목은 다양한 방언형을 보여줄 것들이어야 한다는 점에서도 조사항목으로 선정될 어휘들은 전래적인 것들이 더 우대될 만하다. 언어분화란 오랜 세월을 요하는 것이므로 아직 충분한 분화를 일으키지 않았을 신생 어휘들보다 전래적인 어휘들이 훨씬 다양한 방언형을 보여줄 것이기 때문이다. 특히 전국 규모의 조사에서는 농촌 어휘들이 선호되는데 그것은 이들이 전래적이라는 것 이외에 그 어휘들만이 전국 어느 지역에 가서도 물을 수 있는 어휘들이라는 이유가 하나 더 있기 때문이다.

그러나 관심의 초점을 달리하면 '재봉틀, 라디오, 테레비, 고속도로, 경운기' 등의 신생어들도 훌륭한 조사항목이 될 수 있다. '재봉틀'은 '자방침' 등 훌륭한 방언형들이 생겨 있어 늦은 시기에 일어난 방언분화의 경향을 추적하는 데 도움을 주며, '라디오, 테레비' 등은 '나지오, 테레비죤, 티비(TV)' 등의 어형과 관련하여 특히 식자층이냐 아니냐에 따른 사회방언으로서의 분화 현상을 추적할 수 있겠기 때문이다. '고속도로, 경운기'도 이미 '고숙도로, 정운기'라는 어형으로 나타나는 현상이 발견되므로 이러한 신생어들에 기존의 음운법칙, 가령 구개음화 현상이 어떻게 적용되느냐를 관찰하는 데 중요한 자료가 될 수 있음을 볼 수 있다. 전체적으로는 어쩔 수 없이 전래적인 어휘들이 조사항목의 주축을 이루지만 신생어들도 완전히 배제되어서는 안 된다고 할 수 있을 것이다.

3.1.2 격식질문지와 약식질문지

질문지(質問紙)는 현지에 나가 조사할 때 쓸 질문문(質問文)을 그 질문지에 문면화(文面化)시키느냐 그러지 않느냐에 따라 격식

질문지(格式質問紙, formal questionnaire)와 약식질문지(略式質問紙, informal questionnaire)로 구분할 수 있다. 약식질문지는 조사 항목의 이름만 나열해 놓은 질문지로서

1 머리카락
2 (눈의) 검은자위
3 (눈의) 흰자위
4 귓볼
5 주름살

처럼 흔히 조사할 항목명만 표준어로 적어 놓은 질문지다. 이에 반해 격식질문지는 현지에서 제보자에게 물을 때 쓸 질문문을 미리 밝혀 적은 질문지로서, 가령 앞의 다섯 항목이라면

1 (머리카락을 가리키며) 이것이 밥에 들어갔다면 밥에 무엇이 들어갔다고 합니까?
2 (눈동자를 가리키며) 여기 까만 부분을 무엇이라 합니까?
3 여기 흰 부분은요?
4 (귓볼을 만지며) 여기 도톰한 것을 무엇이라 합니까?

와 같은 문장으로 만들어 놓는 형식이 될 것이다.

자기 혼자서 쓸 개인용 질문지라면 굳이 번잡스럽게 격식질문지로 만들 필요가 없을 것이다. 머리 속에서 이 항목은 어떤 방식으로 묻겠다는 계획을 미리 짤 수 있고, 또 현장에서 그때그때의 상황에 맞추어 적절한 방식의 질문을 선택할 수 있을 것이기 때문이다. 그리고 현지조사원(field worker)을 그리 여러 명 쓰지

않아 각 항목을 어떤 방식으로 질문하라는 것을 미리 훈련시킬 수 있는 조건이라면 이때에도 약식질문지로써 충분한 효과를 얻을 수 있을 것이다.

그러나 현지조사에 참여할 사람이 여럿이고 사전(事前)에 어떤 훈련을 마련할 기회가 약속되어 있지 않은 상황이라면 격식질문지가 한결 효용성이 클 것이다. 만일 이 상황에서 약식질문지를 사용한다면 조사원마다 다른 방식의 질문으로 자료를 모을 것이며, 그렇게 되면 결과적으로 각 항목이 동일하지 않은 조건에서 조사되는 셈이 되고, 이는 결국 나중에 각각 다른 조건에서 조사된 자료들을 비교하는 결과를 낳게 만들 것이다. 격식질문지는 이러한 일을 사전에 방지하고 모든 자료가 되도록이면 동일한 조건에서 조사될 수 있는 여건을 마련하는 데 그 가장 큰 목적이 있다고 할 수 있다. 누가 조사원이 되건 같은 방식으로 질문하게 함으로써 동일한 개념의 조사항목이 질문문의 차이 때문에 얼마큼씩 다른 개념의 것으로 조사되는 일이 없도록 하는 장점을 격식질문지는 가지고 있는 것이다. 그리고 격식질문지는 초보자에게도 유익할 것이다. 어떻게 질문하는 것이 정확한 자료를 손쉽게 수집하는 것인지를 아직 잘 모르는 조사자에게 격식질문지는 그 이상 좋을 수 없는 길잡이가 될 것이기 때문이다.

격식질문지의 한계

그러나 격식질문지가 장점만을 가지고 있는 것은 아니다. 질문문을 하나하나 만들기가 매우 어렵다는 것은 만들 때의 과정이라고 차치하더라도, 자연스러운 구어체가 되어야 할 질문문이 글로 쓰게 되면 어딘가 문어체적인 것으로 되기 쉽다는 점이 그 하나다. 질문지에 쓰여 있는 대로 읽다시피 질문하게 되면 어딘가 어색하고 딱딱한 질문이 되기 쉽다. 더구나 "왜 이런 것 있지 않습니까?"라든가 "그러면, 이런 것 아시겠네요?"라든가 등 그때그때 대화를 자연스럽게 어어 줄 군더더기 말까지 격식질문지가 포괄할 수는 없으므로 이 질문지는 이러한 윤활유적인 요소를 배제하는 약점을 스스로 가지게 된다.

그리고 보다 본질적인 약점은, 격식질문지는 상황상황에 따라 적절히 임기응변을 할 여지를 빼앗는다는 데 있다. 미리 많은 것을 충분히 고려하여 가장 적절한 상황을 상정하고 거기에 맞추어 질문문을 만드는 것이기는 하지만, 풍물이며 관습이 각기 다른 여러 지역에 두루 적절히 적용될 질문문이란 그리 쉽게 만들어지지 않는다. 그 때문에 격식질문지에서와 같은 고정된 질문문이 보다 나은 방식에 의한 자료 수집의 길을 막을 수도 있다. 따라서 격식질문지라고 하여 조사원이 질문 방식을 전혀 바꿀 수 없어서는 안 되며 또 그럴 수도 없다는 것이 자주 지적된다. 그만큼 격식질문지의 한계를 인식하고 얼마간씩은 조절하여 쓸 수 있도록 하여 격식질문지의 약점을 보완하도록 해야 할 것이다.

역대 여러 나라의 질문지를 보면 현지조사용으로는 대부분 약식질문지를 썼다. 프랑스의 것도 그러하고 미국의 것도 그러하였다. 격식질문지를 썼던 것은 영국과 일본 등이었는데 그중에서도 영국 언어지도의 질문지는 격식질문지의 한 표본이라고 할 만큼 도표 3-1에서 보듯 매우 정제되고 훌륭한 것이라고 평가할 만하다.

3.1.3 질문 방식

어떤 종류의 질문지이든 질문지의 각 항목은 현지에 가 제보자를 상대로 질문될 수밖에 없다. 이 질문 방식이 격식질문지에

5 WILD ANIMALS

1 ... the small animals that cats are fond of catching? **Mice*†.** And one of them? **Mouse*.**

2 ... that small kind of mouse with the long snout; it eats insects and lives outside? **Shrew-mouse.**

3 ... the animal larger than a mouse, with a long tail; it lives in stacks and sewers? **Rat.**

4 ... the animal that throws up small mounds of earth in the fields? **Mole.**

5 ... the animal with the prickly back that rolls itself up when frightened? **Hedgehog.**

6 ... that small animal, reddish brown, white throat, short legs and tail, about half as big as a ferret; it kills rabbits? **Weasel*.**
Ascertain whether *whitret* is known.

7 ... that similar animal with a bushy tail, darkish, as large as a ferret; it stinks and kills poultry, but is rather rare now? **Pole-cat.**

8 ... that friendly little animal with a bushy tail; it skips about in trees? **Squirrel*.**

9 ... that grey animal that lives in burrows; it fights fiercely when drawn out by dogs? **Badger.**

10 ... that animal like a rabbit, but larger and stronger? **Hare*.**

11 ... that sly animal that is hunted with hounds? **Fox*.**

6 DOMESTIC FOWLS

1 .. all those things that fly, with feathers? **Birds*.**

2 Some people have a shed and a wire-netting run at the bottom of their garden in which they .... **keep† hens.**

3 What do hens rest on at night? **Perch.**

4 What do you expect hens to do? **To lay*** eggs.

5 ... the inside of an egg? **Yolk*.**

6 What colour is it? **Yellow*.**

7 A hen that wants to sit, you call a .... **broody hen.**

8 What does the cock do to the hen? **To tread.**

9 It's no use a broody hen sitting on eggs unless they have, what inside? **Tread.**

10 When the young birds show signs of hatching out, you say the eggs are beginning .... **to chip.**

11 What comes out of the eggs when they are hatched? **Chickens.**

12 ... all the chickens you get from one sitting of eggs? **Brood.**

도표 3-1 영국 격식질문지 (Orton 1962 : 65)

서는 표면화되어 있고 약식질문지에서는 숨어 있다는 차이뿐인 것이다. 그러면 질문 방식에는 어떤어떤 방식이 있을 수 있으며 그 각 방식들은 어떤 장단점을 가지는가를 여기에서 살펴보기로 하겠다.

직접질문법과 간접질문법

질문 방식은 우선 직접질문법(直接質問法)과 간접질문법(間接質問法)으로 나눌 수 있다. 전자는 번역식 질문법(translation question)이라고도 할 수 있는데, 표준어로 어떤 형태를 제시하고 그에 짝이 되는 방언형을 말하게 하는 질문 방식이다. 예를 들면 "'팥'을 여기서는 무엇이라 합니까?"라든가 "'모기 때문에 잠을 못 자겠다'라고 할 때의 '때문에'를 여기서는 무엇이라 합니까?"와 같은 질문 방식이 그것이다. 프랑스의 방언조사에서 Edmont이 썼던 방식이 바로 이 방식이다. 독일의 Wenker가 썼던 방식도 비록 통신조사이기는 하였지만 역시 같은 방식이었는데 통신조사에서는 이 방식이 많이 채택되어 왔다.

이 직접방식은 제보자가 표준어와 해당 방언을 다같이 숙지(熟知)하고 있어야만 쓸 수 있다는 제약을 가진다. 만일 그러한 조건이 충족되어 있다면 간접적으로 돌려 물음으로써 일으킬지도 모르는 오해를 염려하지 않아도 좋다는 장점이 있다. 잘 진행되면 시간을 절약할 수 있다는 장점도 흔히 지적된다.

그러나 근래에 와서는 이 직접방식은 별로 채택하지 않게 되었다. 표준어를 잘 아는 사람이란 이미 해당 방언을 순수히 간직하고 있지 못하기가 십상이어서 이상적인 제보자라고 하기 어렵다는 점이 고려된 것이다. 그리고 표준형을 먼저 제시하면 방언을 잘 아는 사람도 그 표준어에 이끌려 그와 유사한 방언형을 대답할 우려가 있다는 점도 이 방식이 가지는 약점이다. 그렇기 때문에 특수한 경우가 아니면 직접방식은 되도록 피하는 경향이 있다.

다만 문법 항목처럼 질문이 어려운 종류를, 가령 그 고장 토박이로서 고향에서 교편을 잡고 있는 그 고장 토박이에게 직접방식으로 묻는 일은 매우 유익할 때가 있다. 특히 이미 조사한 것을 확인하는 단계라면 이 방식은 더욱 권장할 만하다. 그러나 이때에도 이 방식은 보조적으로만 유용하다는 점을 명심할 필요가 있다.

다섯 가지 간접질문법

간접질문법은 표준어든 어떤 다른 방언형이든 그 개념을 가리키는 어형을 제시함이 없이 해당 방언형을 이끌어내는 방식이다. 이는 다시 몇 가지로 나눌 수 있는데 Orton(1962)에는 이를 다음의 다섯 가지로 나누었다.

(가) 명명식 질문법(命名式 質問法, naming question) : 그림이나 사진을 보이면서 또는 사물을 가리키며 "이걸 뭐라 합니까?" 라든가 "이게 뭐지요?" 식으로 묻는 방식, 즉 그 이름을 가르쳐 달라는 식으로 묻는 방식을 말한다. 여기에는 그림이나 사진이나 실물과 같은 어떤 형체를 직접 가리키는 방식 이외에 어떤 사물의 특징을 말로 진술함으로써 묻는 방식도 포함된다. 예를 들면 "남편의 남동생을 뭐라 부릅니까?"라든가 "한 사람이 눈을 감고 있다가 다른 사람들이 여기저기 숨으면 찾아내는 놀이를 뭐라 합니까?"와 같은 방식의 물음이 그것이다. 명명식 질문법에는 시늉을 해 보이면서 묻는 방식도 포함된다. 하품을 해 보이면서 이러는 것을 뭐라 하느냐라든가 왼쪽 손바닥을 오른쪽 손가락으로 꼭꼭 찌르며 아이들한테 이런 재롱을 시키면서 뭐라 하느냐고 묻는 것 등이 그것이다.

따라서 명명식 질문법은 다시 몇 가지 하위분류가 가능할지도 모른다. Orton(1962)에는 그러한 시도가 없지만 만일 한다면 (ㄱ)

지시식(指示式) 질문법, (ㄴ) 진술식 질문법, (ㄷ) 시늉식 질문법 정도의 분류가 가능하지 않을까 한다. 어떻든 이들은 그 명칭을 직접 묻는다는 공통점을 가지며, 또 그 명칭을 직접 캔다는 점에서 간접방식의 질문법 중에서는 가장 직접적인 질문법이라 할 수 있다.

(나) 완결식 질문법(完結式 質問法, completing question) : 이것은 적당한 문장을 제시하면서 끝에 빈칸을 남겨두고 그 빈칸을 제보자로 하여금 채워넣도록 하는 방식의 질문법이다. 영국의 경우 "A man who cannot see all is…"라고 말함으로써 '소경'에 해당되는 방언형을 제보자가 대답하도록 유도하는 방식이 그것이다. 우리는 언어구조상 이와 같은 방식으로 묻기는 어렵겠지만, 바로 앞에서 물은 것과 관련하여, 가령 '홀아비'를 물은 다음 "그러면 남편이 죽고 혼자 사는 여자는…"과 같은 방식으로 물을 수는 있을 것이다. 그리고 용언에 대해서는 "소금을 너무 많이 넣었나부다. 국이 너무…"처럼 하여 적절한 응답을 얻어낼 수도 있을 것이다.

이 질문법은 대체로 쉽게쉽게 명명식 질문법으로 바뀔 수 있을 것이며 그만큼 그 효용도 별다른 것이 있다고 보기 어려운 점이 있다. 다만 제보자가 지능이 좋아 그때그때 빈칸을 잘 채워준다면 명명식보다 조사 시간도 줄일 수 있고, 또 '뭐라 하지요?' '뭐지요?' 식의 직접적인 질문에서 오는, 자칫 신문조(訊問調)가 되기 쉬운 딱딱한 분위기를 대화조(對話調)로 바꾸어 주는 이점은 있다고 보아 좋을 것이다.

(다) 치환식 질문법(置換式 質問法, conversion question) : 이는

서로 대립이 되는 한쪽 형태를 완결식으로 응답케 하고 나머지 한쪽을 역시 완결식으로 응답케 함으로써 필요한 방언형을 캐는 질문법을 말한다. 예를 들면 “We drink water when…”이라고 하여 we're thirsty를 대답케 한 다음 “Mary drinks water when…”이라고 하여 she's thirsty를 얻어내고, 이어 “I drink water when…”이라고 하여 I'm thirsty를 얻어내어 be 동사의 인칭에 따르는 활용형을 캐는 방법이 그것이다. 이는 결국 앞의 완결식 질문법의 한 변종인데 다만 찾고자 하는 어형을 직접 캐기 전에 예비 수단으로서 그와 짝이 되는 어형을 하나 더 원용(援用)한다는 점이 다르다. 이는 조사항목에 따라서는 직접 묻기 어려운 것이 있기 때문인데 앞에서 본 예들처럼 동사의 활용형, 특히 불규칙 활용형류를 물을 때는 매우 유용하다.

국어의 경우 경어법의 형태를 캘 때 이 치환식 질문법이 적절히 이용될 수 있을 법하다. “방에 들어온 사람에게 앉으라고 할 때, 만일 그 사람이 초등학교에 다니는 동네 아이면 '애, 거기 좀 앉어' 그러잖아요? 그런데 그 사람이 새로 결혼한 동네 청년이면 '자네, 거기 좀 앉…', 그리고 그 사람이 쉰 살 넘은 도지사라면 '도지사님, 거기 좀 앉…'” 식으로 물어 나감으로써 청자의 조건에 따른 상대경어법의 활용형을 구할 수 있을 것이다. 시제에 관한 항목도 시간부사를 '지금, 어제, 내일'로 바꾸어 가면서 이 질문법으로 물어 좋을 것이며, 진술 방식으로 캐기 어려운 형용사류를 '높다'와 '낮다', '깊다'와 '얕다', '짜다'와 '싱겁다', '무겁다'와 '가볍다'처럼 반대어끼리 짝을 지어 “바위하고 솜하고 들어 보면 바위는…, 솜은…”과 같은 방식으로 묻는 것도 매우 효율적일 것이다. 다만 완결식 질문법과 더불어 빈칸을 채워넣게 하는 방식인 만큼 상황을 적절히 설정하여 제보자로 하여금 당황하게 하는 일이 없도록 더욱 세심한 배려를 하여야 할 질문법이라 하겠다.

(라) 이야기식 질문법(talking question) : Orton(1962)에 의하면 이 질문법은 해당 방언형을 하나씩 캐는 것이 아니라 관련되는 사항을 한꺼번에 늘어놓게 하고 그중에서 필요한 방언형을 취하는 방식의 질문법이다. "밭에서 나는 곡식으로는 무엇무엇이 있습니까?"라고 물어 '콩, 팥, 녹두, 옥수수, 수수, 메밀' 등을 한꺼번에 응답케 하는 방식이 그 한 예다. 이것은 한꺼번에 많은 자료를 얻을 수 있고 그만큼 시간을 절약한다는 이점이 있다. 그리고 조사를 대화조로 진행시켜 지루함을 덜고, 또 하나씩 묻고 대답하는 데서 오기 쉬운 긴장된 대답, 거기서 오는 부자연스러운 어조 등 일상적(日常的)으로 쓰는 순수한 방언의 모습에서 벗어난 요소를 배제하고 자연스러운 방언 본연의 모습을 드러내 주는 데 유리하다는 이점도 있다.

반면 약점도 없지 않다. 나열되는 방언형 중의 각 어형이 과연 조사자가 구하고 있는 것인지 어떤지를 확인키 어려운 점이 있다는 것이 그것이다. 가령 '무수, 배차, 상치, 감재, 고구마'라고 나열된 것 중 우리는 언뜻 '감재'는 표준어 '감자'에 대당하는 방언형이라고 짐작해 버리기가 쉽지마는 방언에 따라서는 고구마를 감자라고 엇바꾸어 부르는 곳도 있으므로 이러한 짐작이 위험할 수가 있는데 이야기식 질문법으로 자료를 모으면 이러한 위험에 빠질 우려가 있다는 것이다. 따라서 이 질문법은 그 방언에 어느 정도 익숙해진 뒤에라야 마음놓고 쓸 수 있는 질문법인지도 모른다. 그리고 전체적으로 한꺼번에 나열시킬 수 있는 종류의 항목이란 그리 많은 것도 아니어서 이 점에서 이야기식 질문법은 보조적인 질문법이라 할 만하다.

우리는 이 이야기식 질문법에 여러 응답을 동시에 묻는 질문 이외에 단답을 캐면서도 어떤 어형을 캐고 있다는 인상을 주지 않는, “밥은 어디에다 앉힙니까?” “감자나 콩은 어디에다 심습니까?” “제사를 요즈음은 초저녁에 지내는 수도 있습니다만 그 전에는 언제 지냈습니까?” 등으로 묻는 방식도 포함시키고자 한다. 이 질문법은 결과적으로는 ‘솥, 밭, 새벽’ 등의 방언형을 캐는 것이지만 그 단어들을 캔다는 인상을 주지 않고 어떤 이야기를 묻는 인상을 준다. 이 점에서 여러 응답을 묻는 앞의 이야기식 질문법과 공통되며, 또 방언조사를 이야기를 나누는 투로 재미있고 자연스럽게 이끌어갈 수 있다는 장점도 공통적으로 가진다. 이 점에서 이야기식 질문법은 보조적인 질문법만도 아니며 되도록이면 적극적으로 개발하여 널리 활용할 질문법이라고 생각된다.

(마) 역질문법(逆質問法, reverse question) : 앞의 질문법들은 모두 어떤 개념을 나타내는 형태를 캐기 위한 것이었다. 그런데 역질문법은 먼저 형태를 제시하고 그 개념, 즉 그 의미를 묻는 질문법이다. 그야말로 일반 질문법과 비교하여 순서가 역(逆)으로 된 질문법인 것이다. 이러한 질문법이 필요한 것은, 지역에 따른 언어분화가 일반적으로는 형태에서 일어나 동일한 개념을 지역에 따라 각각 다른 형태로 나타내지만, 때로는 형태는 동일한데 지역에 따라 그 개념이 분화를 일으키는 경우가 있기 때문이다. ‘쟁기’가 그 한 예인데 이것은 지역에 따라서는 논이나 밭을 갈 때 쓰는 농구의 한 가지를 가리키면서 볏이 달린 극젱이와 구분되지만, 지역에 따라서는 극젱이까지를 포함하여 지칭하는 명칭이며, 나아가서는 낫이며 톱이며 괭이, 삽 등 농구 일반을 가리키는 이름이기도 하다. 이러한 의미상의 분화를 알아보기 위해서

는 "쟁기는 무얼 보고 쟁기라 합니까?"와 같은 역질문법으로 물을 수밖에 없다.

워낙 특수한 경우에 쓰이는 것이라 역질문법이 쓰일 일이란 아주 한정되어 있다. 영국 질문법에서도 이 질문법은 1,200개가 넘는 질문 중에서 겨우 9개밖에 되지 않았다. 저자의 「한국방언조사질문지」에서도 이 질문법으로 질문하기로 계획된 것은 '아재, 도장(방), 아래(전전일), 샛바람, 하늬바람, 함박꽃, 참나무' 등 몇 가지밖에 없다(「부록 1」 참조). 그러나 전적으로 의미분화만을 관심사로 하지 않더라도 조사된 형태의 개념을 좀더 확실히 확인코자 할 때 이 질문법은 유용하게 이용될 수 있다. 방언에 따라 형태의 분화가 있을 때 그것들이 반드시 동일한 개념을 대표하는 것은 아니기 쉽고 부분적으로 의미의 분화도 동반하기가 쉽다. 예를 들면 '주름살'이 손등이나 눈가의 것은 가리켜도 이마의 것은 배제한다든가 하는 미묘한 분화가 그것이다. 이러한 작은 의미분화를 확인하는 수단으로 역질문법이 효력을 발휘할 때가 많은 것이다.

경우가 좀 다르지만, 주변 지역에서 공통적으로 쓰이는 형태들이 조사 지역에서도 나타날 것이 기대되는데 일반 질문법에 의한 조사에서는 나타나지 않았을 때 역시 역질문법을 이용할 수 있다. "여기서는 '오니껴'라는 말은 안 씁니까?"라고 물어서 만일 쓴다면 어떨 때 쓰느냐고 물어 그 의미를 확인하는 방식이 그것이다. 처음부터 형태를 제시하고자 한 것이 아니어서 구별되는 점이 있기는 하지만 형태를 먼저 제시하고 의미를 묻는다는 점에서 이 방식도 역질문법의 한 변종이라 보아 좋을 것이다.

선택질문법

제보자에게 미리 몇 가지 방언형을 제시하고 그중에서 그 고장의 해당 방언형을 고르게 하는 질문법도 있다. 선택질문법이라 할 만한 것으로 이 질문법은 그 방언에 대하여 이미 예비지식이 많이 있어야 한다. 따라서 이 질문법은 어떤 방언조사가 끝난 다음 그 정확성을 확인하기 위하여 쓰는 경우가 많고 그 때문에 이 종류의 질문지를 흔히 확인질문지(checklist)라 부른다.

흔하지는 않으나 확인질문지가 주된 질문지로 쓰인 방언조사도 있다. Atwood의 *The Regional Vocabulary of Texas*(1962)가 확인질문지로 모은 자료로 이루어진 예의 하나인데 Atwood는 대학생들에게 확인질문지를 나누어 주어 각자의 고향에 가 조사해 오게 하였던 것이다. 저자의 『영동 영서의 언어분화』(1981)의 자료도 상당 부분은 선택질문법을 채택한 통신질문지에 의해 모은 것이다(「부록 2」 참조).

이 질문법은 조사를 쉽게 진행시킬 수 있고 또 조사원이 그리 능숙한 사람이 아니어도 가능하다는 장점이 있다. 그 때문에 통신조사처럼 촘촘히 많은 지역을 조사할 수 있다는 장점도 가진다.

이상으로 질문지의 조사항목들을 조사할 때 쓰일 수 있는 여러가지 질문법들을 살펴보았다. 분명히 해당 조사항목에 가장 적절한 질문 방식이 하나 있을 것이며 이것은 조사가 실시되는 현지의 상황까지 고려하면 더욱 그러할 것이다. 유능한 조사원이란 이처럼 조사항목에 따라, 또 상황에 따라 가장 적절한 질문법을 구사하여 가장 효율적인 방법으로 자료를 수집하는 사람일 것이다. 이것은 질문지가 격식질문지여서 질문 방식이 문면화되어 있을 때에도 크게 다르지 않을 것이다. 제보자로 하여금 이쪽에서 무엇을 알기를 원하는지를 바로 알아차리게 하고, 되도록 평상시에 쓰는 자연스러운 말투로써 그 고장의 어형을 말할 수 있게 하는 질문 방식이 최선의 질문 방식일 것이다. 또 조사에 지루함을 느끼지 않도록 하여 적극적으로 호응하게 만드는 것도 조사원의 질문법 여하에 달려 있을 것이다. 효율적인 질문법이 방언조사를 성공적이게 하는 첫걸음임을 여기서 특히 강조해 두고 싶다.

3.1.4 질문지의 조직

질문지를 가령 1,000여 개의 조사항목으로 구성한다면 그 배열을 어떻게 할 것인가. 대원칙은 의미상의 영역이 가까운 것끼리 한 군(群)이 되도록 한다는 것이다. 가령 가축에 관계되는 사항은 그것끼리 한 자리에서 조사되도록 배열할 뿐만 아니라 같은 가축 이야기 중에서도 질문 순서가 되도록이면 흐름이 있는 이야기가 되도록 해야 하는 것이다. 이는 조사 때에 화제(話題)를 한 가지 일에 집중시켜 제보자로 하여금 정신이 헛갈리지 않게 할 뿐만 아니라 이야기 자체에 마음을 집중케 함으로써 자칫 방언조사에서 생기기 쉬운 부자연스러움과 지루함을 피하고자 함이다.

영국 질문지

질문지의 구성에 있어 가장 세심한 배려를 한 것은, 그리하여 가장 조직적인 구성을 보이는 것은 영국 언어지도의 질문지가 아닌가 한다. 이 질문지는 우선 질문지 전체를 크게 다음의 아홉 분야로 나누고 있다.

Book Ⅰ The farm

Book Ⅱ Farming

Book Ⅲ Animals

Book Ⅳ Nature

Book Ⅴ The house and house keeping

Book Ⅵ The human body

Book Ⅶ Numbers, time and weather

Book Ⅷ Social activities

Book Ⅸ States, actions, relations

그리고 이들 각각을 다시 10개 내외의 하위류로 나누었다. 예를 들면 Book Ⅰ의 The farm은

the farmstead(11)/the workman on the farm(4)/the cow-house(18)/the stable(3)/the harness(12)/team of horses(5)/implements(19)/the plough(6)/the cart(12)/the cart-body(6)/the cart in use(7)

의 11개의 영역으로 나누고 Book Ⅲ의 Animals를

cattle : breeding(16)/cattle : the body(11)/cattle : tending(9)/the horse(10)/horse : tending(6)/sheep : breeding(8)/sheep : tending (11)/the pig(10)/the pig : the body(4)/calls to animals, animal cries(7)/slaughtering cattle(9)/slaughtering pigs(10)/other animals (18)

의 13개 영역으로 나눈 것이 그것이다. 영국의 이 질문지는 이 하위 영역에 적으면 3개, 많으면 20여 개의 질문을 포함시키고 있는데(앞의 괄호 안의 숫자가 질문수임) 그것이 3개이든 26개이든

따로 한 페이지를 배당하여 질문지의 각 페이지는 같은 의미 영역의 질문으로 충당되도록 하는 배려까지 하고 있다.

같은 의미 영역의 항목들을 같은 자리에 모이게 한다는 원칙은 워낙 기본적인 원칙이어서 대부분의 질문지가 이 원칙은 지켰던 것으로 생각된다. 그럼에도 유독 영국 질문지의 구성을 높이 평가하고 싶은 것은 우선 앞에서 본 바와 같은 이원적(二元的)인 구성 때문이다. 일차적으로 9개의 큰 의미 영역으로 분류하고 그것을 다시 10개 내외의 작은 의미 영역으로 나눈 체재(體裁)가 처음부터 20개 정도의 영역으로 분류하는 평면적인 방식보다 한결 조직적인 것이다. 이 방식은 가령 마차나 베틀 등의 부분 명칭을 단락지어 한 곳에 모아 묻기에 편리하며 전체적으로 조사를 주제별로 진행시키는 데 도움을 준다. 그리고 뒤에서 언급하겠지만 영국의 방언조사는 주제에 따라 제보자를 바꾸어 나가는데 이럴 때 9개의 큰 의미 영역은 분야에 따른 제보자 선정에 알맞은 크기이기도 하다고 생각된다.

미국 질문지

다음에 참고로 미국 New England 지방 언어지도의 질문지 *The Work Sheets*의 구성을 소개해 두고자 한다. 앞의 영국 것과 대조되는 점이 있어 참고가 되기 때문이다.

1.1—1.7 numerals

1.8—5.3 expressions of time

5.4—7.6 the weather

7.7—12.1 the dwelling

12.2—14.1 *verb forms*

87.4—88.7 *noun forms, conjunctions*

89.2—90.3 religion, superstition

90.4—94.1 *adverbs, exclamations, salutations*

94.2—102.8 various activities

103.1—103.8 miscellaneous expressions

이상에서 보면 미국 질문지는 영국 것에 비해 평면적임을 알 수 있다. 우리나라의 종래의 질문지는 그 참모습을 알기 어렵지만 그 양식의 특성을 보면 영국 질문지 계열이기보다는 미국의 것과 동계의 것이라 짐작된다. 대체로

천문, 지리, 시후, 방위, 인륜, 신체, 가옥, 복식, 음식

등의 의미 영역으로만 나누고 거기에 하위 영역으로의 또다른 분류를 하지 않은 일원적(一元的)인 분류라는 것이 그러하다.

배열 순서

영국 질문지의 배열을 다른 것과 비교하면 그 첫머리가 농사(農事)에 관한 것으로 시작되어 있다는 점을 한 특징으로 지적할 수 있다. 별다른 일이 생기지 않는 한 현지에서의 조사는 질문지의 순서대로 되는 것이 정상적일 것이다. 그렇다면 미국 것은 수(數)에 관한 것부터 조사하게 되고 한국 것은 천문(天文)에 관한 것부터 묻게 된다. 영국 것처럼 농사일에 대해서 묻게 되는 경우와 비교하여 어느것이 더 좋은 순서일까.

미국 질문지에 대해 Kurath(1972)는 질문지의 순서에 구애되지 말고 조사를 자연스럽게 시작할 수 있도록 가사(家事)나 요리나

농사와 같은, 또는 사회활동과 같은 화제에서부터 시작하기를 권장하였음을 밝히고 있다. 수(數)나 요일 이름 등이 음운 특징을 파악하기에 좋고 한 방언의 특징은 우선 음운의 특징부터 파악하는 것이 순서이기 때문에 미국의 질문지가 이들을 그 첫머리에 두었지만, 이런 딱딱한 이야기부터 시작하면 제보자가 처음부터 흥미를 잃기 쉽다는 것을 염려하였기 때문이었다 한다. 이는 질문지의 배열이 효율적인 조사에 중요한 몫을 한다는 점을 시사(示唆)하는 것인데 이럴 바에는 미국 질문지도 애초부터 그 순서를 재조정할 필요가 있었을 것이다.

자연스럽게 이야기를 꺼낸다는 점에서는 천문, 지리부터 시작되는 우리나라 질문지의 순서도 좋은 것이라고 하기 어렵다. 좀 더 일상적이고 주변적인 화제이되 낯선 사람 사이에서 자연스럽게 이야기될 수 있는 화제가 가장 좋을 것이다. 그 점에서 농사 이야기부터 시작하는 영국 질문지의 순서는 이상적이라 할 만하다. 특히 농촌이 주된 조사지점이 되는 일반 방언조사에서 화제를 농사에 관한 일에서 시작하는 것은 매우 자연스러울 뿐더러 제보자로 하여금 경색됨이 없이 자신감과 친숙감을 가지고, 그야말로 가르치는 자의 입장이 되어 활발히 이야기하게 할 수 있는 장점이 있다.

프랑스의 『리옹 지방의 언어민속지도』(1968)의 질문지의 순서도

1 초원, 건초, 갈퀴, 쇠스랑
2 곡물, 파종, 추수
3 타작, 도리깨

로 구성되어 영국 것과 전체적으로 같은 체재를 보여준다. 저자

의 「한국방언조사질문지」도 농사 이야기부터 시작하도록 하였거니와 어느것보다 농사 이야기가 좋은 서두라 생각한다.

질문지에서의 각 항목 간의 배열 역시 성공적인 방언조사를 이루는 중요한 한 요건임을 명심할 필요가 있다. 시작에서부터 끝까지 유기적으로 조직되게 하여 제보자로 하여금 흥미와 적극성을 가지고 조사에 응하도록 하고 그럼으로써 조사 기간을 줄이면서도 더 효율적인 조사가 되도록 질문지의 구성에도 세심한 주의를 기울여야 한다는 점을 다시 강조해 두고자 한다.

3.2 조사지점

질문지가 만들어졌으면 이제 그것을 어디에서 조사할 것인가의 문제가 대두된다. 즉 어떤 지역, 어떤 지점을 조사지점(調査地點)으로 선정할 것인가를 결정해야 하는 것이다. 우리는 이것도 다시 몇 가지 작은 문제들로 나누어 생각해 보고자 한다.

3.2.1 조사지점의 수

우선 몇 군데나 다니면서 방언조사를 할 것인가가 조사지점과 관련되어 결정할 큰 문제의 하나다. 이도 역시 조사의 목적에 따라 결정될 문제라고 할 수 있다. 어느 특정 지역의 특정 현상만이 관심의 대상이라면 조사지점의 수는 하나이거나 많아야 두세 곳이면 될지 모른다. 가령 제주도 방언에 남아 있는 '·' 음의 실태를 파악해 보려는 것이 목적이라면 제주도의 어느 한 곳, 또는 두세 곳 정도에서 조사해 보면 대개 만족스러운 성과를 얻어낼 수 있을 것이다.

그러나 대부분의 방언조사는 비교를 그 전제로 한다. 몇 지역의 방언을 조사하여 그 정확한 분포를 밝히고 방언 경계를 긋고 거기서 어떤 언어 현상을 파악해 보려는 것이 대부분의 방언 연구의 목표인 것이다. 그 때문에 방언조사의 지점수는 자연 많아지는 것이 일반적이다. 조사가 필요한 지역이 넓으면 넓을수록 조사지점의 수도 평행하여 늘어날 것이다.

전국적인 규모의 방언조사를 한다고 할 때의 조사지점의 수는 몇 개가 이상적일까. 전국 규모의 방언조사에서 일차적으로 관심사가 되는 것은 각 항목의 정확한 방언 분포다. 어디까지는 같은 어형이 쓰이고 어디서부터는 다른 어형이 쓰인다는 것을 밝혀내야 되는 것이다. 따라서 조사지점의 이상적인 수는 그러한 지역간의 방언분화를 상세히 보여줄 만큼 많아야 된다는 이론이 성립된다. 어떤 언어 현상의 방언 경계가 한 줄로 이웃해 있는 a, b, c, d 지점 중 b 지점과 c지점 사이에서 그어지는데 a 지점과 d 지점만을 조사지점으로 한다면, 그 방언경계가 a, d 두 지점 사이의 어디인가에 있다는 진술은 할 수 있겠지만 그것이 정확히 b, c 두 지점 사이라는 것은 밝혀내지 못할 것이며, 따라서 이 경우 조사지점을 두 지점만으로 한 것은 너무 적게 잡은 것이라고 할 수 있다. 그러나 무턱대고 많은 지점을 조사지점으로 할 수도 없는 일이며 또 그럴 필요도 없다. 아주 정확한 방언 경계를 그으려면 동(洞)이나 리(里) 단위로 전국의 각 마을을 조사지점으로 하는 것이 최선의 길일 것이다. 그러나 이것은 무엇보다 시간과 경비가 허락되지 않지만 대개의 경우 무모하고 불필요한 낭비라고 할 수밖에 없다. 왜냐하면 방언분화가 동리가 달라질 때마다 일어나는 일이란 거의 없기 때문이다.

아무런 방언차가 없는 지역이라면 한 곳에서만 조사하면 족하다. 따라서 이상적인 조사지점의 수는 방언차가 생기는 곳마다 한 지점씩 선정되는 수라고 할 수 있다. 이것은 과다(過多)도 아니고 과소(過小)도 아닌 가장 경제적인 수인 것이다. 그런데 문제는 방언조사를 해 보기 전에는 어느 정도의 크기가 대체로 방언차를 일으키는 크기인지를 알 수 없지 않느냐는 것이다. 다시 말하면 바로 그 크기를 알기 위하여 방언조사를 하는 것인데 그 크기로 조사지점의 수를 정한다는 것은 선후가 뒤바뀌는 것이다.

여기서 우리는 어떤 예비작업이 필요함을 느끼게 된다. 기간(旣刊)의 방언자료집을 토대로 하거나 현지 예비조사를 통하여 대개 어느 정도의 크기가 동질성을 가지는 동일 방언권인가를 추정하는 것이 바로 그 예비작업이다. 우리나라의 경우 현지에 나가 물어보면 대개는 주민들의 방언의식이 민감하여 자기 고장의 말 영역이 어디서 어디까지라는 것을 꽤 정확히 의식하고 있음을 발견할 수 있다. 우리나라에서는 이 크기가 대개는 종래의 군(郡) 단위, 즉 오늘날 시(市)로 명칭이 바뀌기 전의 단위(이를 앞으로 '시 · 군'이라 부르기로 한다)로 나타나는 것 같다. 저자는 대체로 이 시 · 군 단위인, 주민들이 자기 고장의 언어와 동질적이라고 의식하는 방언이 쓰이는 방언권을 편의상 핵방언권(核方言圈)이라 불러오고 있거니와 그렇다면 조사지점의 수는 이 핵방언권 중에 하나씩 정하는 정도면 이상적이라는 결론이 된다. 즉 지역에 따라서는 한 시 · 군 안에서 다시 방언분화를 일으키는 일도 있고 또는 두세 시 · 군이 한 핵방언권을 이루는 수도 있지만 대체로 한 시 · 군에 한 지점씩 정하는 정도가 우리나라에서는 알맞은 수의 조사지점을 정하는 일이 되는 것으로 판단된다.

전국 규모의 방언조사에서는 전국을 몇 구역으로 나누고 그

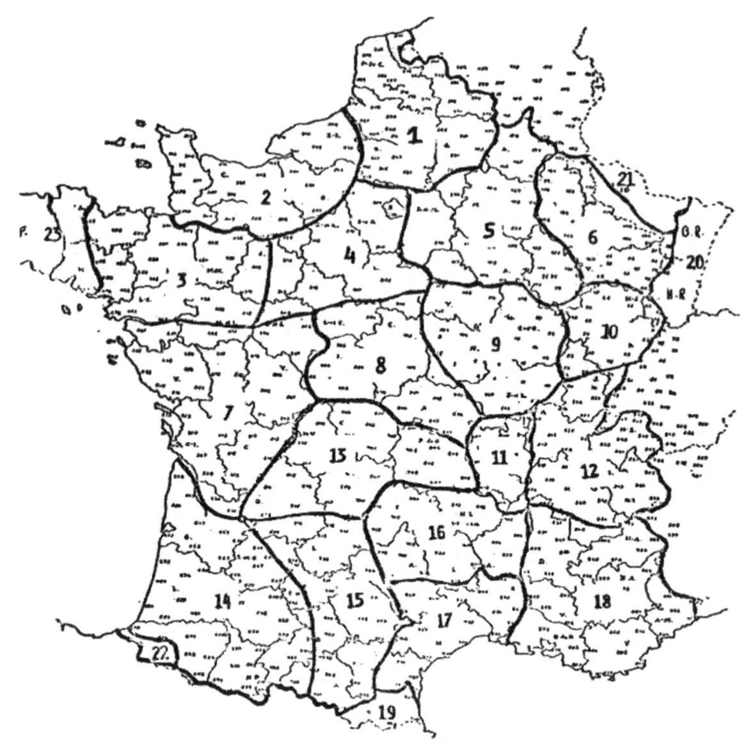

지도 3-1 지역별 프랑스 언어지도 지점(地點)번호 (Tuaillon 1967에서)

구역을 다시 몇 구역으로 나누어 각 구역, 각 지점에 고유 번호를 매기는 방식을 쓴다. 지도 3-1과 지도 3-2는 참고로 그러한 조사지역 분할의 실례를 보인 것이다.

3.2.2 조사지점의 조건

한 조사지점이 대표하는 조사 지역의 크기가 정해지고 나면 그 조사지역 안에서 어느 곳을 조사지점으로 정하여야 하느냐 하

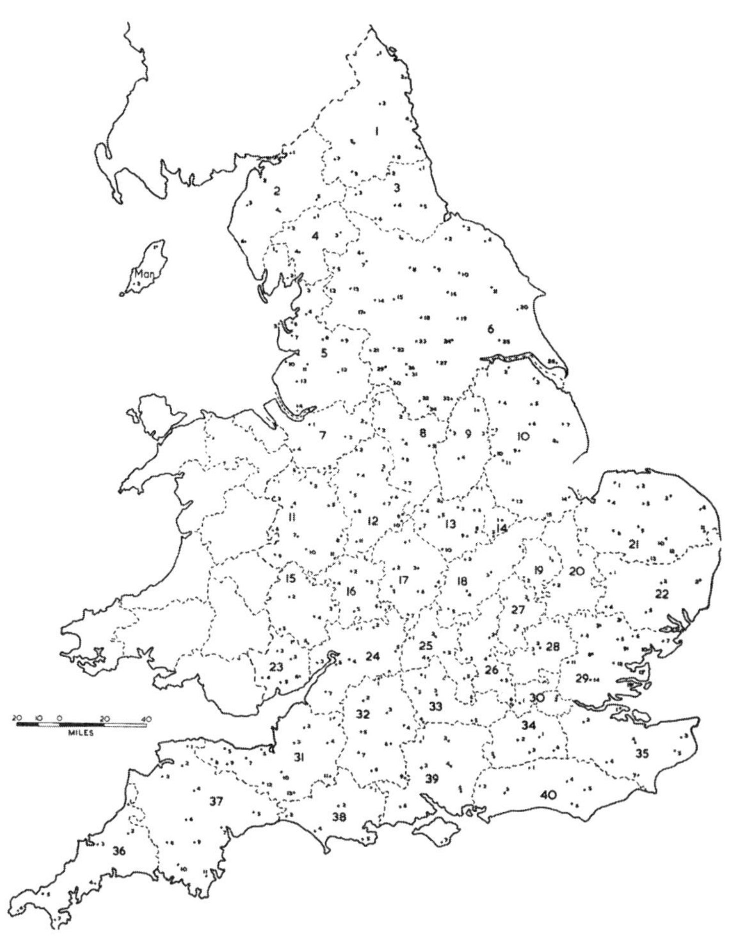

지도 3-2 영국 언어지도 지점(地點)번호 (Orton 1962 : 30)

는 문제가 대두된다. 가령 우리나라에서 한 시 · 군에 한 지점씩 정한다고 할 때 각 시 · 군의 어느 마을을 조사지점으로 하느냐 하는 문제가 그것이다.

아주 특수한 예이지만 프랑스 언어지도의 방언조사 때는 이른바 기하학적 기준으로 조사지점을 정하였음을 앞에서 본 바 있다. 즉 Gilliéron은 어느 지방이든 그 역사적 배경이나 지리적 조건 등을 전혀 고려하지 않고 사방 등거리의 지점을 기계적으로 조사지점으로 정하였던 것이다. Gilliéron은 어느 지역에 프랑스어의 고형이 어떤 상태로 남아 있느냐에 관심이 있었던 것이 아니라 문화중심지인 파리로부터의 영향이 어느 정도 미쳐 왔는가를 관심사로 하였기 때문에 이러한 방법을 썼다고는 하나, 그러나 이러한 기하학적인 방법은 그 후 다른 방언조사에서는 거의 채택되지 않았다.

대부분의 경우 조사지점을 선정할 때는 그곳의 지리적, 역사적, 사회적 배경을 고려함을 원칙으로 한다. 거리상으로는 가깝지만 그 사이에 큰 지리적 장애가 있다면 두 곳을 각각 별개의 조사지점으로 한다든가, 역사적으로 행정구역이 달랐던 곳이기 때문에 역시 거리는 가까운 지역이지만 각각 따로 조사한다든가 등이 그것이다. 민속에 있어서도 한 곳은 단오절을 크게 지내는데 이쪽은 그렇지 않다든가, 한쪽은 가옥구조가 반드시 겹집인데 다른 쪽은 홑집이라든가 등이 모두 조사지점을 정할 때 고려의 대상이 된다. 생업이 한쪽은 농업인데 한쪽은 어업이라든가 또는 과거의 신분제도상으로 이쪽 마을은 반촌인데 저쪽 마을은 민촌이라든가의 조건은 더욱 그러하다. 현재 인구 또는 인구밀도가 얼마며 주민들의 이주(移住) 상황은 어떠한가, 즉 그곳이 중도시나 소도시인가 아니면 조그만 시골 마을인가라든가, 주민들이 대부분 토박이들인가 아니면 최근 다른 곳에서 이주해 왔는가 등도 모두 세밀히 참작되는 조건들이다. 앞에서 언급하였듯이 현지 주민들의 방언 의식 또한 중요한 참고 자료가 될 수 있다.

이러한 여러 조건의 고려 없이 그 목표에 부합하는 조사지점을 만나기란 도저히 기대하기 어려울 것이다. 가령 근래의 인구 이동에 따르는 언어의 변화상을 관찰의 대상으로 한다면 그러한 조건에 맞는 도시를 조사지점으로 택하여야 한다. 그러나 전통적인 언어지리학에서의 연구가 목표라면 되도록 외부의 새 물결이 급격히 밀려들지 않은, 토속성(土俗性)이 짙은 마을을 찾아야 할 것이다. 전래적(傳來的)인 순수한 방언을 잘 간직하고 있을 마을, 그리하여 우리나라라면 한 집안이 이사를 하지 않고 10여 대를 줄곧 한 마을에서 살아 왔을 집성촌(集姓村)이 있다면 그러한 마을을 가장 이상적인 조사지점으로 택하게 될 것이다. 언어지리학은 최근의 어떤 언어변화를 관찰하려는 것이 아니고 오랜 세월의 여과를 거친 언어변화를 그 관찰의 대상으로 삼기 때문이다.

좋은 조사지점이란 결국 좋은 제보자(提報者)를 구할 수 있는 곳이다. 좋은 제보자란 아무 곳에나 있지 않을 것이며, 따라서 좋은 제보자가 있을 법한 곳을 바로 찾을 수 있기 위해서 그 지역의 지리, 역사, 사회 등의 배경을 충분히 참작하는 일은 매우 당연한 일이라 할 것이다.

3.2.3 조사지점의 선정

조사지점은 조사를 떠나기 전에 정해질 수도 있고, 대략 어느 지역이라는 것만 정하고 어느 마을을 최종 조사지점으로 할 것인가는 현지에 가서 정하는 수도 있다. 사전에 충분한 정보를 얻을 수 있다면 미리 조사지점을 정해 두는 것이 일의 진행을 수월하게 하는 이점이 있을 것이다. 특히 여러 조사원을 쓸 때 본부에서 조사지점을 미리 정해 주면 현지조사의 경험이 적은 조사원의 부담을 덜어 줄 수 있을 것이다.

그러나 많은 경우에는 그러한 충분한 정보를 먼 곳에 앉아서 얻기란 쉽지 않다. 만일 연구자의 목표가 어느 특정 지역이라면 그는 이미 그 지역에 대한 얼마간의 정보는 알고 있기 때문에 그 곳을 조사 대상 지역으로 삼았을 것이다. 그렇지 않고 전국 규모의 방언조사에서 대체로 한 시·군에서 한 지점씩을 조사한다고 할 때에는 각 지역에 따라 고른 정보를 가지고 있지 않은 상태이기 쉽다. 이때 우리가 택할 수 있는 가장 쉬운 길은 일단 현지로 가서 조사지점을 택하는 길이다. 시청이나 군청에 가서 이쪽의 조사 목적을 밝히고 어떤 조건의 마을을 소개해 줄 것을 요청하면 대개 그 방면에 밝은 직원을 몇 사람은 만나게 된다. 때에 따라서는 시청이나 군청에서 직접 어느 면의 어느 동리를 직접 지정받을 수도 있으나 적어도 어느 면까지는 소개받을 수 있을 것이다. 그러면 그 면의 면사무소를 찾아가는 절차 하나를 더 거치게 된다. 면사무소에서는 어느 동리의 누구를 찾아가라고 제보자까지 소개받는 수도 많으나 그렇지는 못하더라도 조사 목적에 적합한 마을 한두 곳은 소개받을 수 있을 것이다.

전국 규모의 조사가 아니고 어느 특정 지역에 국한된 방언조사에 있어서도 비록 그 지역에 대한 정보가 꽤 준비되어 있다 하더라도 상기한 바와 같은 행정기관의 협조를 받는 일은 권장할 만하다. 조사지점을 잘못 택하였을 경우 많은 시간과 정력을 낭비하는 일을 생각하면 사전의 충분한 준비는 이 경우에도 몇번이라도 강조되어 좋을 것이다.

3.3 제보자

방언조사에서 한 방언의 자료를 제공해 주는 사람, 다시 말하면 방언조사 때의 피조사자를 제보자(提報者, informant)라 한다. 이 제보자를 어떤 사람으로 선정하느냐에 따라 같은 지역의 방언이더라도 그 모습이 꽤 달리 나타날 수 있기 때문에 방언조사에서의 제보자의 비중은 말할 수 없이 크며, 그 때문에 어떤 사람을 제보자로 삼을 것인가에 대해서는 매우 깊은 주의가 필요하다. 그만큼 현지조사원이 겪는 가장 큰 어려움으로 흔히 제보자 선정의 일을 지적하는데, 여기서는 제보자의 선정 기준으로 어떤 것들이 고려되어야 하는지에 대해 몇 항목으로 나누어 살펴보고자 한다.

3.3.1 토박이

제보자가 갖추어야 할 요건 중 가장 중요한 것은 토박이여야 한다는 조건일 것이다. 그 지역에 갓 이주하여 온 사람의 말로써 그 지역의 방언을 대표시킬 수 없다는 것은 너무도 자명하다. 그런데 토박이란 무엇인가?

우리말의 '토박이'는 영어의 native speaker보다 어떤 지역에 좀 더 깊은 뿌리를 가지는 사람을 가리키는 것으로 생각된다. native speaker는 그곳에서 태어나 줄곧 그곳 말만 하면서 자란 사람이면 다 포괄하는 이름인 듯하다. 즉 적어도 그 부모도 그곳에서 생장한 사람이어야 한다든가 하는 조건은 native speaker에는 붙지 않는 듯하다. 이에 반하여 우리의 경우는 부모가 외지에서 그곳으로 이주해 오고 그 자식만 그곳에서 생장하였다면 토박이라고 하지는 않는다. 토박이도 그리 엄격한 의미를 가지는 용어는 아니지만 대체로 3, 4대는 한 곳에서 살았어야 비로소 토박이라고 불릴 수 것이다. 좋은 제보자는 그런 의미로서의 토박이여야 한다.

어머니의 조건

그러나 토박이여야 한다고만 해서는 아직도 부족하다. 토박이라고 할 때 어머니 쪽은 고려하지 않기 때문이다. 어머니가 아무리 먼 외지에서 생장해 온 분이라 하더라도 아버지, 할아버지가 그곳 토박이면 그 아들도 토박이라고 하는 것이다. 그런데 이러한 토박이는 제보자로서 적합치 않다. 어머니 말의 영향을 결코 과소평가할 수 없기 때문이다. 따라서 좋은 제보자는 토박이되 그 어머니도 역시 같은 지역 출신인 사람이어야 한다는 조건을 하나 더 갖추어야 한다.

그런데 어머니의 생장지가 같은 고장이라고 할 때 같은 고장의 범위는 정확히 같은 면이라는 뜻인가, 같은 시·군이라는 뜻인가? 같은 시·군이면 더 바랄 것이 없을 것이다. 이를 달리 표현하면 동일한 핵방언권에 속하는 지역에서 출가해 왔을 경우면 만족스러운 상태일 것이다.

일이 여의치 않아 최소한의 조건을 갖춘 제보자를 써야 할 경우라면 어디까지를 양보할 수 있을까? 우리는 적어도 부모가 어린 시절을 그 고장에서 보낸 사람이어야 한다고 하고 싶다. 부모가 그곳에서 태어나지는 않았을지라도 외지의 말이 굳어지기 이전에 그 고장으로 온 경우라면 그 자식의 대(代)는 제보자로 쓸 수 있다고 믿는다.

외지 생활

토박이일 것을 기본 조건으로 할 때 부수되는 조건의 하나는 그 토박이가 외지(外地)에 너무 오래 나가 살지 않은 사람이어야 한다는 조건이다. 이는 제보자로 토박이를 쓰는 정신에서 당연히 요구될 조건일 것이다. 오랜 외지 생활에서 그쪽 언어에 오염이 된 사람을 가려내지 않는다면 굳이 토박이를 찾을 이유가 없기 때문이다.

그런데 오랜 외지 생활이라고 할 때 몇 년 이상을 문제삼아야 할까? 흔히 군(軍)에 복무한 사람은 피하라고 한다. 그렇다면 3, 4년의 외지 생활도 문제가 된다는 결론이 된다. 특히 젊은 시절의 3, 4년은 언어 형성에 영향을 미쳤을 가능성이 높다고 보기 때문이다. 그러나 이 조건은 군 복무의 상황에 따라 그리 큰 문제가 되지 않을 수도 있을 것이다. 그리고 만일 4, 50대가 지나서였다면 얼마간의 외지 생활은 약간의 주의만 기울이면 그리 문제삼지 않아도 되지 않을까 한다.

공직 생활

외지 생활은 아니더라도 자기 고장 안에서의 공직(公職) 생활도 문제될 수 있다. 공직 생활을 통하여 외지 사람과의 접촉이 빈번하여 토박이로서의 순수성을 잃었을 가능성이 크기 때문이다. 면장이나 우체국장 등의 직을 1, 2년 정도 짧게 하였다면 역시 약간의 주의만 기울이면 형편에 따라 제보자로 쓸 수도 있겠으나 그렇지 않다면 공직 생활을 한 사람은, 더구나 현직에 있는 사람은 제보자로, 특히 주제보자로서는 쓰지 말아야 할 것이다. 교회 생활을 오래 한 사람도 주의를 요할 때가 있다. 집사와 같은 간부직을 맡을 정도면 대개 교회에서 쓰는 언어에 감염되어 있는 수가 많기 때문이다.

3.3.2 제보자의 나이

어느 세대(世代)의 사람을 제보자로 삼을 것인가 하는 것도 제보자를 선정하는 기준을 논할 때 늘 중요한 문제로 등장한다. 특히 언어가 급격한 변화를 겪고 있는 변혁기에 있어서는 세대의 차이만으로도 꽤 다른 모습의 방언을 보여 주기 때문에 노년층의 제보자를 택하느냐 청년층의 제보자를 택하느냐는 신중을 기하여야 한다. 그리고 그리 큰 변혁기가 아니더라도 세대 간의 언어차는 언제나 관찰되는 현상이므로 지역 간의 방언차를 비교하려 할 때 한 지역에서는 노년층의 제보자를, 다른 한 지역에서는 청년층의 제보자를 선택하는 식의 들쑥날쑥한 제보자 선정은 절대로 삼가야 한다. 비교란 동질적인 자료의 비교일 때 뜻이 있는 법이다. 두 지역의 온도를 비교하면서 한 곳에서는 아침의 온도를 재고 한 곳에서는 한낮의 온도를 재어 비교할 수는 없을 것이다. 마찬가지로 방언의 정확한 비교를 위해서는 동질적인 제보자로부터 자료를 모으는 일이 절대적으로 요구된다.

노년층

각 지역의 전래적인 방언의 모습을 찾기 위해서라면 노년층(老年層)의 제보자를 택할 것이 요구된다. 영국 언어지도의 방언조사 때에는 60세 이상만을 제보자로 택하였는데 그들의 방언조사 목적이 제2차 세계대전을 겪고 급격히 사라져가는 전래적인 방언을 기록 보존하는 것이었기 때문이다. 우리나라의 경우도 현재 일찍이 경험한 일이 없던 큰 변혁기에 있다고 판단되고 또 지금까지 방언자료의 수집이 충분히 이루어져 있지 않은 상태이므로 자칫 아무런 기록도 남기지 못하고 사멸하여 이 세상에서 자취를 감추고 말지도 모를 귀중한 방언 자료들을 노년층으로부터 채록해 두는 일은 매우 시급한 상태에 있다.

각 지역에서 60대나 70대의 제보자와 30대의 제보자의 두 다른 세대의 제보자를 택하여 방언자료를 비교하면 세대 간에서의 언어변화 양상과 한 나라 방언의 변천 방향을 짐작할 수 있어 매우 유익한 작업이 될 것이다. 그러나 이것은 어느 한 세대만을 제보자로 택할 때보다 배에 가까운 시간을 필요로 한다. 만일 시간이 모자라 어느 한 세대만을 택하여야 할 때 우리는 6, 70대의 노년층을 택하여야 할까, 아니면 30대의 청년층을 택하여야 할까? 우리로서는 주저없이 노년층을 택하라고 권하고 싶다. 30대는 10년 후나 20년 후에도 조사를 할 수 있는 나이이다. 그 사이 그들의 언어가 변할지 모르나 한 개인의 30대에 쓰는 말과 60대에 쓰는 말 사이에는 그리 큰 변모가 있을 수 없고 비록 있다손 치더라도 그것은 현재 30대와 60대 사이의 언어차에 비하면 미미한 것에 불과할 것이다. 노년층의 말은 지금 조사해 놓지 않으면 다시는 조사할 기회가 오지 않는다. 이들을 제보자로 하는 일의 정당성은 우선 여기서 찾아진다고 하겠다.

고풍(古風)스러운 언어 자료를 기록 보존한다는 입장에서는 이미 사라져가고 있는 사물에 대한 조사항목을 많이 포함시키게 되는데, 가령 베틀이나 자리틀과 같은 기구나 정월 대보름의 풍습이나 구식 결혼식의 풍습 등에 대한 질문은 어느 세대 이하에서는 도저히 물을 수 없는 것들이다. 이때에는 노년층을 제보자로 하는 일은 거의 절대적이라 할 만하다.

노년층은 방언조사에 응해 줄 시간적 여유를 비교적 많이 가지고 있다는 이점도 있다. 겨울철을 제외하고는 농촌에 가서 2, 3일씩 방언조사에 응해 줄 제보자를 구하기란 결코 쉬운 일이 아니다. 일손이 워낙 부족한 요즈음은 70대의 노인들도 논밭에 나가는 형편이지만 그래도 젊은이들보다는 시간 여유가 더 있는 편이다. 그리고 노년층은 낯선 사람 앞에서도 말투를 쉽게 바꾸지 않는 장점도 가지고 있다. 젊은 세대는 조사자 앞에서 경직되는 일이 많고 또 표준어에 가까운 말로 꾸며 말하려는 경향도 많은데 노년층은 여간해서 말투를 바꾸지 않는 것이다. 녹음기 앞에서조차 일상적인 말투 그대로 자신에 차 이야기하는 경우가 많아 이 점 방언조사에 큰 도움이 된다.

초등학교 학생이나 중고등학교 학생들에게서도 중요한 정보를 얻을 수는 있다. 그러나 유동기(流動期)의 그들을 제보자로 삼는 일은 일반 방언조사에서는 역시 위험한 일임에 틀림없다. 한편 3, 40대도 좋은 제보자가 될 수 있을 것이다. 그러나 어느 지역에 가서나 한결같이 이 세대만을 제보자로 하는 경우라면 모를까, 아니면 이 세대와 어느 다른 세대의 언어를 비교할 목적이 아니라면 우리는 60대나 70대의 노년층을 제보자로 하기를 권하고 싶다.

3.3.3 신체적 조건

제보자가 귀가 밝아야 할 것은 두말할 필요도 없다. 특수한 경우 가족 중의 한 사람이 큰 소리로 통역하다시피 하면서 조사를 진행하는 경우도 없지는 않지만 국한된 몇 항목의 조사에서나 있을 일이며 귀가 밝지 못한 사람과의 조사는 원칙적으로 피하여야 한다. 치아 상태가 좋아야 한다는 것도 큰 조건의 하나다. 이가 전혀 없으면 말 전체가 부정확하게 들리지만 몇 개만 빠진 경우에도 어떤 음의 발음에는 결정적인 영향을 미치기 때문이다. 같은 이유로 입술이 찢어진 언청이도 피하여야 할 것이다. 눈이 밝지 못한 것도 흠이 된다. 사진이나 그림을 보이면서 물어야 하는 경우 시력이 좋지 않아 다른 방식으로 질문해야 하는 일이 생기기 때문이다. 말을 더듬는 사람, 콧소리 등이 섞여 발음이 부정확한 사람도 물론 좋은 제보자가 아니다. 해소병이 있어 기침을 자주 하는 사람도 피하는 것이 좋다. 입술이 너무 두껍거나 너무 얇거나 턱이 좀 이상한 사람도 발음에 영향을 주어 좋지 않다고 하는 견해도 있으나 거기까지 신경을 쓰기는 어렵지 않은가 한다. 수염을 길게 기른 사람도 입 모습을 볼 수 없어 좋지 않다는 경험담이 이야기되는 수도 있다. 조사를 끝까지 견뎌낼 건강이 요구되기도 한다. 이런저런 점을 고려하여 80세 이상의 고령은 피하는 것이 좋다는 지적도 있다.

3.3.4 제보자의 성별

제보자로 남자가 적합한가 여자가 적합한가에 대해서는 견해가 엇갈린다. 영국의 경우는 여자를 피하였는데, 그 이유는 여자는 말을 우아하게 꾸미려는 경향이 있다는 것이었다. 프랑스 일부 지역에서도 여자들은 새로움에 대한 호기심이 강하며 외지의 말에 더 쉽게 감염된다는 사실이 지적되었다. 일본에서도 여자는 피하였다. 일본의 경우 통혼권(通婚圈)이 넓어 같은 방언권에서 출가해 오는 사람을 구하기 어렵다는 것이 그 이유였다. 중국에서도 일본에서와 같은 이유로 여자를 기피하였다. 남자들은 사회활동을 널리 하여 견문이 넓기 때문에 화제가 풍부한 점을 들어 남자가 제보자로서 더 좋다고도 한다.

그러나 많은 경우에는 여자를 선호하였다. 여자들이 방언을 더 잘 보존하고 있다는 이유에서였다. 외부와의 접촉이 적고 관심사도 주변적이고 일상적인 것이어서 순수한 모습의 방언을 더 잘 보존하고 있다는 것이다. 여자들이 언어에 더 민감하다는 것은 널리 알려진 사실이다. 그리고 얘기하기를 더 즐기는 습성들을 가지고 있기도 하다. 이러한 것이 모두 여자를 더 좋은 제보자로 여기게 하는 조건들로 지목되었다.

우리나라의 경우는 어떠한가. 앞에서 지적한, 여자들을 기피하여야 할 이유들이 적어도 우리나라에서는 발견되는 것 같지 않다. 노년층을 대상으로 하는 경우 여자들은 대개 같은 면이거나 이웃 면의 출신들이며, 유난히 꾸며 말하려는 경향도 없다. 오히려 더 소탈하고 유머러스하며 활발한 경우가 많다. 반드시 여자가 더 좋은 제보자라고 말하기는 어렵지만 여자를 제보자의 후보에서 제외해야 할 결정적인 이유는 적어도 우리나라에서는 쉽게 발견되는 것 같지 않다.

남자나 여자 어느 한쪽만을 제보자로 쓰지 않는다면 성별에 따르는 언어차가 없는지를 충분히 검토해 보아야 한다. 남자나 여자 사이에 언어차가 있다면 한 지점에서는 남자를, 다른 지점에서는 여자를 제보자로 삼는 일은 자료의 동질성 유지를 위해 피하여야 할 것이기 때문이다. 그러나 우리나라에서는 남자와 여자 간의 언어차가 방언 자료의 동질성을 해칠 만큼 큰 것이 없는 것으로 판단된다. 자료의 일부가 여자에게서, 나머지 일부가 남자에게서 채집되는 일이 따라서 우리나라에서는 충분히 가능한 일이 아닌가 한다.

3.3.5 기타의 조건

제보자의 선정 기준으로 이상의 조건 이외에 흔히 학력, 지능, 사회신분, 직업 등이 더 고려된다.

학력

많은 방언조사에서는 무학자(無學者)를 제보자로 삼았다. 교육을 통한 표준어의 영향을 배제하기 위해서였다. 그러나 미국 방언조사에서는 모든 지점에서는 아니었지만 고등교육을 받은 사람을 무학자와 별도로 선정하여 그들끼리의 방언을 비교하는 일을 시도하였었다. 즉 무학자 사이에서 쓰이는 방언으로 그어지는 방언구획과 식자층(識者層) 사이의 방언으로 그어지는 방언구획이 어떻게 다른가를(후자에 의한 방언권이 얼마나 더 넓은가를) 비교하려 하였던 것이다. 이러한 특별한 의도가 있지 않는 한 무학자, 또는 아주 초보적인 교육만을 받은 사람을 제보자로 삼는 것은 순수 방언을 캐려는 방언조사에서는 널리 통용되는 원칙이었다.

우리나라의 경우 노년층을 제보자로 할 때 이 문제는 쉽게 해결되는 편이다. 다만 한학(漢學) 을 많이 한 분은 피하는 것이 좋다. 한자(漢字)의 훈(訓), 즉 새김이나 한자의 고저장단(高低長短)에 대한 지식이 결정적인 영향을 끼치는 일이 많기 때문이다. 청년층을 제보자로 할 때 이제 무학자를 구하기란 어려울 것이다. 이때는 초등학교 이상의 교육을 받지 않은 사람 정도로 조건을 완화하여야 할지 모른다.

직업

제보자의 직업을 농업으로 한정한 방언조사도 많다. 영국이나 루마니아의 방언조사에서 직접 농사에 종사하는 사람만을 제보자로 삼은 것이 그 대표적인 예의 하나다. 전통적으로 농업국인 우리나라도 이 조건은 뜻을 가질 것이다. 다만 어촌이나 광산촌의 방언을 특별히 따로 조사해 보고자 하는 경우라면 그 직업에 종사하는 사람을 선택해야 할 것은 두말할 필요도 없다.

지능

제보자가 교육을 받지 않았어도 지적(知的)일 것은 요구된다. 이쪽의 질문을 잘못 이해하여 엉뚱한 응답을 하면 조사가 여간 힘들어지지 않기 때문이다. 다른 조건과 달리 지적이어야 한다는 조건은 조사를 진행해 보기 전에는 확인키 어려운 조건이어서 미리 이 조건에 충족한 사람을 구하기란 쉽지 않다. 그 고장의 면사무소나 동회 등에서 소개하는 사람은 대개 그 동리를 대표할 만큼 지적인 사람인 경우가 많지만 조사 진행이 어려울 정도로 답답한 사람이면 중간에라도 바꾸는 수밖에 없을 것이다.

다변형

과묵형은 피하여야 한다. 겨우 묻는 말에나 대답하거나 묻는 말도 마지못해 대답하는 사람은 작업을 아주 더디고 힘들게 만든다. 수다형도 좋지 않다. 말하기를 즐기는 사람은 좋지만 이쪽에서 질문할 틈도 주지 않고 자기 이야기만 열심히 떠벌리는 사람은 역시 작업을 능률적으로 진행하지 못하게 하는 사람이다.

성실하고 정직하고 봉사적이며 사교적인 사람이면 더없이 좋다. 무책임하게 허풍을 떨기를 좋아하는 사람, 자기 과시가 심한 사람, 배타적이고 타산적인 사람은 피하는 것이 좋다.

사회계층

적어도 천민(賤民)은 피하여야 한다. 대표적인 언중이 아니라는 점에서 지체가 너무 높은 양반도 특수 계층의 언어를 관심사로 하는 경우가 아니라면 피하는 것이 좋다. 사회계층 간의 언어차도 세대 간의 그것 못지않게 큰 것으로 알려져 있는 만큼 어느 한 계층으로 제보자를 한정시키는 것이 자료의 동질성 유지를 위해 꼭 필요한 조처다. 흔히 양반이라고 하여도 일반 서민과 크게 다른 풍속을 지키지 않는다면 대부분의 지역에서는 제보자로서 흠이 없지만, 대체로는 너무 가난에 시달리지 않는, 양식의 걱정을 하지 않을 정도의 농토가 있는, 서민층이요 중산층인 자작농(自作農)이면 가장 무난한 제보자라 하여 좋을 것이다. 어떻든 그 고장 사람들의 판단으로 가장 전형적인 자기 고장 방언을 쓰는 사람이 가장 이상적인 제보자라고 요약할 수 있을 것이다.

3.3.6 제보자의 수

한 조사지점에서 제보자를 한 사람만 쓸 것인가 몇 사람을 더 쓸 것인가에 대해서도 한 가지 원칙으로 통일되어 있지 않다. 엄격주의자들은 한 지점에서는 한 제보자만 써야 한다고 주장한다. 그리고 실제로 그렇게 한 방언조사가 2, 3명의 제보자를 썼던 방언조사보다 더 많다. 자료의 동질성 유지를 위한 조처일 것이나, 다른 한편으로는 이상적인 제보자를 확보하기 어려운 형편에 2, 3명의 제보자를 확보하기 위하여 시간을 많이 쓸 필요가 없다는 생각을 했을 수도 있을 것이다. 좋은 제보자라면 그 한 사람으로써 그 고장의 방언을 대표시켜 아무 부족함이 없는 것이다. 조사 기간 동안 제보자는 방언조사에 훈련이 되어 시간이 지날수록 조사가 쉽게 진행되는데 이 점 또한 한 사람을 제보자로 할 때의 이점이라 할 수 있다.

그러나 한 지점에서 2, 3명의 제보자를 쓰는 것이 더 이롭다는 견해도 많고 실제로 수명(數名)의 제보자를 쓴 방언조사도 많다. 먼저 이론적으로 한 지점에 한 제보자라야 자료의 동질성이 유지된다는 것은 설득력이 적어 보인다. 한 지역에 사는 사람들은 나이며 사회계층이며 직업 등의 제조건이 같은 토박이라면 다 같은 말을 한다는 것이 전통방언학에서의 대전제다. 그렇지 않고서는 한 사람, 또는 몇 사람만을 뽑아 그들의 말로 그 지역의 방언을 대표시키는 일은 애당초 성립할 수 없다. 앞서 논의된 제반 조건들이 잘 갖추어진 사람이라면 한 사람이든 두 사람이든 그들이 그 지역의 방언을 대표하기는 마찬가지며 따라서 제보자를 2명이나 3, 4명을 쓴다고 하여 그 자료가 더 불안하다는 이론은 성립하지 않는 것이다.

여러 제보자의 이점

제보자를 복수(複數)로 써야 할 이유의 하나는 현실적인 문제로서 한 사람이 가령 3, 4일 걸리는 방언조사에 계속 응해 줄 만큼 한가롭지 않을 경우가 많다는 것이다. 가령 3, 4일 동안에 장날이 끼어 장을 보러 가겠다고 할 때 이를 말릴 수는 없다. 한 사람에게만 매달리는 경우 이 하루는 허송세월을 하여야 한다. 결혼식, 생일 잔치 등 꼭 참석해야 할 일이 어쩔 수 없이 있게 마련이고 더구나 농사철이라면 사람을 며칠씩 붙잡아둘 수 없는 사정이 생기기 쉽다. 이때 수명의 제보자를 확보해 두면 손놓고 사람 돌아오기만 기다리는 일은 없게 되는 것이다.

조사항목이 아주 많은 경우에는 한 사람으로서는 잘 모를 분야가 있다는 사실도 유념하여야 한다. 이때 이쪽 분야에 대해서는 이 사람에게 묻고 저쪽 분야에 대해서는 그쪽에 밝은 사람에게 물으면 효율적일 것이다. 이렇기까지는 하지 않더라도 사람에게는 역시 한계가 있어 아무리 이상적인 제보자라도 자신이 없는 구석이 있기가 쉽다. 또 평소에는 잘 알았지만 워낙 여러가지 질문에 대답하다 보면 혼란을 일으키는 수도 있다. 이럴 때 조사항목 전반에 걸쳐서 그러지는 못하더라도 얼마간씩 상호점검(cross checking)을 시키게 되면 미비한 구석을 보완해 갈 수 있을 것이다. 잘만 활용하면 수명의 제보자를 이용하는 것이 일의 능률을 높이고 자료의 신빙성을 높여 준다는 것이 우리의 결론이다.

그런데 제보자를 복수로 쓴다고 하더라도 조사 때 한 자리에는 한 명만 두는 것이 좋을까? 그렇지 않다. 우리의 경험으로는 2명이 가장 좋고 3명까지도 좋다. 그 이상은 한편으로는 그들끼리의 대화에서 뜻하지 않은 자료들을 얻는 이득도 있으나 대개는 불필요한 잡담이 조사를 방해하는 폐단이 있어 피하는 것이 좋다고 생각한다. 두 부부가 다 조건에 맞으면 합석을 시켜도 좋고, 서로 허물이 없는 친구 사이인 둘을 합석시키면 더욱 좋을 것이다. 이러한 합석은 앞서 말한 상호점검을 한 자리에서 할 수 있는 이득도 주지만 조사 분위기를 마음 편한 상태로 만들어 주어 그들로 하여금 더 자연스럽게 이야기하게 해 주는 혜택도 있다. 이 분위기 때문에 조사에 대하여 지루감을 덜 가진다는 것도 적지 않은 이점의 하나인 것이다.

3.4 면접

이제 제보자까지 구한 단계에 오면 준비하여 간 질문지에 따라 제보자와의 면접(面接, interview)을 통하여 방언조사에 착수하게 된다. 여기서는 그 면접의 요령에 대하여 간단히 살펴보고자 한다.

3.4.1 사전 준비

본격적인 면접에 들어가기 전에 아직도 해야 할 일이 더 있다. 제보자를 만나 그가 제보자로서 적임자인가를 점검해 보는 일이 그것이다. 제보자를 소개받을 때 이미 여러가지 조건을 제시하고 그 조건에 맞는 사람을 소개받았기 때문에 대체로 만족할 만한 사람이 소개되었을 가능성이 높지만, 마을의 이장이나 동장들조차도 주민들의 인적 사항을 정확히 모르는 수가 많기 때문에 후보 2, 3명을 차례로(또는 한자리에서) 만나보면서 과연 제보자로서 적합한가를 점검해 볼 필요가 있는 것이다.

예비 면접

먼저 큰절로 인사를 드리고 찾아온 목적을 간단히 설명한 다음, 마을의 크기며 어느 성씨(姓氏)들이 큰 집단을 이루고 사는지, 후보는 몇 대째 살고 있는지, 또 여행담을 물으며 외지 생활의 경험이 있는지, 배우자는 살아 있으며 그 출신지는 어디인지 등등을 자연스럽게 물어 나가노라면 이야기의 실마리도 풀리고 제보자로서의 적합성도 저절로 드러난다.

제보자 결정

이때 만일 후보가 제보자로서 도저히 부적합하다고 판정되면 조사자는 방언조사의 한 난관에 봉착하는 셈이 된다. 솔직하게 당신은 이러이러하여 다른 분을 모셔야 하겠다고 말하는 것이 좋을지 모르나 많은 경우 그렇게 잘라 말함으로써 무례를 범하기가 쉽지 않다. 그때는 그나마 그 고장의 언어적 특성을 이해하는 데 도움이 될 주변적인 이야기 등으로 대강 마무리를 짓는 요령이 필요하다. 한자리에서 몇 후보를 동시에 점검하는 경우에는 그중 좋은 분을 점찍어 두었다가 나중에 그분을 따로이 찾아가거나, 또는 그 자리에서도 질문을 주로 그분한테 집중시키면 좋을 것이다.

3.4.2 면접과 휴식

사전 점검을 통하여 마땅한 제보자가 결정되고 이야기의 실마리가 풀렸으면 이어 본격적인 조사에 착수하게 될 것이다. "그러면 농사짓는 일부터 좀 가르쳐 주시지요. 이른 봄에 논을 갈 때는 무엇으로 갑니까?"라고 시작하는 것이 저자가 즐겨 쓰는 조사 서두다.

면접의 첫머리

질문지 조항에서 언급하였지만 방언조사의 서두를 중요시해야 한다. 방언조사라는 것이 조금도 겁먹을 일이 아니고 당신들이 너무도 잘 알고 있는 일, 그러면서 조사자는 잘 모르는 일에 대한 이야기라는 것을 빨리 인식시켜 주는 일이 무엇보다 중요하다. 흔히 제보자와 조사자와 관계를 '선생과 생도의 관계'(master pupil relationship)로 만들라는 말을 한다. 제보자를 스승이 되게 하고 조사자는 제자의 입장을 취하라는 것이다. 방언조사를 나가게 되면 조사자가 마치 무슨 취조관이나 된 것처럼 행동하고 그리하여 기대되는 응답이 안 나오거나 질문을 잘못 이해하고 엉뚱한 대답을 하기라도 하면 짜증을 부리는 일조차 볼 수 있는데 그러지 말고 조사자는 끝까지 배우는 자의 입장을 고수하라는 것이다. '선생과 제자의 관계', 이것을 조사 첫머리에서 재빨리 만들 필요가 있다. 농사 이야기는 이를 위하여 더없이 좋은 화제라 생각된다.

순서의 조정

그 다음은 질문지의 순서에 따라 차례차례 질문을 계속하여 가면 될 것이다. 배열은 이미 화제를 이야기식으로 자연스럽게 이어가도록 짜여 있으므로 조사는 계획대로 순조롭게 진행될 것이다. 그러나 도중에 제보자는 자기 이야기를 덧보태어 질문지의 순서에서 벗어나는 방향으로 화제를 이끌어가기도 한다. 그러면 그것을 즉시 막지 말고 그쪽으로 따라갈 만큼 따라가다가 다시 제 순서로 찾아오곤 하는 요령이 필요하다. 이는 부스러기 낱말만을 캔다는 인상을 주지 않고 긴 이야기의 연속이라는 느낌을 주고 그럼으로써 조사에서 느끼는 지루함을 조금이라도 덜어 주도록 하기 위함인 것이며, 다른 한편으로는 그러한 자연스러운 이야기에서 기대치 않았던 좋은 자료가 얻어지는 기회를 가능한 한 살리기 위함이다.

대화 분위기

이미 몇 번 언급한 일이지만, 면접에서 지켜야 할 가장 큰 원칙은 방언조사를 마치 무슨 신문이나 하는 것처럼 딱딱하게 진행하여서는 안 된다는 점이다. 방언조사가 다 끝나고 나서 제보자가 며칠 동안 오랫만에 참 유익하고 즐거운 시간을 보냈다는 느낌을 가질 수 있도록 서로 즐거운 이야기를 나누는 식으로 조사를 진행시키라는 것이다. 그렇게 할 줄 알아야 비로소 유능한 조사원인 것이다.

음운 현상이나 문법 현상에 관련된 항목 중에는 아무리 이야기식으로 물으려 해도 그러기 어려운 것이 있고 또 그러려다가는 오히려 정확한 자료를 얻어내기 어려운 것들도 있다. 하루 이틀쯤 지나 친숙해졌을 즈음이 좋겠지만 전적으로 이러한 항목들을 집중적으로 물을 시간은 따라서 어쩔 수 없이 따로 마련하여야 한다. 이야기식의 진행은 전체적인 흐름을 뜻하는 것이며 모든 항목을 그렇게 하라는 것은 아니다.

그러나 그 정신을 늘 명심하며 문법 항목 등의 질문으로 한두 시간을 보냈으면 그 다음은 다시 머리를 가볍게 하는, 이야기식으로 조사를 진행할 수 있는 쪽으로 방향을 바꿀 필요가 있다. 가령 민속에 관계되는 항목이 많은 부분으로 질문을 옮기는 등의 요령을 익힐 필요가 있는 것이다. 이는 제보자들의 수고를 그만큼 가볍게 해 주려는 배려이지만 그보다는 오히려 그들의 봉사와 협조를 최상(最上)의 상태로 유지시키고 그로써 좀더 큰 성과를 얻으려는, 궁극적으로는 조사자의 이익을 추구하는 책략인 것이다. 유능한 조사자란 우선 면접을 성공적으로 이끌어가는 자임을 다시 강조해 두고자 한다.

휴식

조사의 능률을 위하여 대개 60분 정도마다 휴식 시간을 가지라는 권유를 한다. 이야기가 무르익어 있으면 굳이 기계적으로 60분을 지킬 필요는 없을 것이다. 우리 농촌에서의 노동의 리듬은 60분보다는 긴 것이어서 그러한지 저자의 경험으로는 60분은 너무 짧은 단위로 생각되었다. 그때그때의 상황에 따라 어떻든 휴식 시간을 가지는 일은 절대 필요하다. 이때 과자나 담배 등을 권하면 좋은데 물론 이런 것은 미리 준비해 가야 한다.

휴식 시간에 "이런 것은 조사해서 뭘 해요?"라든가 하는 질문을 받게도 되고 좀더 허물없는 이야기도 오가게 된다. 그만큼 이 시간은 휴식을 주는 외에 제보자와 조사자를 좀더 친숙하게 만들어 주는 구실도 한다.

3.4.3 면접 장소와 숙식

제보자와의 면접을 어디에서 하는 것이 좋을까? 동네에 찾아들었을 때 제보자 후보들이 마을 정자나 노인정에 모여 있다면 자연히 그곳을 방문하게 되고 거기서 사전 점검을 마친 후 바로 그 자리에서 조사가 시작되는 수가 있다. 들에 일을 나간 경우는 그 들로 찾아가 거기에서 조사가 행해지는 수도 있다.

제보자의 집

그러나 가장 이상적인 장소는 역시 제보자의 집이라고 생각된다. 제보자의 마음을 가장 편안하게 할 장소이기도 하고 여러 사람이 뒤섞여 소란스러워질 염려도 가장 적기 때문이다. 제보자의 집이라면 사랑방이든 마루이든 마당이든 굳이 가릴 것이 없다고 생각한다. 다만 좀 오랜 시간을 계속 조사하려면 방안이 가장 좋지 않을까 한다.

하나 주의할 것이 있다면 너무 이상만을 추구하여 좋은 장소에서만 조사를 하겠다는 고집은 버리라는 것이다. 제보자가 이웃

집에 나들이를 가면 그리로 따라가고 들로 일을 나가면 그곳으로도 따라가 틈틈이 조사를 계속하라는 것이다. 이처럼 환경을 바꾸면서 조사를 하는 것은 지루감도 덜고 좀더 다양한 자료를 얻는 계기도 되어 그 나름의 장점도 있지만, 무엇보다도 조사 기간을 마냥 길게 잡을 수 없는 처지에서 너무 완벽주의만 추구할 수는 없겠기 때문이다.

숙식

조사가 하루에 끝날 정도의 간략한 조사가 아니라면 어디에서 자고 먹느냐의 문제도 생각해 두어야 한다. 조사 장소를 제보자의 집으로 하는 것이 좋다고 하였는데 가능만 하다면 숙식(宿食)도 거기서 하는 것이 몇 가지 이점이 있다. 틈틈이 시간 나는 대로 조사를 할 수 있는가 하면 더 쉽게 친숙해질 수 있어 보다 허물없는 이야기를 나눌 수 있기 때문이다. 아침에 자고 깨어 주인이 소한테 소죽을 준다면 거기에 관련된 것을, 장작을 팬다면 거기에 관련된 것을 몇 가지씩 물어볼 수 있고, 밥상을 겸상으로 받았다면 식사 도중에도 무례가 되지 않을 정도의 간단한 질문 몇 가지는 할 수 있을 것이다. 또 가족끼리 주고받는 이야기에서 그 방언의 중요한 특징, 단독 인터뷰에서는 좀체 나타나기 어려운 특징을 발견해 낼 수도 있을 것이다. 더구나 부부가 모두 조건에 맞는 제보자라면 이 같은 혜택은 훨씬 커질 것이다.

그런데 제보자 집에서 숙식을 하는 것이 그들에게 '손님 대접'이라는 부담을 주고 그 때문에 방언조사 일을 지겨워한다면 이것은 안 될 일이다. 따라서 숙식 문제를 상의할 때 꼭 제보자 집이면 좋겠다는 식으로 강요적인 태도를 보이는 것은 피하는 것이 좋다. 방의 여유, 생활 정도 등을 참작하여 무리가 없다면 가벼이 부탁하여 쾌히 승낙하면 제보자 집에서 숙식을 하는 길을 택하는 것이 가장 무난한 길일 것이다.

제보자 집이 아니라면 같은 마을 안에서 마땅한 집을 구하는 것이 좋을 것이다. 이것도 어려우면 2-3km 떨어진 면(읍)사무소 소재지로 나와 여관에서 묵어야 하는 경우도 있는데 가장 불운한 경우라 할 수 있다. 적어도 같은 마을의 농가에서 묵도록 애써야 할 것이다.

3.4.4 제보자에 대한 사례

제보자의 협조에 대한 사례(謝禮)를 어떻게 하여야 할 것인가도 반드시 생각해 두어야 할 문제다. 외국의 경우 이 사례를 현금으로 하였다는 보고는 별로 없다. 흔히 방언조사의 필요성을 인식하고 자발적으로 협조해 줄 사람을 구하였던 것이다. 이 점 우리도 본받을 일이라고 생각한다. 그리고 실제로 일당 얼마씩의 품값을 주고 제보자를 사는 일은 우리의 실정으로 어색한 행위이며, 방언조사의 순수성도 해친다고 생각된다.

요즈음처럼 일손이 모자라는 농촌에서 품값이라도 주고 사람을 확보하지 않으면 제보자를 구하기 어렵다고 할지도 모른다. 그러나 한참 바쁜 농번기에는 품값을 주지 않아 어떠한 수단을 써도 그들의 농사일을 며칠 미루게 할 수는 없다. 따라서 품값을 지불하는 식의 사례는 어느쪽으로도 명분이 서지 않는다는 생각을 저자는 해 오고 있다.

제보자에 대한 사례는 미리 양말이나 타월, 보자기, 담배 등의 부피가 작고 가벼운 물품 등을 준비해 가지고 가서 그러한 물품으로 하는 것이 좋을 줄 안다. 학용품이나 과자류가 아이들이 있는 경우 유용할 수도 많다. 대개의 경우 이 시골에까지 찾아와 안 하여도 될 듯싶은 고생을 하면서 애써 하는 학술조사에 협조해 준 일을 기꺼운 봉사로 여기며 거기에 어떤 물질적 보상을 원하거나 하는 일은 없다. 거기에 어떤 과다한 사례를 하면 오히려 그분들의 친절에 대한 결례일 수도 있는 것이다. 고급 양말 한두 켤레 정도의 정성 표시가 따라서 적절한 것이 아닌가 한다. 그리고 신세를 많이 졌을 경우에는 돌아와 인사 편지를 낸다든지 연말에 자기 학교에서 만든 달력 등을 부쳐 드리고, 또는 카메라를 가져갔다면 가족사진 같은 것을 찍었다가 만들어 보내 드리는 등 정이 담긴 보답의 길은 여러가지가 있을 것이다.

숙식을 하는 경우는 그것이 누구의 집에서든 응분의 비용을 지불하여야 할 것은 두말할 것이 없다. 이 시세는 대개 이장(里長) 정도에게 물어 보면 알 수 있지만 얼마큼 후하게 계산하도록 하고, 그것이 제보자 집에 대해서라면 더욱 그래야만 할 것이다.

방언조사는 단순한 자료의 수집 행위만은 아니라는 생각을 저자는 자주 한다. 조사자의 입장에서 보면 풍물이 다른 지역에서 여러 종류의 사람을 만나며 새로운 세계를 배우고 시야를 넓히는 큰 공부이기도 한 것이다. 사람들과의 사귐을 소중히 여기고 협조를 준 분들에게 진정으로 고마움을 느끼는 일, 그리고 그러한 협조에 보답키 위하여 방언조사에 좀더 성실하게 임하는 것이 그들에 대한 무엇보다 큰 사례가 아닌가 한다.

3.5 녹음과 전사

면접을 통하여 제보자에게서 방언 자료를 제보받았을 때 그것을 어떻게 기록할 것인가도 중요한 문제다. 방언조사 노트에 필요한 부분을 받아쓸 수도 있을 것이며, 녹음기에 그 자료를 전부 수록할 수도 있을 것이다. 또 때로는 두 가지를 병행하는 것이 좋을 수도 있을 것이다.

3.5.1 녹음기

방언조사 때 녹음기는 이제 필수품처럼 되어 가고 있다. 때에 따라서는 면접 동안에 노트에 기록하는 시간을 아끼고 전적으로 녹음기에만 조사 내용을 수록함으로써 조사 기간을 단축시키자는 제안도 있다. 실제로 미국의 *Linguistic Atlas of the Gulf States*의 방언조사에서는 이를 실천에 옮긴 예도 있다. 그러나 많은 경우 녹음기는 역시 보조적인 역할을 하는 것으로서 현지에서 전사(轉寫)한 것을 보충하고 시정하는 일에 주로 쓰이고 있다.

음성에 따라서는 녹음기만 듣고서는 정확히 전사키 어려운 것이 있다. 무엇보다 발음하는 사람의 입 모습을 못 보는 것이 녹음기의 한 결함이다. 그리하여 아무리 녹음기의 성능이 좋아졌다고는 하지만 현장에서 조사된 자료를 그 자리에서 노트에 기록해 두는 일은 매우 필요한 일임이 지적된다. 그러나 겨우 한번의 지나가는 말을 받아적는 일은 아무래도 완벽을 기하기 어렵다. 나중에 녹음된 것을 다시 들으며 누락되었던 부분을 보충하고 잘못 기록된 부분을 수정하는 일은, 오늘날처럼 간편한 고성능 녹음기가 쉽게 이용될 수 있는 처지에서는 조금도 머뭇거리고 주저할 일이 아니라고 생각된다.

나중에 녹음기를 들어보면 조사 때 관심의 대상이 아니었던 자료도 많이 발견된다. 조사 때는 질문지에 준비되었던 항목에 대한 응답에만 관심이 집중되어 그 이외의 부수적으로 흘러나오는 자료에는 미처 관심을 돌릴 겨를이 없었기 때문에 놓쳤던 것들을 녹음기는 곧이곧대로 다 기록해 놓은 것이다. 물론 방언조사 노트에는 충분한 여백을 두어 이러한 부수적인 자료도 기록하도록 배려하는 일이 많다. 그러나 그렇게 한 경우라도 녹음기는 더 많은 부수 자료를 간직하고 있다. 특히 활용어미와 같은 문법요소와 액센트, 음장, 억양 등의 운소적(韻素的) 요소를 생생하게 보존하고 있다는 것은 녹음기의 큰 자랑이다.

다만 질문지의 조사 내용 전부를 녹음기에 수록하는 일은 비용 문제도 있고 하여 재고하여야 할 일로 생각된다. 테이프를 갈아끼는 일로, 열중되어 있는 조사 분위기를 식히는 것도 좋지 않을 것이며 내용에 따라서 질문지의 어떤 부분에서는 부수적인 자료가 별로 기대되지 않기도 할 것이다. 그리고 조사의 전과정을 녹음기로 다시 듣는다는 일이 현실적으로 여간 힘든 일이 아니다. 단 한번만 듣는 것도 아니고 몇번씩이나 반복하여 들어야 하기 때문에 더욱 그러하다. 따라서 녹음기는 최소의 비용으로 최대의 효과를 얻는 방향에서 부분부분 보조적으로만 적절히 이용하고 자료 채록의 책임 전부를 녹음기에 맡기지는 않는 것이 좋을지 모른다.

녹음기 설치의 요령

녹음기 사용에 몇 가지 주의할 점이 있다. 조사 벽두부터 녹음기를 설치하면서 조사 분위기를 삼엄하게 하는 일은 삼가라고 하고 싶다. 방언조사가 별것이 아니고 평소 너무도 잘 알고 있는 것들을 잡담하듯 나누고 있으면 되는 것이라는 것을 깨닫고 긴장을 풀 때까지는 녹음기를 노출시키지 않는 배려가 필요한 것이다. 초두의 이야기를 굳이 담고 싶으면 녹음 상태를 얼마간 희생하더라도 녹음기가 노출되지 않도록 할 필요가 있을 것이다.

내장 마이크가 있는 녹음기더라도 분리된 마이크를 따로 쓸 것을 권장하고 싶다. 녹음 상태가 그쪽이 훨씬 좋기 때문이다. 마이크는 제보자 입에 가까이 놓는 것이 역시 녹음 상태를 좋게 하지만 너무 가까이 놓으면 제보자를 경색하게 할 우려가 있으므로 이것도 조심해야 한다. 미국 방언조사자들이 낸 결론으로는 마이크를 제보자의 입에서 앞으로 8인치(약 20cm), 아래로 4-6인치(약 10-15cm)의 거리에 놓는 것이 가장 좋은 상태의 녹음을 보장한다고 한다. 요사이처럼 고성능 미니 마이크가 있으면 제보자의 윗옷에 마이크를 꽂아 두면 자연스럽게 좋은 거리를 유지하게 될 것이다. 그러나 이처럼 엄격히 하지 않더라도 대체로 훌륭한 상태의 녹음을 얻을 수 있으므로 어떻든 지나친 법석을 떨지 않는 것이 더 중요할 듯하다.

3.5.2 전사

제보자의 입을 통하여 제공되는 방언 자료를 음성기호로 기록하는 일을 전사(轉寫, transcription)라 한다. 전사는 방언조사의 마지막 단계의 작업이면서 가장 큰 비중을 가지는 마무리 작업이라고 할 수 있다. 지금까지의 여러가지 방언조사 작업이 성공적이었다고 하더라도 이 전사가 제대로 되지 않았다면 그 앞의 성공은 아무 의미도 없게 될 것이다. 지금까지의 갖가지 노력은 결국 음성의 시각화인 전사를 신빙성 있게 하기 위함이었다고 하여도 과언이 아니다. 그만큼 조사자는 정확한 전사에 각별한 노력을 기울여야 한다.

음성기호

전사(轉寫)에는 그 나라의 정서법보다는 음성기호가 많이 쓰였는데 근래에는 IPA(International Phonetic Alphabet, 국제음성기호)가 많이 쓰이는 편이다(도표 3-2 참조). 그러나 나라에 따라서는, 또 사람들에 따라서는 다른 체계의 것도 즐겨 이용한다(도표 3-3 참조). 국어의 경우에도 'ㅑ, ㅛ, ㅠ' 등의 이중모음을 ja, jo, ju 대신 ya, yo, yu로 표기하는가 하면 'ㅈ'를 [ts]나 [tʃ] 대신 [c] [č]를 채택해 쓰기도 하는 것이 그 한 예다. 된소리도 [k'] [t'] [p']로 표기하는가 하면 [kˀ] [tˀ] [pˀ]를 더 즐겨 쓰는 사람도 있다. 따라서 음성기호는 일관성만 지키면 어느 체계의 것으로 써도 무방할 것이다. 다만 어떤 개인적인 기호에 치우치기보다는 되도록 일반화되어 있는 것을 선택하는 것이 바람직하다 하겠다.

음소 전사

음성기호의 채택은 전사를 얼마나 정밀하게 할 것이냐에도 관계된다. 전사는 그 정밀도에 따라 흔히 약식전사(略式轉寫, broad transcription 또는 quasi-phonemic transcription)와 정밀전사(精密轉寫, narrow transcription)로 나눈다. 전자는 대체로 음소 단위까지의 음성차만 구별하여 적는 전사를 말한다. 그 음소가 분포되는 환경에 따라 일으키는 변이음(allophone)이나 지역에 따라 얼마씩 발음 위치가 달라지는 차이는 무시하고 적는, 말하자면 음소 전사(音素轉寫)인 것이다. 이 음소 전사는 방언 연구의 목적이 어휘적이거나 문법적일 때 특히 널리 쓰인다. 이 경우 음소 단위 이하의 음성차는 거의 쓸모가 없어 애써 그 미세한 특징들에까지 관심을 둘 필요가 없기 때문이다.

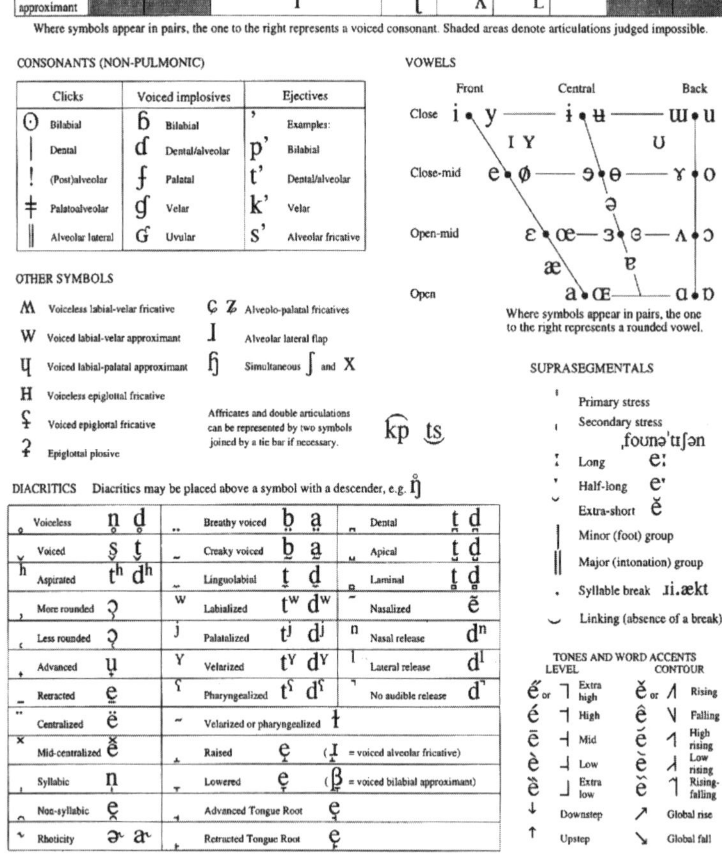

THE INTERNATIONAL PHONETIC ALPHABET (revised to 1993, updated 1996)

CONSONANTS (PULMONIC)

	Bilabial	Labiodental	Dental	Alveolar	Postalveolar	Retroflex	Palatal	Velar	Uvular	Pharyngeal	Glottal
Plosive	p b			t d		ʈ ɖ	c ɟ	k ɡ	q ɢ		ʔ
Nasal	m	ɱ		n		ɳ	ɲ	ŋ	ɴ		
Trill	ʙ			r					ʀ		
Tap or Flap				ɾ		ɽ					
Fricative	ɸ β	f v	θ ð	s z	ʃ ʒ	ʂ ʐ	ç ʝ	x ɣ	χ ʁ	ħ ʕ	h ɦ
Lateral fricative				ɬ ɮ							
Approximant		ʋ		ɹ		ɻ	j	ɰ			
Lateral approximant				l		ɭ	ʎ	ʟ			

Where symbols appear in pairs, the one to the right represents a voiced consonant. Shaded areas denote articulations judged impossible.

CONSONANTS (NON-PULMONIC)

Clicks	Voiced implosives	Ejectives
ʘ Bilabial	ɓ Bilabial	ʼ Examples:
ǀ Dental	ɗ Dental/alveolar	pʼ Bilabial
ǃ (Post)alveolar	ʄ Palatal	tʼ Dental/alveolar
ǂ Palatoalveolar	ɠ Velar	kʼ Velar
ǁ Alveolar lateral	ʛ Uvular	sʼ Alveolar fricative

VOWELS

Front Central Back

Close i • y — ɨ • ʉ — ɯ • u

ɪ ʏ ʊ

Close-mid e • ø — ɘ • ɵ — ɤ • o

ə

Open-mid ɛ • œ — ɜ • ɞ — ʌ • ɔ

æ ɐ

Open a • ɶ — ɑ • ɒ

Where symbols appear in pairs, the one to the right represents a rounded vowel.

OTHER SYMBOLS

ʍ Voiceless labial-velar fricative

w Voiced labial-velar approximant

ɥ Voiced labial-palatal approximant

ʜ Voiceless epiglottal fricative

ʢ Voiced epiglottal fricative

ʡ Epiglottal plosive

ɕ ʑ Alveolo-palatal fricatives

ɺ Alveolar lateral flap

ɧ Simultaneous ʃ and x

Affricates and double articulations can be represented by two symbols joined by a tie bar if necessary. k͡p t͡s

SUPRASEGMENTALS

ˈ Primary stress

ˌ Secondary stress ˌfoʊnəˈtɪʃən

ː Long eː

ˑ Half-long eˑ

˘ Extra-short ĕ

| Minor (foot) group

‖ Major (intonation) group

. Syllable break ɹi.ækt

‿ Linking (absence of a break)

DIACRITICS Diacritics may be placed above a symbol with a descender, e.g. ŋ̊

̥ Voiceless	n̥ d̥	̤ Breathy voiced	b̤ a̤	̪ Dental	t̪ d̪
̬ Voiced	s̬ t̬	̰ Creaky voiced	b̰ a̰	̺ Apical	t̺ d̺
ʰ Aspirated	tʰ dʰ	̼ Linguolabial	t̼ d̼	̻ Laminal	t̻ d̻
̹ More rounded	ɔ̹	ʷ Labialized	tʷ dʷ	̃ Nasalized	ẽ
̜ Less rounded	ɔ̜	ʲ Palatalized	tʲ dʲ	ⁿ Nasal release	dⁿ
̟ Advanced	u̟	ˠ Velarized	tˠ dˠ	ˡ Lateral release	dˡ
̠ Retracted	e̠	ˤ Pharyngealized	tˤ dˤ	̚ No audible release	d̚
̈ Centralized	ë	̴ Velarized or pharyngealized	ɫ		
̽ Mid-centralized	e̽	̝ Raised	e̝ (ɹ̝ = voiced alveolar fricative)		
̩ Syllabic	n̩	̞ Lowered	e̞ (β̞ = voiced bilabial approximant)		
̯ Non-syllabic	e̯	̘ Advanced Tongue Root	e̘		
˞ Rhoticity	ɚ a˞	̙ Retracted Tongue Root	e̙		

TONES AND WORD ACCENTS

LEVEL		CONTOUR	
e̋ or ˥	Extra high	ě or ˩˥	Rising
é ˦	High	ê ˥˩	Falling
ē ˧	Mid	e᷄ ˦˥	High rising
è ˨	Low	e᷅ ˩˨	Low rising
ȅ ˩	Extra low	e᷈ ˧˦˧	Rising-falling
↓	Downstep	↗	Global rise
↑	Upstep	↘	Global fall

도표 3-2 국제음성기호(International Phonetic Association 1999 : ix)

NOTATION PHONÉTIQUE

L'alphabet phonétique utilisé dans cet ouvrage est celui auquel l'abbé P. Rousselot a donné son nom et qui a servi notamment à l'Atlas Linguistique de la France de J. Gilliéron et E. Edmont. En voici le détail :

Voyelles

à = a de patte
á = a de pâte
ȁ = a entre à et è
ȁ = a entre á et ò
a = a moyen, entre á et à
ȁ = a entre a et é

œ́ = eu de feu
œ̀ = eu de bœuf
œ = eu moyen, entre œ̀ et œ́

ò = o de botte
ó = o de peau
ȯ ou ȍ = o plus fermé, entre u et ó
ȍ et ȍ = o entre ó, ò et œ́, œ̀
o = o moyen, entre ó et ò

è = è de paix
é = é de thé
ẻ = é très fermé, proche de i
e = e moyen, entre é et è
ė = e dit muet de Grenoble

i = i de fils
í = i plus fermé
ì = i plus ouvert

u = u de mur
ú = u plus fermé
ù = u plus ouvert
ȕ = u entre u et œ
u = ou de lourd

Les voyelles, moins nettement prononcées (ce qui arrive lorsqu'elles sont à la fin d'un mot ou dans une diphtongue) sont écrites au-dessous de la ligne. Ex : féⱼra, trèbl$_o$.

Lorsque les deux éléments d'une diphtongue sont d'égale importance, ils ont la même grosseur et on inscrit au-dessus le signe ⌒ pour indiquer qu'il s'agit d'une diphtongue et non d'un hiatus. Ex : fàèra.

y, w, ẇ sont les semi-voyelles de pied, moins, puis.

i̱, y̱, u̱ sont les phonèmes ambigus dont on ne sait s'ils sont les voyelles i, u, u ou les consonnes y, ẇ, w.

, souscrit indique la voyelle qui porte l'accent d'intensité. Nous avons fait l'économie de ce signe toutes les fois que l'accent tombe, comme en français, sur la dernière syllabe du mot.

~ suscrit indique que la voyelle est nasalisée. Ex : mẽ = fr. main.

~ indique une nasalisation incomplète.

Les voyelles accentuées sont normalement longues, les voyelles atones sont normalement brèves. La longueur et la brévité ne sont indiquées que lorsqu'elles sont très apparentes ou lorsqu'elles jouent un rôle morphologique. On les indique par les signes usuels ¯ ˘ suscrits.

Consonnes

t, k, b, g, d, f, v, l, m, n, s, z, j ont la même valeur qu'en français.
c est le son écrit ch dans chat ; ç le son écrit ch dans all. ich.
‿ souscrit indique que la consonne est palatalisée : t̮, k̮, d̮, g̮.
n̮ est l'n palatalisé de agneau.
k̮, g̮ sont les médiopalatales articulées entre k, g et t̮, d̮.
. souscrit indique un point d'articulation interdental : ṣ est le th dur de l'anglais, ẓ le th doux.

r = r usuel dans tout le domaine. Cet r a été apical et devient partout grasseyé-uvulaire ; il suit l'évolution de l'r français. Dans le Nord (Saône-et-Loire) il est encore souvent apical et très roulé. Dans le Rhône et la Loire il est de plus en plus grasseyé-uvulaire : les vieillards ont encore souvent un r apical peu roulé, les jeunes ont de plus en plus l'r grasseyé-uvulaire. Il n'a pas été possible de distinguer les générations. Nous avons écrit toujours r cet r en voie d'évolution.

r̥ = r vocalique.
ṛ = r dévibré, plus ou moins interdental. Il arrive parfois à être ẓ.
r̄ = r longuement vibré.

도표 3-3 프랑스 각종 언어지도에 쓰인 음성기호 (Francis 1983 : 90)

한글 전사

음소 표기는 IPA와 같은 음성기호로 하지 않고 우리나라라면 한글로 하여도 거의 동일한 효과를 얻을 수 있다. 한글 자모로 표기할 수 없는 방언 음소란 거의 없기 때문이다. 다만 이중모음 중 'ㅣ+ㅡ'의 합음인 [jɯ]를 표기할 글자는 없다. 훈민정음에서 이 글자를 위해 만들어 놓았던 'ᆜ' 자를 다시 살려 쓰거나 지석영(池錫永)의 '=' 자를 빌려 쓰거나, 아니면 'ㅡ' 자에 어떤 부호를 달거나 새 글자를 만들어 써야 할 것이다. 저자는 '=' 자로써 이 음의 표기에 충당하고 있다. 방언에 따라 'ㅐ'와 'ㅔ'의 대립이 없는 대신 그 간음(間音)으로 [E]음이 실현되거나 'ㅓ'와 'ㅡ'의 대립이 없는 대신 그 간음이 어떠한 소리로 실현되는 경우가 있다면 이들도 한글 자모로 표기하기는 어렵다. 그러나 음소 단위 이상의 표기인만큼 이 경우 'ㅐ'나 'ㅔ' 어느 하나로, 또 'ㅓ'와 'ㅡ'의 어느 하나로 적어 나가면 될 것이며, 필요하다면 이들 모음자에 어떤 첨자 기호(diacritc)를 붙이는 방편을 써도 좋을 것이다. '송아지, 방아' 등의 'ㅇ' 음이 아주 약화되어 자음의 자취가 남아 있는지 없는지 애매한 방언도 많은데 이 특징을 표기할 한글 자음도 마땅치 않다(이 음성적 특징은 IPA와 같은 음성기호로도 적기 마땅치 않다). 이 역시 음소 단위에서는 별로 어렵지 않게 처리되나 필요하면 어떤 방편을 강구할 수 있을 것이다.

맞춤법식 전사

한글로 전사를 할 경우에는 쉽게 현행 맞춤법으로 전환할 수 있다는 장점도 가진다. 조사자의 관심이 어휘적이거나 문법적인 것이라면 '바테서, 바튼'보다는 '밭에서, 밭은'이 더 편리한 표기일 것인데 한글 자모로 전사를 하면, 혼란을 일으킬 염려가 없는 한 직접 후자와 같은 방식도 채택할 수 있는 것이다. 조사가 진행됨에 따라 형태소 분석이 분명해진다면 '논치요, 마:너요' 보다 '놓지요, 많:어요'로 적을 수 있을 것이며 그것이 더 능률적인 방식이라 생각된다. 다만 이와 같은 맞춤법식 전사는 실제 발음을 바로 못 듣고 무의식중에 맞춤법에 이끌릴 위험이 있다. 가령 '덮개'의 실제 발음은 '덕깨'였는데 이를 '덮개'로 표기할 위험성이 있는 것이다.

이 맞춤법식 표기는 스코틀랜드 언어지도의 방언조사를 비롯하여 여러 통신조사에서 채택되었다. 적절히 이용하면 퍽 효율적

	BILABIAL	LABIODENTAL	DENTAL	ALVEOLAR	PALATALIZED ALVEOLAR	RETROFLEX	ALVEOLO-PALATAL	PALATO ALVEOLAR	PALATAL	RETRACTED PALATAL	ADVANCED VELAR	VELAR	GLOTTAL
STOPS 55	pb		t̪d̪	td	ţḑ	ʈɖ			cɟ	č̠ɟ̠	k̟ɡ̟	kg	ʔ
NASALS 56	m	ɱ	n̪	n	nʲ	ɳ			ɲ	ɲ̠	ŋ̟	ŋ	
LATERALS 57			l̪	l ɭ ɬ	lʲ	ɭ			ʎ				
FLAPS 58			ɾ̪	ɾ ɺ		ɽ							
FRICATIVES 59	ɸβ	fv	s̪z̪ θð	sz ɹ r ʀ	s̡z̡ ɹʲ	ʂʐ ɻ ṛ	ʃʒ ʃ̡ʒ̡	ɕʑ	çʝ	ç̠ʝ̠	x̟ɣ̟	xɣ	hɦ ɧ
FRICTIONLESS CONTINUANTS 60	(ɥ) (w)	ʋ		ɹ		ɻ			j ɥ	j̠ ɥ̠	w̟	w	

도표 3-4 미국 언어조사에 쓰인 자음 (Kurath and Bloch 1939)

인 성과를 거둘 수 있을 것이다.

정밀전사

정밀전사는 음소 단위 이하의 음성적 특징을 구별하여 적는 전사여서 미세한 음성적 특징까지 관심사로 하지만 여기에는 다시 몇 단계가 있을 수가 있다. 잘 훈련된, 좋은 귀를 가진 조사자의 귀에 구별되는 특징은 모조리 구별해 적는 단계가 가장 정밀한 단계의 전사일 것이다. 가령 'ㅏ' 음이 발음될 때마다 개구도(開口度)가 달랐다면 그 차이를 서너 가지로 다 구별하여 적는 경우를 상상할 수 있다. 'ㄱ' 음을, 혀가 연구개의 전후 어느 부분에 접촉되는냐에 따라 세 가지 정도로 구분한다면 이도 마찬가지

	i	ɪ	e	ɛ	ɜ	æ	ɑ	a	ai	ɔi	au	ɒ	ɔ	ʌ	ɵ	o	ʊ	u	
three	iᵛi																	ʊu	two
grease	ɪi																	ʊu	tooth
six		ɪᵛ,ɪᵊ															ʊ˄ᵊ		wood
crib		ɪ															ʊ		pull
ear	iᵛ·ə																	ʊ˄·ᵊ	poor
beard	iᵛə															ɔ:ʊ			ago
eight			eᵛɪ													ɞ˄ʊ			coat
April			eᵛɪ													ɔ:ʊ			road
ten				ɛ												ɞ˄ʊ			home
egg				ɛ												o:ʊ			know
head				ɛᵛ,ɛᵊ												ɔʷə			four
Mary			ɛ˄ə													ɔ˄·ə			door
stairs			ɛ·ə													ɔ˄·			hoarse
care			ɛ·ə													ɔ˄ᵊ			mourn
merry				ɛᵊ															
thirty					ɜ˄									ʌ˂ᵥ					sun
sermon					ɜ˄·									ʌ˂ᵥ					brush
furrow														ʌᵛ					
ashes						æ·ɪ							ɔᵛ·						frost
bag						æᵛᵋ		aᵛ·ᵖ											log
married						æᵊ							ɔ·ᵊ						dog
half							a˃·						ɔ˄ᵞ						water
glass							aᵞ·						ɔᵞ						daughter
aunt							a˂·ᵊ						ɔᵛ·						law
father							a˂·												
palm							a˂·												
barn							a·ᵊ						ɔ·						forty
garden							a·						ɔᵛ·ᵊ						morning
crop								ɑ					ɔᵛ·						corn
John								ɒ					ɔ·ᵊ						horse
college								ɑ											
borrow								ɑ											
five									a·ɛ		a˂·o								down
twice									a˂ɪ		a˂·o								out
wire									a˂ɪə		aʊə								flower
										ɒ˂ɪ									joint
										ɔ˄ɪ									boil
	i	ɪ	e	ɛ	ɜ	æ	ɑ	a	ai	ɔi	au	ɒ	ɔ	ʌ	ɵ	o	ʊ	u	

도표 3-5 미국 방언의 모음분석의 실례 (Kurath and McDavid 1961 : 35)

일 것이다. 프랑스의 방언조사에서 [a] 음을 도표 3-3에서 보듯이 여섯 가지, [e]음을 다섯 가지로 구분한 것이 그 한 실례이거니와 도표 3-4와 도표 3-5에서 대표적인 정밀전사의 다른 실례를 볼 수 있다.

그러나 대부분의 경우 이러한 세분은 지나친 일에 속한다. 세밀한 음성차(音聲差)의 구분도 결국은 유의한 방언차를 찾아내기 위해서다. 'ㄱ' 음의 발음 위치를 세 가지로 구분하였을 때 A 방언에서는 대체로 B 방언보다 연구개 앞 부분에서 나는 경향이 있고 C 방언에서는 B 방언보다 뒷부분에서 나는 경향이 있다는 식으로 그 음성차가 지역차와 어떤 상관성을 가질 때에 그 뜻이 있는 것이다. 그러한 기대가 전혀 없을 때 위와 같은 세분은 불필요한 수고를 하는 셈이 된다. 물론 작업을 다 마쳐 보지 않고서 미리 이런 일을 짐작하기란 어렵고, 그 때문에 나중에 그것이 불필요한 헛수고였다는 것이 밝혀질망정 우선은 정밀할 때까지는 정밀하게 갖가지 음성차를 구분하는 길을 택할 수밖에 없지 않느냐는 입장도 있을 수 있다. 헛수고라는 것을 밝히는 것도 한 성과요 기여일 것이므로 더욱 그러하다.

실제로 많은 방언조사에서는 어떤 음성차를 알기 위해서이기보다 현지조사원이 음소 분석을 정확히 할지가 미심쩍어서 정밀전사를 채택하였다. 귀에 들리는 차이를 모조리 구별해 적도록 한 것인데, 이런 전사를 흔히 인상주의 전사(impressionistic transcription)라 불러오고 있다.

그러나 앞 사람들의 연구 보고에 의해서나 예비조사를 통해서나 대개는 예상되는 음성차가 있다. 그리고 한 언어의 음소가 가질 수 있는 변이음의 영역이나 유형이 얼마간은 미리 짐작되는 면이 있기도 하다. 음성차에 대한 관심은 자연히 이처럼 예상되는 것들을 중심으로 펼쳐져야 할 것이다. 가령 성조(聲調)는 세 단계로 구분하면 국어의 어떤 방언간의 성조차도 구분할 수 있으리라는 것을 우리는 지금까지의 연구 결과로 짐작할 수 있다. 그런데 그것을 다섯 단계로 구분하려 한다면 이것은 무모한 시도임이 분명하다. 'ㄱ' 음이나 'ㅏ' 음도 구분하겠으면 둘 정도면 족하리라는 것도 예상된다. 이것을 셋이나 넷으로 세분한다면 이 또한 지나친 일일 것이다.

국어의 대표적 음성차

국어 방언 간의 대표적인 음성차로서 알려진 몇 가지를 보면 다음과 같다. 평안도방언의 'ㅈ, ㅊ' 음은 다른 방언의 그것([tʃ, tʃʰ] 또는 [c, cʰ])보다 앞쪽에서 실현되는 특징을 가져 [ts, tsʰ]에 가깝다. 방언에 따라서는 '송이, 어머니'가 '소이, 어머이'와 비슷하되 약한 [ŋ]음을 얼마간은 간직하는, 또 때로는 [ŋ] 음은 거의 잃고 양쪽 모음을 비모음(鼻母音)으로 실현하는 수가 있다. 또 방언에 따라서는 '먹지, 않고'의 'ㅈ'이나 'ㄱ'음 등이 다른 방언에서만큼 뚜렷하지 않은 약한 된소리로 실현되는 수도 있다.

모음에서도 'ㅐ'와 'ㅔ'가 대립되지 않는 지역에서의 그 간음인 [E] 음이나 'ㅡ'와 'ㅓ'의 대립이 없는 지역에서의 그 간음인 [ɘ]음의 존재는 널리 알려진 음이다. 'ㅚ, ㅟ'가 단모음으로 실현되느냐 않느냐는 음소 단위에서의 방언차이지만, 이것들이 반모음으로 실현되되 원순성(圓脣性)이 아주 약한 방언도 많아 구별을 요할 수가 있다. '그리구, 먹구 놀구'의 '구'가 '그'인 것도 같고 '구'인 것도 같은 애매한 소리로 들리는 방언도 있다.

흔히 분포 환경에 의하여 자동적으로 실현되는 유성음 간의 [b], [d], [g] 등의 음은 널리 알려진 소리들이다. '가고, 놀더라, 애비' 등에서의 이러한 유성음의 실현은 우리나라 어느 방언에서나 같은 양상으로 나타나는 듯하여 방언차를 찾는다는 입장에서라면 이 음은 무시하여도 좋을 것이다.

전사의 평형

이와 관련하여 주의할 점 하나는 전사의 정밀도에 있어 평형(平衡)을 유지하는 문제일 것이다. 종래 국어 방언의 조사보고서에서 보면 음소 대립을 일으키는 고조(高調)와 저조(低調)의 대립은 무시하고 유성음 간에서 무성음들이 유성음화한 [b], [d], [g]음은 열심히 구별하여 적은 예를 자주 보게 된다. 정밀도를 높여가려면 어느 층위까지 높여 갈 것인가를 정하여 모든 음들을 고루고루 거기까지 정밀하게 구별하여야 할 것이다. 더 중요한 것은 놓치고 사소한 것을 챙기는 일은 없어야 하는 것이다. 조사자의 귀가 어느 한쪽으로만 밝은 것은 따라서 방언조사에서 위험한 요소이기도 하다.

정밀전사의 궁극적인 목적은 한마디로 방언차를 음소 단위보다 작은 음성 단위에서 찾아보기 위함에 있다. 단순히 정밀한 것만이 더 값어치가 있기 때문이 아닌 것이다. 방언조사의 목적이 어휘적이거나 문법적일 경우라면 음소 단위 이하에서의 정밀성이란 오히려 군더더기요 따라서 방해 요소가 된다. 특히 친숙한 언어에 대한 조사에서 인상주의 전사를 하며 정력을 소모할 필요는 없다고 생각한다. 약식전사는 음소 분석을 얼마간 거친 후라야 가능하기 때문에 규범전사(normalized transcription)라 부르기도 하는데 가령 우리가 한국 방언, 그중에서도 자기가 잘 아는 방언을 조사할 경우라면 대부분의 경우 이 규범전사가 채택되어 좋으리라는 점을 부언해 두고자 한다.

3.5.3 보조부호

방언자료를 기록할 때 그 자료가 어떠한 성격을 가지는가를, 주로 그것이 어떠한 상황에서 얻어졌는가를 중심으로 밝혀 주면 나중의 자료 해석에 도움을 주는 수가 있다. 가령 대부분의 자료는 조사자의 질문에 제보자가 응답함으로써 얻어지지만 자료에 따라서는 그러한 틀 속에서가 아니라 다른 이야기를 주고받는 사이에 저절로 얻어지는 수도 있는데, 이때 이러한, 질문에 의하지 않고 자연스러운 대화(free conversation)에서 얻어진 자료에 어떤 부호를 붙여 일반 자료와 구별해 주면 그 자료 해석에 도움을 줄 수 있다. 제보자가 지금은 그 말을 잘 안 쓰지만 젊었을 때는 썼다는 어형에도 그 사실을 알려 주는 부호를 붙여 준다면 역시 큰 도움을 줄 것이 분명하다. 따라서 미리 몇 가지 부호를 정하여 자료를 받아적을 때 이를 적절히 이용하는 일은 크게 권장할 만하다. 이러한 부호의 이용을 적절히 잘 하였던 나라는 미국과 영국이었는데 먼저 미국에서 사용된 부호와 그 내용을 보면 다음과 같다.

- c : 자연스러운 대화에서 나타난 자료. 특히 질문에 의해 얻어진 것과 다른 어형일 때
- cr : 첫 응답형을 즉시 수정하여 제시한 어형
- r : 조사자가 다시 말해 달라고 하여 제시된 어형
- f : 질문을 다시 하여 얻은, 말하자면 재촉하여 힘들여 끄집어낸 어형
- s : 조사자가 먼저 이런 말을 쓰지 않느냐고 하여 그 형태를 제시하여 얻은 어형

(:) : 제보자가 머뭇거리며 제공한 어형
(!) : 재미있어 하면서 제공한 어형
(?) : 과연 그 고장의 올바른 방언형인가 의문시되는 어형
(†) : 고형(古形)이거나 기억으로만 남아 있는 어형
(→) : 제보자가 쓰기는 하나 근래에 쓰이기 시작한 어형
(⊥) : 제보자가 자기 고장에서 쓰는 것을 듣기는 하였으나 스스로는 쓰지 않는 어형
(*) : 주제보자(主提報者)가 아닌 제보자가 제공한 어형

영국에서 쓰인 부호는 위의 것만큼 종류가 많지는 않았으나 현지에 실물은 없다는 것을 표시해 주는 등 위에 없는 부호도 있어 도움을 준다. 그 몇 가지를 보이면 다음과 같다.

p (pressure) : 미국의 f에 해당하는 것으로서 재촉을 하여 얻어낸 어형
s. f. (suggested form) : 미국의 s에 해당하는 것으로서 조사자가 형태(form)를 먼저 제시하고서 얻어낸 어형
s. w. (suggested the word) : 앞의 s. f.와 같으나 형태 대신 조사자가 단어(word)를 미리 제시하고 얻어낸 어형
n. a. (not asked) : 어떤 이유로든 제보자에게 질문을 하지 못한 항목
n. k. (not known) : 제보자가 이름을 모르는 항목
n. f. (not found) : 해당 사물이나 개념이 그 고장에 없는 항목

그러니까 영국에서 사용된 부호는 반드시 수집된 방언형에만 쓰이는 것이 아니라 조사되지 않은 채 남은 항목에도 사용된다는

Informant Mr. & Mrs. E. J. Dawson Place North Elmham, Norfolk

Field Worker W.N.F. Date 21-XI-56 Book V

6 3 dʌ·ɷ 4 'nɛːd ɪt 5 'bɹɛd ˌbo·əd	oː aː jɛs (Mrs.) "oh, aye, yes"
6 ˌɪn 'ðʌvn̩ 7 bë·nt 8 ˌt'ʉ 'hɒ·t	'kæ̃mʔpˌʌvən = camp-oven large iron pot 2-3 feet in diameter, 9" deep, used for baking bread in the cinders. 'sɛːɪˌpɔɪ = made in special pot - pie of vegetables, meat, potatoes, pastry
9 loːɷf wɒʔ'əvə ˌʃɛːɪp 'tɪn ˌloːɷf = one made in a baking tin bɹɛd = the substance itself	'tʃɪtlɪnz = dried cow dung used for fuel ə 'soːɷlɪn = a beating (to a child)
10 slʌɪs ɹɛ̈ɷnd "older" 11 'bɪʔ əˌbɹɛd 'ɹɛ̈ɷnd əˌbɹɛd n̩'bɪʔə	ˌjaːɹˌʌn'kaːmn̩z = "your uncomings(?)", = a child's misbehavings tʃɛlp = "cheek", (insolence)
or 'dɹɪpɪnz or 'dʒæ·m 12 'hɛvɪ	ˌbɔːə ˌðæs 'hɛvɪ ɪfˌðæʔ ˌdonʔ 'ɹʌɪz "bor that's heavy if that don't rise"

도표 3-6 영국 방언조사 노트 (Francis 1983 : 98)

점이 특이하다. 이러한 부호가 없이 빈칸으로 두면 시간이 없어 미처 조사를 못 하였다고 오해를 할 수 있으므로 이 부호들도 유

001662

NAME (Mr, Mrs, Miss) ....

ADDRESS ....

How long have you lived in the above place? ....

Born: Place .... Year ....

Father's Birthplace ....

Mother's Birthplace ....

001662

2. BOY (aged about 12)

USUAL LOCAL WORD(s)

LESS COMMON LOCAL WORD(s)

BY WHOM USED

COMMENTS (Have you different words for a boy according to his age?)

001662

GRID (nothing to be written here)

NAME ....

ADDRESS ....

COUNTY ....

001662

3. GIRL (aged about 12)

USUAL LOCAL WORD(s)

LESS COMMON LOCAL WORD(s)

BY WHOM USED

COMMENTS (Have you different words for a girl according to her age?)

001662

1. CHILD — Line 1

USUAL LOCAL WORD(s) — Line 2

LESS COMMON LOCAL WORD(s) — Line 3

BY WHOM USED — Line 4

COMMENTS — Line 5

001662

4. YOUNG MAN (around 20)

USUAL LOCAL WORD(s)

LESS COMMON LOCAL WORD(s)

BY WHOM USED

COMMENTS

도표 3-7 스코틀랜드 질문지의 형태 (Mather and Speitel 1975:11)

용한 것임에 틀림없다.

앞의 것들 이외에도 필요한 부호가 더 있을지 모른다. 가령 공존하는 두 방언형을 제시하면서 그중 한쪽이 더 널리 쓰인다고 하든가, 또는 그중 하나는 비칭(卑稱)이라든가 아니면 존칭(尊稱)이라든가 등을 구별해 표시해 줄 부호도 유용할 것이다. 이러한 조그만 정보들이 나중에 방언 자료를 이용할 연구가들에게 더없이 유용하게 쓰일지도 모르므로 가능하면 어떤 형태로든 제공해 두는 것이 좋을 것이며, 이것은 또 현지조사원의 한 임무이기도 할 것이다.

3.5.4 현지 노트의 형태

전적으로 녹음기에만 의존하지 않는 방언조사에는 제보자로부터의 자료를 필기해 넣는 노트가 필요하다. 이 노트의 형태는 일정한 형식이 없지만 대체로 조사항목의 질문에 대한 반응형을 적는 난(欄) 이외에 조사 중 우발적으로 얻어지는 자료를 참고로 적어 넣을 난을 따로 마련하는 점에서는 통일되는 경향을 보인다. 이 난은 도표 3-6에서 보듯 노트 한 면을 반으로 갈라 마련할 수도 있고 오른쪽 면 전부를 쓸 수도 있다.

또 이 방언조사 노트는 어느 면 어느 행에 어떤 조사항목이 기록될 것인지 통일되도록 된 것이 있고, 그렇지 않고 칸만 쳐 있을 뿐 해당 항목의 번호를 그때그때 써 넣으면서 방언형을 적어 넣도록 된 것도 있다. 미국이나 스코틀랜드 것은 도표 3-7에서 보듯 전자에 속하며 영국 것은 도표 3-6에서 보는 것처럼 후자에 속한다. 자료의 양이 많을 때 주어진 칸에 구애를 받지 않는 점에서는 후자가 낫겠고, 나중에 자료 정리를 할 때는 전자가 나을 것이다.

3.6 조사원

지금까지 방언조사에 필요한 여러가지 방법론을 보아 왔다. 그런데 조사지점과 제보자의 선정이며 인터뷰며 전사며 그 여러가지 일을 실질적으로 수행하는 사람은 현지에 나가는 현지조사원(field worker)이다. 현지조사원은 그만큼 방언조사의 주체며 핵심체라고 할 수 있다. 주체인 만큼 조사원이 어떠한 자질(性質)을 가지고 있는가는 방언조사의 성패(成敗)에 결정적인 영향을 미치며, 따라서 조사원이 갖추도록 요구되는 자질도 여러가지가 있다.

3.6.1 조사원의 자질

언어학도

조사원이 언어학에 대한 기초적인 지식을 갖추고 있는 것은 기본일 것이므로 이에 대해서는 따로이 어떤 요구를 하지 않아도 좋을 것이다. Gilliéron은 이러한 지식이 오히려 어떤 선입견을 주어 객관적이고 기계적인 조사에 방해가 된다고 하여 Edmont과 같은 문외한을 현지조사원으로 썼지만 역시 얼마간의 언어학 지식은 유용할 때가 많다. 특히 약식전사를 채택하려면 언어 단위를 분석할 능력이 필요하므로 더욱 그러하다.

밝은 귀

조사원이 귀가 밝아야 할 것은 말할 나위도 없다. 정밀전사를 요구하는 조사에서 특히 그러하지만 그렇지 않은 경우에도 음의 특징을 하나하나 정확히 분별할 줄 아는 자질은 조사원이 갖추어야 할 자질 중에서도 가장 기본적이고 값진 자질이라 할 수 있다. 밝은 귀란 생리적으로도 어떤 이상이 없는 정상적인 귀를 뜻하지만, 그보다는 전문적인 훈련을 통하여 주요한 음성 특징들을 정확히, 그리고 신속히 구별할 줄 아는 귀를 말한다. 자기 방언에 없는 음소 대립이나 음성 특징은 특히 오랜 동안의 강훈(強訓)을 통해서라야 분별할 수 있게 되므로 유능한 조사원이 되기 위해서는 반드시 음성 훈련을 별도로 받아 두어야 한다.

특히 요즈음 젊은 세대는 'ㅐ'와 'ㅔ'조차 변별해 듣지 못하고 'ㅚ'와 'ㅟ'를 단모음(單母音)으로 발음할 줄 아는 능력도 없다. 장음(長音)과 단음(短音)의 변별력도 거의 다 잃고 있고, 성조(聲調)에 대한 변별력은 더욱 기대하기 어렵다. 이 상태로는 도저히 방언조사원이 될 수 없을 것이다. 철저한 훈련으로 밝은 귀를 만드는 것이 무엇보다 급선무일 것이다.

참을성과 끈기

조사원에게는 참을성과 끈기가 요구되기도 한다. 며칠씩 낯설고 불편한 시골에서 견디려면 어려움을 잘 참을 줄도 알아야 하고 추진력을 가지고 일을 끝내는 지구력도 있어야 하기 때문이다. 건강한 체력도 물론 필요하다. 흔히 방언조사를 '젊은이의 일'(young man's job)이라 한다. 방언조사가 젊은 체력을 요구하는, 고되고 또 많은 것을 몸으로 때우는 작업이기 때문일 것이다.

사교성

조사원에게는 사교성도 요구된다. 관청이나 마을에서 협조를 얻어야 할 때에도 그러하지만 무엇보다 제보자와 며칠을 같이 보내려면 너무 수줍음을 많이 타거나 무뚝뚝해서는 곤란하다. 늘 웃는 낯으로 공손하면서도 붙임성 있게 사람을 대하는 태도를 견지하도록 노력하여야 한다. 얼마간의 연출력도 조사원의 필요한 자질로 지목된다. 제보자와의 작업에서 지나치게 얌전하기만 한 것보다는 어떤 연기(演技)를 약간씩 가미하는 것이 효율적일 수 있기 때문이다.

풍부한 지식

질문지 내용과 관련되는 여러가지 사물에 대한 해박한 지식을 조사원은 반드시 갖추어 가져야 한다. 조사원이 도시 출신이고 또 젊은 나이라면 직접 체험하지 못한 지난날의 풍속이나 직접 현물(現物)을 보지 못한 명칭 등이 조사항목에 포함되어 있을 수 있다. 이러한 것에 대한 사전의 충분한 공부는 조사원에게 필수적이다.

그러한 공부가 없어 조사원이 그 내용을 잘못 알고 있었기 때문에 질문에 혼란을 일으키고 부정확한 응답을 유도하는 사례를 자주 볼 수 있다. 가령 조사원 스스로가 '민들레'와 '씀바귀'를, 또는 이들과 '고들빼기'를 구별할 줄 모르면서 조사에 임하여 낭패를 당하는 수가 있다. 식물 이름만 하여도 '진달래'와 '철쭉'을 구별할 줄 알아야 하고, '상수리나무'와 '떡갈나무'와 '신갈나무'를 구별할 줄 모르고서는 방언조사를 할 수 없다. 한마디로 박물(博物)에 밝아야 하고, 이에 대한 철저한 공부를 하여야 한다. 충분한 공부는 좋은 보상을 받으므로 사전에 충분한 투자를 해 두는 것이 유리하다.

경험

유능한 조사원이 되기 위해서는 무엇보다 좋은 경험을 많이 쌓아야 한다. 실험하는 자세로 조금씩 방법을 바꾸어 보면서 가장 정확한 자료를 가장 효율적으로 수집하는 길을 스스로 체득하도록 노력하여야 한다. 방언조사는 이론이 아니고 실전(實戰)이며 따라서 무엇보다 체험과 훈련이 유능한 조사원을 만든다고 믿는다.

3.6.2 조사원의 수

1명과 여러 명

좁은 지역의 방언조사는 조사원이 1명인 것이 일반적이겠지만 전국 규모의 방언조사처럼 넓은 지역을 대상으로 하는 방언조사에서는 조사원을 1명으로 할 것인가 아니면 수명으로 할 것인가가 늘 논의의 대상이 된다. 조사원이 1명이면 자료의 균질성(均質性)을 훨씬 높게 보장받을 수 있다는 이점이 있다. 조사원이 여러 명이면 그들이 아무리 동일한 조건 밑에서 훈련을 받았다 할지라도 개인차는 어쩔 수 없이 있기 마련이어서 이러한 균질성을 보장받기가 그만큼 어려워지는 것이다. 즉 조사원이 여러 명이면 어떤 조사원은 자음에 대해서는 귀가 아주 예민한데 모음, 또는 성조에 대해서는 그렇지 못한 조사원이 있는가 하면 그 반대의 경우도 있어 그들이 수집한 자료 사이에 균질성이 지켜지기가 어렵다는 것이다.

이 점에서 끝까지 Edmont 한 사람만을 조사원으로 썼던 프랑스의 방언조사는 이상적이었다고 할 수 있다. 그러나 조사 지역이 워낙 넓으면 한 사람이 그것을 다 감당하기에는 힘이 벅차고 무엇보다도 시간이 너무 걸린다는 문제점이 있다. 시간이 너무 오래 걸린다는 것은 그리 단순한 문제가 아니다. 가령 한 사람이 어떤 조사를 담당하는 경우 10년 가까운 세월이 소요된다고 하자. 한 사람이 줄곧 이처럼 오랜 기간을 방언조사 한 가지 일에 종사하기도 어려울뿐더러, 10년이면 언어 변천도 없을 수 없을 것이므로 동시대의 각 지역의 언어 모습을 비교한다는 점에서도 문제를 일으킬 수 있다. 이렇게 보면 1인 조사원의 원칙은 지나치게 고집할 것이 못 된다고 할 수 있다.

실제로 영국의 방언조사에서는 한 번에 적어도 4명(연인원 9명)의 조사원이 동원되었는데 그 이유로, 당시 영국은 언어의 급변기에 있어 하루라도 빨리 사라져 가는 방언 자료를 수집해야 했다는 점을 들었다. 물론 10년 정도에 사어(死語)가 되는 것이 있으면 얼마나 있으며 언어가 변하면 얼마나 변하겠느냐는 반론(反論)이 있을 수는 있다. 그러나 장담할 수만도 없다. 큰 전환기에는 인구의 이동도 심하여 당장 좋은 토박이 제보자를 구하기도 어렵게 되는 수가 있음을 자주 경험하는 우리로서는 한 방언조사가 너무 여러 해에 걸치는 일은 피하여야 한다고 생각한다.

미국의 경우

그러나 여러 명의 조사원을 쓸 때는 자료의 균질성이 파괴되는 문제가 어쩔 수 없이 야기(惹起)된다. 미국의 예가 좋은 본보기를 보여준다. 미국의 방언조사에 동원된 조사원은 9명이었다. 이들은 통일된 방법과 기술을 익히기 위하여 6주간의 합동훈련을 받았다. 그러나 이들의 능력은 끝내 균등해질 수가 없었다. 합동훈련을 받기 이전에 각자가 쌓아 왔던 배경이 다르고, 또 훈련을 받은 이후 현지에서의 경험으로 향상되어 간 정도가 각각 달랐기 때문이었다.

그리하여 미국에서는 나중 이들이 수집하여 온 자료를 분석하면서 9명의 능력을 아홉 가지 측면에서 2등급 내지 4등급으로 평가하기까지 하였다. 그것을 구체적으로 보이면 아래와 같다. J니 C니 하는 것은 조사원 이름의 첫 글자이며, ‘ ; ’ 표시가 이 등급의 경계를 뜻한다.

1 음성 전사의 엄밀성

B, L ; C, K ; J, HY ; HN, HS, R

2 조사자 자신의 음소체계의 영향에서 벗어나는 힘

L ; B, C, K ; HN, HY, J, R ; HS

3 제보자의 음소체계의 영향에서 벗어나는 힘

B, HN, HY, J, K ; C, HS, L, R

4 지나친 정밀전사를 하지 않는 절제력

B, C, HS, K, L ; HN, J ; HY, R

5 음장과 악센트의 분별 능력

B, C, K, L ; HY, J ; HN, HS, R

6 여러 어형을 찾아내는 능력

HS, HY, K ; C, L ; B, HN, J, R

7 단어의 의미를 정확하고 완벽하게 정의하는 일

B, HN, HS, K, R ; C, HY, J, L

8 어떤 표현과 발음이 어느 사회계층과 어느 연령층에서 쓰이는가를 밝히는 일

B, HN, J, K, L ; C, HS, HY, R

9 제보자의 자유 대화에서 얻은 참조 사항의 충실도

B, HS, HY, K ; HN, J, R ; C, L

위의 표에서 우리는 조사원에 따라 전체적으로 능력이 앞서는 사람이 있는가 하면 분야에 따라 뛰어나기도 하고 처지기도 함을 볼 수 있다. 즉 조사원 간의 개인차가 있었음을 위의 표는 뚜렷이 보여 준다. 이는 우리가 여러 조사원에 의해 수집된 자료를 볼 때는 그 자료가 어느 조사원에 의해서 수집되었는가를 일단 참조할 필요가 있다는 것을 시사하는 것이기도 하다. 다시 말하면 자료를 다 동위(同位)에 놓고 분석할 수 없다는 것을 뜻하는 것이다.

이것이 바로 조사원을 여러 명 쓸 때의 문제점이다. 사전에 충분한 합동훈련을 시키고 조사 기간 중에도 수시로 통일 작업을 계속하여 이상과 같은 조사원 간의 불균형을 최소로 줄여 가는 조처가 따라서 조사원을 복수로 할 때의 절대적인 조건이라 할 수 있다. 이러한 조처가 현실적으로 어렵다면 조사원의 수는 다시 한 명인 것이 가장 이상적이라는 결론으로 돌아갈 수밖에 없을 것이다.

1명의 조사원

조사원을 여러 명 쓴 외국의 주요 방언조사에서도 실질적으로는 남보다 훨씬 많은 지역을 담당한 주조사원(主調査員)이 있었던 것은 우리의 흥미를 끈다. 가령 미국 방언조사의 경우 1931년부터 New England 지역을 조사할 때는 9명이 동원되었으나 429개 지점 중 절반이 넘는 249개 지점은 겨우 2명이 담당하였으며 그중에서도 G. S. Lowman이 158개 지점을 담당하고 있다. 1/9의 3배가 넘는 지점을 혼자서 담당한 것이다. 더구나 그 이후 중부 및 남부의 대서양 연안의 주들을 조사할 때는 거의 모든 조사를 Lowman이 혼자 전담하다시피 하였으며, 1941년 이 조사원이 작고한 후

1949년부터는 R. I. McDavid가 혼자서 이 일을 이어받는다.

여러가지 사정이 있었겠으나 조사원을 9명을 썼다가 결원이 생기기 시작하자 새로이 훈련을 시켜 그들과 통일성을 기할 수 있는 조사원을 만들어내기 어려웠고, 그렇다면 그렇지 않아도 해를 입고 있는 자료의 통일성을 더욱 해칠 우려가 있는 일을 자초할 필요는 없다고 판단하였던 것이 아닌가 하는 추측을 하게 된다. 방언 자료의 균질성 유지의 필요성을 9명의 조사원을 써 본 후에 절감하게 되었던 것이 아닌가 하는 것이다. 영국의 방언조사에서도 연인원은 9명이 동원되고 적을 때에도 4명의 조사원이 동원되었지만 그중 S. Ellis가 5년여에 걸쳐 전체 311개 지점의 절반에 가까운 118개 지점을 담당하고 있다. 여기서도 많은 자료가 되도록이면 동일인에 의해 수집되도록 조처한 것이 아닌가 하는 느낌을 받게 된다.

이상에서 얻어지는 결론은 만일 어떤 방언조사가 길어야 5년 정도에 끝낼 정도의 양이라면 여러 명의 조사원을 쓰기보다는 한 사람에게 그 일을 전담시키는 것이 자료의 균질성 확보를 위해서 한결 나으리라는 점이다. 유능한 조사원 1명, 이것이 성공적인 방언조사를 위하여 가장 필요한 요소라고 결론하여도 좋지 않을까 한다.

3.7 자료의 정리

현지에서 조사된 방언 자료들은 몇 단계의 정리 과정을 밟게 된다. 이 단계는 정리자가 조사원 스스로인가 제3자인가에 따라 얼마간 달라질 수 있지만 여기서는 기본적인 것 몇 가지만 언급해 두고자 한다.

자료의 정확성 확인

방언 자료 정리의 첫 단계는 조사 노트에 기록된 방언형들이 과연 구하고자 하는 것을 정확히 바로 기록되었는가를 검토 확인하는 일일 것이다. 급히 받아쓰느라 글자 자체가 불분명한 것도 있고 한두 자 빠뜨린 수도 있을 것이다. 기억을 되살려, 또는 녹음된 것을 다시 들으면서 우선은 이러한 것들을 곧바로 정리하여야 할 것이다. 이 일은 현지에서 면접 사이사이에 틈나는 대로 그때그때 해 두는 것이 가장 좋으나 여의치 못하면 돌아와서라도 시일이 오래 경과되기 전에 해 두는 것이 좋다.

받아쓰기는 정확히 바로 하였어도 제보자가 이쪽 질문을 잘못 이해하여 엉뚱한 어형을 대 준 것을 그대로 받아쓴 경우도 있을지 모른다. 이것을 바로잡는 일도 이 단계에서 해 두는 것이 좋다. 그러나 이 잘못은 처음에는 그리 쉽게 발견되지 않는다는 어려움이 있다. 이웃 지역들을 마저 조사하고 나서 그 지역들의 방언형과 비교하다 보면 한 지역에서만 동떨어진 어형이 나타나는 수가 있고, 그러면 비로소 잘못 채집된 방언형이 발견되는 것이 일반적이다. 그러나 조사 경험이 쌓이고 방언에 대한 지식이 커지면 잘못된 어형의 발견은 더 일찍 이루어질 수도 있다. 어떻든 이런 종류의 오류를 수정하는 일도 자료 정리의 일단계 작업의 중요한 몫이다.

자료의 동질성 점검

조사원이 여럿일 때는 그중의 한둘이, 또는 제삼자가 자료 정리의 일을 맡아하여야 할 것이다. 이때는 여러 조사원 사이에서 생긴 개인차를 최소한으로 줄이는 일이 하나 더 생기게 된다. 미리 통일된 방법에 의해 조사하고 기록하도록 훈련을 받고 방언조사에 임하였더라도 그 조사 결과에 통일되지 못한 부분들이 없기는 어렵다. 이 때문에 이 통일 작업은 자료의 동질성 유지를 위해 반드시 필요한 작업이 아닐 수 없다.

조사원이 하나인 경우에도 오랜 기간 조사를 실시하였다면 역시 통일 작업이 필요할 수도 있다. 아무리 혼자이지만 늘 한 가지 통일된 방법으로 일관성 있게 방언조사를 하였으리라는 보장은 없기 때문이다.

발음부호, 보조기호 등이 일관성 있게 사용되었는지, 전사의 정밀도가 비슷하게 지켜졌는지, 의미차를 밝히는 정도가 비슷한 수준으로 되어 있는지 등이 주된 검토 대상이 될 것이다. 이때 어려운 점은, 넘치는 것을 줄이기는 쉬운데 모자라는 것을 새삼 현지에 나가 다시 조사해 오지 않는 한 보충하기는 어렵다는 점이다. 그리고 넘치는 것이라고 하지만 그것이 그만큼 더 정밀한 것인데 그것을 자료의 동질성을 위해서 희생시키는 것은 아까운 일이어서 이것도 쉬운 일만은 아니다. 정밀성을 어떤 다른 수단으로 살리면서 통일 작업은 통일 작업대로 하는 길을 잘 모색하여야 할 것이다.

카드 정리

조사 노트에 기록된 자료들은 이용의 편리를 위해 다시 카드에 옮겨 적게 되는 수가 많다. 이것이 자료 정리의 제2단계라 할 수 있다.

조사 노트는 한 지점의 자료만을 수록하도록 되어 있는 것이 일반적이다. 만일 그 지점의 방언 자료만으로 어떤 연구를 하려 한다면 그것들을 굳이 카드에 옮길 필요는 없을지 모른다. 그러나 만일 몇 지점의 방언들을 비교하려면 한 항목의 방언형들이 한자리에 모이도록 재정리하는 일이 필요하게 된다.

미국에서는 조사 노트에 특수 처리를 하여 노트에 방언 자료를 적으면 아예 두 벌이 되도록 하였다. 먹지를 뒤에 대어 복사가 되도록 한 것이다. 그리하여 한 벌은 지점별로 보관하고 나머지 한 벌은 항목별로 모으도록 한 것이다.

스코틀랜드 방식의 조사 노트는 도표 3-7에서 보듯 미리 칸을 쳐서 그것을 오리면 카드가 되도록 만들었기 때문에 지점별 자료는 노트채 둘 수도 있지만, 한편으로는 카드로 만들어 항목번호 순으로 배열해 둘 수도 있을 것이다. 그리하여 만일 어느 지점의 방언을 총괄적으로 알고 싶을 때는 그 지점을 찾아 필요한 방언형들을 찾아보면 될 것이고, 그렇지 않고 어느 단어의 방언형들이 지역에 따라 어떻게 달라지는가를 알고 싶을 때는 해당 항목의 카드 묶음을 찾아보면 될 것이다.

이때 카드에는 두 가지 번호가 찍히게 된다. 하나는 각 항목의 고유번호다. 제2권의 32번째 항목을 나타내는 2·32(또는 II·32)와 같은 번호가 그것이다. 그리고 나머지 하나는 각 조사지점의 고유번호다. 이 번호도 대개 그 구역(가령 도나 군)을 대표하는 번호와 그 구역 안에서 어떤 조사지점을 대표하는 번호로 이루어지는 이원적인 번호가 된다. 충청북도의 번호가 4번이고 그중 단양이 3번이라면 4·3 (또는 4-3)과 같은 번호가 되는 것이다. 카드를 정리할 때나 이용할 때 이 번호를 찾아 하게 될 것은 말할 것도 없다.

만일 애초의 조사 노트가 위에서처럼 만들어져 있지 않다면 카드는 별도로 만들어야 한다. 이때의 카드는 위와 같은 방식일 수도 있고 아니면 가령 우리나라라면 한 도의 방언형이 한 카드에 모이도록, 또는 한 군의 방언형이 한자리에 모이도록 한 카드에 칸을 몇 개 만들어 몇 지점의 방언형을 함께 적도록 하는 방식을 취할 수도 있을 것이다. 비교되는 방언형을 여러 카드를 펼쳐놓지 않고 한 카드에서 볼 수 있으므로 그만큼 편리한 이점이 있을 것이다.

방언 자료를 카드에 새로이 옮길 때에는 조사 노트에 있는 정보 중 유익한 것은 가능한 한 충실히 옮기도록 해야 한다. 지금은 잘 쓰이지 않는 고형이라든가, 아니면 최근에 와서 활발히 쓰이기 시작한 신형이라든가, 대상이 없어 이름도 아예 없다든가, 어떤 어형이 쓰이지만 그 의미가 어떻게 어떻게 한정되어 있다든가 등의 정보는 모두 중요한 것들이므로 자료에 이런 것들을 명기해 두는 일을 소홀히 해서는 안 된다. 가령 스코틀랜드 언어지도 (그 list 부분의 자료)의 hay rack(여물통) 항을 보면, 그 방언형이 소 여물통을 가리키는 것이면 c, 말 여물통을 가리키는 것이면 h, 양(羊) 여물통에 한정돼 쓰이는 것이면 s, 야외에 있는 것만을 한정해 가리키는 것이면 x, 옥내의 것일 때는 + 등의 부호를 각 지점 번호 뒤에 붙임으로써(두루 쓰이는 이름이면 아무 부호도 붙이지 않는다) 이용자에게 큰 편익을 준다.

카드 정리를 할 때 큰 어려움의 하나는 조사 때 부수적으로 얻어진 자료들을 처리하는 문제다. 가령 질문지에 들어 있지 않은 항목들에 대한 정보라면 그것을 어디에 기입해 넣어야 할지 결정하기 어렵다. 가장 관련이 깊은 항목의 카드에 참조 사항으로 기입해 넣을 수도 있을 것이며 때로는 그러한 자료를 기록해 놓을 카드를 따로 만들어야 할 것이다.

어떻든 카드 정리는 그 내용이 바로 자료집의 원고이면서, 바로 언어지도로 옮겨질 자료라는 데서 여러가지를 세심히 유의하여 행해져야 한다. 현지에 바친 노력 이상의 노력이 이 카드 정리 작업에 바쳐져야 한다고 해야 옳을지 모른다.

자료집

방언 자료가 공간(公刊)되는 방식에는 크게 두 가지가 있다. 하나는 자료집으로 간행되는 방식이고 다른 하나는 언어지도로 간행되는 방식이다.

자료집은 다시 그 양식에 따라 몇 가지로 나누어 볼 수 있을 것이다. 어떤 한 지점의 방언자료집이라면 사전식으로 꾸밀 수 있을 것이다. 조사된 항목의 표준어형을 가나다순으로 배열하고 거기에 해당하는 방언형을 배당시켜 놓거나 거꾸로 방언형을 가나다순으로 배열하고 그 뜻을 적어 주는 방식을 취하는 것이 그것이다. 우리나라에서 나온 것으로 김이협의 『평북방언사전』, 이상규의 『경북방언사전』, 이기갑(외)의 『전남방언사전』 등이 이에 속한다.

그러나 우리나라에서 주류를 이루어온 방식은 오구라 신페이(小倉進平)의 『朝鮮語方言の硏究』 상권의 방식인 듯하다. 질문지의 순서에 맞추어 각 항목의 방언형을 있는 대로 제시하고 그 어형이 쓰이는 지점명을 나열하는 방식이 그것이다(도표 3-8 참조). 김형규의 『한국방언연구』를 비롯하여 많은 자료집들이 이 방식을 따르고 있다.

이 방식의 자료집은 방언형 위주의 편집 방식을 취하였는데 반해 지점 위주로 자료집을 만드는 수도 있다. 영국의 방언자료집이 그 좋은 예인데, 도표 3-9에서 보듯이 항목 하나하나에 조사지점을 고유번호순으로 배열하고 그 지점의 해당 방언형을 하나하나 기입해 넣고 있다. 한국정신문화원의 『한국방언자료집』은

時候　一七

莞島・智島・海南・木浦・咸平・靈光・羅州・光州・長城・潭陽・玉果・谷城・求禮。〔全北〕雲峰・南原・淳昌・井邑(郡内永元面を〔joŋ-won-mjɔn〕といふ)・金堤(郡内月村面を〔wol-tʃʼon-mjɔn〕といふ)・群山・全州・任實(南原をnam-〔an〕といふ)・長水・鎭安(郡内半月里を〔pan-wol-li〕といふ)・茂朱・錦山。〔慶南〕蔚山・梁山・釜山・金海・居昌・陜川・昌寧・密陽。〔慶北〕永川・慶州・浦項・興海・盈德・大邱・高靈・星州・知禮・金泉・義城・聞慶・醴泉・安東・榮州・青松。〔忠南〕公州・江景・舒川・洪城・天安。〔忠北〕清州・報恩・永同・鎭川・槐山・忠州・丹陽。〔江原〕通川・高城・杆城・襄陽・注文津・江陵・蔚珍・平海・寧越・平昌・原州・横城・洪川・春川・麟蹄・鐵原・平康。〔黄海〕金川・延安・海州・甕津・苔灘・長淵・殷栗(九月山を〔ku-wol-san〕といふ)・安岳(郡内月岩里を〔wol-am-ni〕といふ)・載寧・黄州・瑞興・新溪・遂安・谷山。〔咸南〕新高山・安邊・德源・文川・高原・永興・定平・咸興・五老・新興・洪原・北青・利原・端川・豐山・甲山・惠山。〔咸北〕城津・吉州・明川・鏡城・羅南・清津・富寧・茂山・會寧・鍾城・慶源・慶興・雄基。〔平南〕中和・平壤・順川・肅川・安州。〔平北〕博川・寧邊・熙川・龜城・定州・宣川・龍岩・義州・江界・慈城・厚昌。(2)〔tʃʌŋ-ol〕【「物語」月(つき)ヲおる】〔全南〕筏橋・木浦・羅州・潭陽(郡内錦月里を〔kɯm-ol li〕、月山里を〔wol-sal-li〕といふ)・谷城。〔全北〕井邑・金堤・任實。〔慶南〕蔚山・梁山・東萊・釜山・馬山・巨濟・統營・晉州・南海・河東・咸陽。〔慶北〕興海・金泉・尙州・咸昌・醴泉。〔咸南〕甲山。〔咸北〕城津・明川・會寧。

二月　〔joŋ-dɯŋ-tol〕〔全南〕濟州・城山・西歸・大靜。

六月　〔nu-wol〕〔平南〕平壤。〔平北〕博川・寧邊・熙川・龜城・江界・慈城・厚昌。

도표 3-8『朝鮮語方言の 硏究』의 형식 (小倉進平 1944 : 16)

VI.13.9 HUNGRY

Q. If you haven't eaten any food for a long time, you're bound to be very . . . .

Rr. EMPTY, HOLLOW, HUNGERED, HUNGRY, LEAR(Y), PECKISH, SINKING, STARVED, STARVING, THIRL(Y)

31 So 1 ʌŋgɽi [ɫɪəɽi(2x) *leary* (n.d.)] 2 ʌŋgɽi, ɫɪəʳ:, ○~ 3 hʌŋgɽɪ 4 pɛkɪʃ [s.w. lɪəʳ: *lear* (= *empty*)] 5 lɪəɽi 6 ʌŋgɽi, lɪəɽi [pref.] 7 lɪəɽi 8 ʌŋgəʳ:d, lɪəɽʔ, ○ʌŋgəʳ:d 9 lɪəʳ:ɽi, ○~(2x) 10 lɪəʳ:ɽi 11 li·əɽi 12 lɪəɽi, ○hʌŋgəʳ:d[2] 13 lɪəɽi

32 W 1 ʌŋgɽi, ɫɪəʳ:ɽi, ○~ 2 ʌŋgɽi, ɫɪəʳ:, ○~ 3 hʌŋgɽi, ɫɪəʳ:, ○~ 4 ɫɪəʳ:, ○stəʳ:vɪn 5 ɫɪəʳ:, ○~ 6 ɫɪəʳ: 7 ʌŋgɽɪ 8 ɫɪəʳ: 9 ɫɪəʳ:, ○~

33 Brk 1 lɪəʳ 2 lɪəʳ, ○ʌŋgɹɪ[1(2x)] 3 lɪəʴ ["pref."], ɒŋgɹɪ, ○ʌŋgɹɪ[1] 4 lɪə˞, ○ʌŋgɹɪ[1] 5 liə˞

34 Sr 1 ɛmptɪ, s.w. ʌŋgɹɪ 2 lɪəʴ, ○~ 3 ʌŋgɹɪ, lɪəʳ 4 lɪəʳɽ [i.e. very hungry], ○ʌŋgɹɪ 5 lɪəʳ, hʌŋgɹɪ

35 K 1 ɒŋɹi 2 ʌŋgɹɪ, pɛkɪʃ 3 hɒŋgɹɪ 4 ʌŋgɹɪ 5–6 ɒŋgɹɪ 7 ʌŋgɹɪ, pɛkɪʃ

36 Co 1 ɫɪəʳ:ɽi, ○ðʌɽəɫ [esp. of cattle] 2 ɫɪəʳ:ɽi, ðɛɽəɫ, ○~ 3 ɫɪəʳ:ɽi, ðʌɽəɫ, ○ɫɪəʳ:ɽi 4 ɫɪəʳ:ɽi, ʌŋgəʳ:d, ðəʳ:ɽəɫ, ○~, ○ɫɪəʳ:ɽi, ○ʌŋgəʳ:d(2x) 5 ɫɪəʳ:ɽi 6 ɫɪəʳ:ɽɪ, θʌɽəɫ 7 ɫɪəʳ:ɽi, ○ðəʳ:ɫi, ○ʌŋgəʳ:[1] [*sic*]

37 D 1 ðəʳ:dɫ, ○~ 2 ɫɪəʳ:ɽi, vəʳ:dɫ, ○~ 3 ɫɪəʳ:ɽi, ðəʳ:dɫ 4–8 ɫɪəʳ:ɽɪ 9 ɫɪəʳ:ɽi, ○ʌŋgɽi[1] [of animals] 10 ɫɪəʳ:ɽi, ○ʌŋgɽi[1] 11 ʌŋgəʳ:d, ɫɪəʳ:ɽɪ, ○ʌŋgəʳ:d

38 Do 1–2 lɪəɽi 3 ɫɪəɽɪ 4 lɪəɽɪ 5 ɫe:ɽɪ

39 Ha 1 ʌŋgɽi, ɫɪəʳ:, ○~ 2 ɫɪəɽi, ○~ 3 ɒɫəʳ:, ɫɪəʳ:, ○~ 4 ʌ·ŋɽɪ, ○staʳ·vd [i.e. very hungry] 5 ɫɪəʳ:, ○~ 6 ɫɪəʳ: 7 lɪəʳɽ

40 Sx 1 sɪŋkɪn ["pref."], lɪəʳɽ 2-3 lɪəʳɽ 4 ʌŋgɹɪ, lɪəʳ ["older"], ○~ 5 lɪəʳɽ ["older . . . rare"], ʌŋgɹɪ 6 lɪəʳɽ

VI.13.10 THIRSTY*

Q. If you haven't drunk anything for a long time, you're bound to be very . . . .

Rr. (A-)DRY, THIRSTY

Note—For additional exs. of DRY, see VII.6.19 (and refs.).

도표 3-9 영국 방언자료집의 형식 (Orton 1971)

대개 이 체재를 따른 것이다.

이 방식의 자료집은 나중 이 자료를 가지고 언어지도를 만들 때 그 자료를 기호로 바꾸기만 하면 그대로 지도에 옮길 수 있다는 이점이 있고, 또 자료 이용자가 어느 지역의 방언형을 찾아보고 싶을 때 그것을 즉각 찾아낼 수 있다는 이점도 있을 것이다.

어떻든 방언조사의 일차적 완결은 자료의 정리가 완결됨으로써 이루어지고, 그 자료 정리의 대표적인 형태의 하나가 자료집의 간행이라는 점에서 방언조사 사업에 있어 방언자료집의 간행이 가지는 의의는 자못 크다고 하지 않을 수 없다. 이 자료집과 아울러 쌍벽을 이루는 언어지도의 간행에 대해서는 장을 달리하여 설명코자 한다.

■ 참고

지역방언을 현지에 가서 조사하는 방법에 대한 개략적인 소개로는 이익섭의 「방언자료의 수집방법」(1979)이 있다. 아울러 Kurath의 *Studies in Area Linguistics*(1972)의 제 1장 "From Sampling to Publication"도 평이하면서 좋은 길잡이다. 그러나 이 방면의 가장 좋은 길잡이는 Francis의 *Dialectology*(1983)의 제1장-제6장이 아닌가 한다. Samarin의 *Field Linguistics*(1967)는 이 방면의 가장 종합적인 전문서로서 풍부한 내용을 담고 있지만 그리 명쾌한 진술을 하고 있지는 못하다. 종래의 큰 방언 연구에 채택되었던 조사방법에 대한 나라별 소개는 Pop의 *La Dialectologie*(1950)에 상세히 되어 있다. 그리고 그 내용이 이 책 마지막 장 "Conclusions"에 종합 요약되어 있는데 이 부분이 「방언의 조사연구방법」이라는 제목으로 정지영에 의해 번역되어 『방언』 제3집(1980)에 실려 있다.

질문지의 형태와 질문 방식에 대해서는 이익섭의 「방언조사 질문지의 질문법에 대하여」(1983)가 비교적 자세한 소개를 해 주고 있다. Chambers and Trudgill의 *Dialectology*(1998) 제2장 제3절의 "The Questionnaire" 및 Francis의 전게서(1983) 제3장 "Sampling the Language"는 이 방면에 대한 어느것보다 간명하고 유익한 참고가 될 것이다. 영국 질문지에 대해서는 Orton의 *Survey of English Dialect(A)* :

Introduction(1962)에서 그 형태도 전부 접하면서 작성 경위와 내용의 특징에 대한 권위 있는 해설을 볼 수 있다. 통신조사용 질문지의 한 실례는 이익섭의 『영동 영서의 언어분화』(1981)에서 볼 수 있으며 스코틀랜드 언어조사에 쓰인 질문지의 내용에 대해서는 McIntosh의 *An Introduction to a Survey Dialects* (1961) 및 Marter and Speitel의 *The Linguistic Atlas of Scotland*(1975)의 "Introduction"을 참조하기 바란다. 특히 McIntosh의 *An Introduction to a Survey of Scottish Dialect*는, 제 6장 "Some Practical Problems"에서 방언조사 방법론에 대해서도 유익한 이야기를 많이 해 주고 있지만 전체적으로 방언학도는 필독하여야 할 양서(良書)로 추천하고 싶다. 기왕의 방언조사에 쓰인 질문지의 여러 종류 및 그 특징에 대해서는 Pop의 전게서 하권의 결론 장 및 정지영의 번역문이 가장 좋은 참고가 될 것이다. 조사지점 및 제보자에 관한 여러 나라의 경우도 이 글에서 많은 정보를 얻을 수 있다.

우리나라에서의 조사지점 및 제보자를 선정하는 기준에 대해서는 이익섭의 「전라북도 동북부지역의 언어분화」(1970), 「강릉방언의 형태소론적 고찰」(1972), 『영동 영서의 언어분화』(1981) 등에 조그만 경험을 토대로 하여 언급된 것들이 있고, 최명옥의 『경북동해안방언연구』에도 그 선정 경위가 잘 진술되어 있다. 그리고 『방언』 7집에 특집으로 묶인 전국국어방언조사 현지조사원들의 경험담도 이 방면의 생생한 보고들이다.

면담의 요령에 대해서는 짧은 글이지만 미국 언어조사의 조사원이었던 Bloch의 "Interviewing for the Linguistic Atlas"(1935)의 일독을 권하고 싶다. 그리고 Kurath의 전게서(1972), Orton의 전게서(1962)의 충고도 참조하기 바란다. 녹음기를 효용있게 쓰는 기술에 대해서는 이익섭의 『한국방언연구의 한 방향』(1989)에 간단히 소개되어 있지만 Van Riper의 "Shortening the Long Conversational Dialect Interview"(1972)를 일독(一讀)하는 것이 일조(一助)가 될 것이다. 전사(轉寫) 중 정밀전사의 본보기로는 Kurath and McDavid의 *The Pronunciation of English in the Atlantic States*(1961)를 보는 것이 좋을 것이다. 어휘적인 차원의 방언조사에서 그 나라 현행의 표기법을 전사 체계로 삼는 실례나 논의에 대해서는 McIntosh의 전게서(1952)의 제5장 "Word Geography," Kurath의 *A Word Geography of Eastern United States*(1949), 이익섭의 전게서(1981) 등을 참고할 것.

미국 방언조사원들의 자질에 대한 평가 비교는 우리에게 시사하는 바가 큰데 이는 Kurath and Bloch의 *Handbook*(1939)을 참조한 것이다. 통신조사의 경우 현지 통신원의 자질 문제에 대해서는 McInTosh 및 이익섭의 전게서에 약간의 논의가 있다.

자료의 정리 및 편집에 관하여는 Francis의 전게서(1983) 및 Samarin의 전게서(1967), Kurath의 전게서(1972)의 1.2와 1.3에 개략적인 논의가 있다. 또 각 언어지도의 자료의 편집을 직접 맡았던 경험을 들려주는 논문들인 Orton의 "Editorial Problems of an English Linguistic Atlas"(1971), Allen의 "Some Problems in Editing the Linguistic Atlas of the Upper Midwest"(1971) 및 Kurath and Bloch의 *Handbook*(1939) 등도 좋은 참고가 된다.

제 4 장

언어지도와 방언구획

수집된 방언 자료는 그 목적에 따라 여러 방면으로 이용될 수 있으나 전통적인 언어지리학에서는 무엇보다도 그것으로 언어지도를 만드는 일을 일차적인 과제로 여겨 왔다. 세계의 주요한 방언조사가 '어느 나라의 언어지도를 위한 방언조사'라는 이름 밑에서 행해졌던 것이 바로 그러한 사정을 입증한다. 그리고 어떤 나라가 방언 연구에서 다른 나라보다 앞서 있다는 것은 결국 남보다 먼저 훌륭한 언어지도를 만들었다는 것으로 귀결된다는 점에서도 방언 연구에 있어 언어지도가 차지하는 비중이 얼마나 큰가를 알 수 있다. 여기서는 먼저 언어지도가 어떤 방식으로 만들어지는가를 간략히 소개하고 그 언어지도에 의해 방언구획이 어떻게 그어질 수 있는지를 논의코자 한다.

4.1 언어지도

언어지도(linguistic map)란 어떤 언어 현상의, 각 지점에서의 방언형을 보여주는 지도를 말한다. 다시 말하면 어떤 언어 현상의 여러 방언형의 지리적인 분포를 나타내 주는 지도가 곧 언어지도인 것이다. 그리고 이러한 낱장의 지도들을 묶은 지도첩(atlas)을 언어지도첩(linguistic atlas)이라 한다. 우리나라에서는 일반적으로 이 지도첩을 간편하게 언어지도라 줄여 부르고 따라서 언어지도는 한 장 한 장의 지도(map)를 가리킬 수도 있고 그것들을 전부 묶은 책(atlas)을 가리킬 수도 있다. 본서에서도 이들을 특별히 구별해 부를 필요가 있을 때가 아니면 엄격히 구별하지 않고 쓰고 있다.

언어지도는 방언 자료를 기입해 넣는 방식에 따라 몇 가지로 나누어 생각할 수 있다. 이 중 한 분류법은 진열지도(display map)와 해석지도(interpretive map)로 나누는 방식이다.

4.1.1 진열지도

진열지도는 지금까지의 거의 모든 언어지도들이 취해 왔던 방식처럼 각 지점에 해당 방언형을 기입해 넣는 방식으로 만든 지도를 가리킨다. 여기에는 다시 그 방언형을 음성기호로써 직접 기입해 넣느냐 아니면 그 방언형을 도형(圖形)으로 된 기호로 바꾸어 기입하느냐에 따라 음성기호지도(音聲記號地圖)와 도형지도(圖形地圖) 두 가지로 구분할 수 있다.

지도 4-1 프랑스 언어지도 (Pop 1952 : 133)

음성기호지도

초기의 언어지도들은 해당 방언형을 음성기호로써 직접 지도에 기입해 넣는 방식을 채택하였다. 프랑스 언어지도가 그 대표적인 예의 하나다(지도 4-1 참조). 이 방식은 지도를 보면 어느 지점의 방언형이 무엇인지를 즉각 알아낼 수 있는 이점이 있다. 도형지도는 어느 지점에 나타난 기호가 어떤 방언형을 대표하고 있는가를 범례에 가서 따로 찾아보아야 하는데 그러지 않아도 된다는 편의를 주는 것이다.

그러나 이러한 편의는 너무나 가벼운 것이어서 이 방식은 전체적으로는 불편이 많은 방식일 것이다. 언어지도란 방언분포를 한눈에 드러내게하는 것을 그 주된 기능으로 하는데 음성기호를 직접 써 넣는 방식으로는 이러한 기능을 제대로 수행해 주지 못하기 때문이다. 도형이라면 같은 방언형은 동그라미면 동그라미, 세모꼴이면 세모꼴과 같은 통일된 모양으로 나타나 나머지 모양들과 획연히 구별됨으로써 어느 지역 어느 지점에 그 방언형이 분포되어 있는가를 한눈에 알 수 있게 하는데 음성기호는 가령 yɔsi는 yɔsu나 yɔu와 그처럼 획연하게 구별되지 않기 때문에 일목요연하게 방언분포를 보여준다는 점에서 보면 만족스러운 기능을 발휘하기 어려운 것이다. 음성기호지도는 말하자면 아직 원자재지도(原資材地圖, raw data map)라고 할 수 있을 것이다.

도형지도

이러한 불편을 깨달았음인지 언어지도는 후대로 오면서 도형지도로 모습을 바꾸게 된다. 이때 많이 쓰인 도형은 동그라미, 세모꼴, 네모꼴 등이었는데, 동그라미는 다시 ○ ● ◑ ⊕ ♀ 등으로, 세모꼴은 △ ▲ ◭ ⟁ ⇧ 등으로 모양을 다채롭게 세분하여 썼다.

이러한 도형들을 사용할 때는 임의적으로 채택해 쓰기보다는 언어적으로 서로 유사하고 관련이 깊은 것들은 기호상으로도 서로 가까운 모양을 가지도록 하는 것이 일반적이다. 가령 '누룽지'를 가리키는 방언형으로 '누룽지, 누렁지, 누룽기, 소쩽이, 소꼴기, 소디끼, 소데끼' 등이 있을 때 '누룽지, 누렁지, 누렁기'를 한 군(群)으로 묶어 그 각각을 △ ▲ ◭와 같은 세모꼴 모양으로 대표시키고, 나머지 '소쩽이, 소꼴기, 소디끼, 소데끼'는 그것대로 한 군(群)으로 묶어 일단 동그라미 모양으로 통일한 다음 그 각각을 다시 ○ ● ◎ ◉와 같이 동그라미 안에서의 변용(變容)으로 구별하는 것이 그 한 예다.

방언형이 복잡하게 나타나면 도형도 다채로워져야 하는데 한 예로 도표 4-1에서 그 좋은 본보기를 볼 수 있다. 한편 최근 일본의 언어지도는 별 모양, 화살표, 은행잎 모양, 타원형 등 도형을 매우 다양하게 만들어 쓰는 경향을 보여준다. 시각적인 효과를 그만큼 높이기 위한 의도에서이지만 화살표 등으로 언어변화(즉 개신파)의 방향을 암시하는 등의 목적을 위해서이기도 한 것이다. 지도 4-3에서 그 일단을 볼 수 있는데 이 지도는 후술할 분포도까지 겸하고 있는 점에서도 특이하다.

모양을 달리하는 방법 외에 그림의 크기를 달리하는 방도를 쓰는 수도 있다. 이는 어떤 방언형이 그 지역에 집중되어 나타날 때 그것을 일일이 여러 개의 동그라미나 세모꼴로 나타내는 대신 큰 동그라미, 또는 큰 세모꼴로 표시하는 방식이다(지도 4-2 참조). 작은 부호가 여러 개 따로 그려져 있는 것보다 그 지역이 그 방언형으로 통일되어 있다는 것을 더 선명하게 보여줄 것이므로 이 방식도 적절히 원용(援用)할 만하다.

Mund (Junge, halt den Mund!)

Mund
Mond
Mound
Monk
Munk
Maul
Mao(u)l
Ma(a)l
Mail
Moal
Mo(o)l
Moul
Mäul
Mau
Mai
Mäu
Mäui
Maui
Ma(u)lö
Mu(u)l
Muel
Mu(u)le
Muil
Mua
Muil
Mjul
Miule
Mül
Müll
Müol

Fresse
Freß
Fressen
Frasse
Fraß
Fret(t)
Frät
Frett
Friet
Schnauze
Schnauz
Schnoute(n)
Snaute
Schnute
Schnut
Snute
Snu(u)t
Schnuten
Snuten
Schniute(n)
Sniuten
Schnuß
Schnuß(e)n
Schnüß
Schniß
Schnöß
Schneß
Schnutte
Schnutt
Schnütt
Schnu(t)z
Schnu(t)ze
Schnurre
Schnorre
Schnörre

Schnabel
Snabel
Schnaw(w)el
Schnobel
Snobel
Gusche
Kusche
Gusch
Gusch(e)n
Gosche
Gosch
Gosch(e)n
Beck
Ba(c)k
Fo(t)z(e)n
Pfou(t)z(e)n
Foz(z)a
Papp(e)n
Pappe
Bart
Bou(a)rt
Lappe
Lawwe
Lapp
Klappe
Rand
Rachen
Spei
Müs(s)

Babbel
Sabbel
Hals
Keek
Mu(u)lwerk
Muppe
Schlabber(n)
Schlopp
Schluck
Schnuffel
Swiegstill
Schlädde(n)
Flappe
Flo(a)ppe

Schnutz und Frät
Fresse " Maul
Maul " Schnauze
Fresse " Schnauze
Gosch(n) " Papp(n)
Gosch " Maul
Gusche " Schnauze
Gusche " Frasse
Gusche " Fresse
Gusche " Klappe
Fresse " Klappe
Freß " Maul
Freß " Schnauz
Klappe " Schnauze
Klappe " Rand
Klappe " Schnabel
Schnabel " Maul
Schnauze " Fresse und Gusche

Zahlen verweisen auf die Zusatzliste der Seltenheiten und Mehrfachmeldungen

, vor einem Zeichen = auch die Leitform wurde gemeldet

도표 4-1 독일어 'Mund'의 방언형을 나타내는 여러 기호 (Francis 1983 : 117)

색채지도

많지는 않지만 색깔을 이용하는 수도 있다. 방언형이 워낙 여러가지로 분화되어 흑백만으로는 아무리 여러가지 모양을 동원하더라도 그 구별이 쉽지 않거나 그것으로는 구별이 선명치 않을 때 모양과 색을 함께 동원하면 훨씬 여러가지 방언형을 선명하게 구별해 줄 수 있을 것이므로 색채 언어지도는 매우 이상적인 형

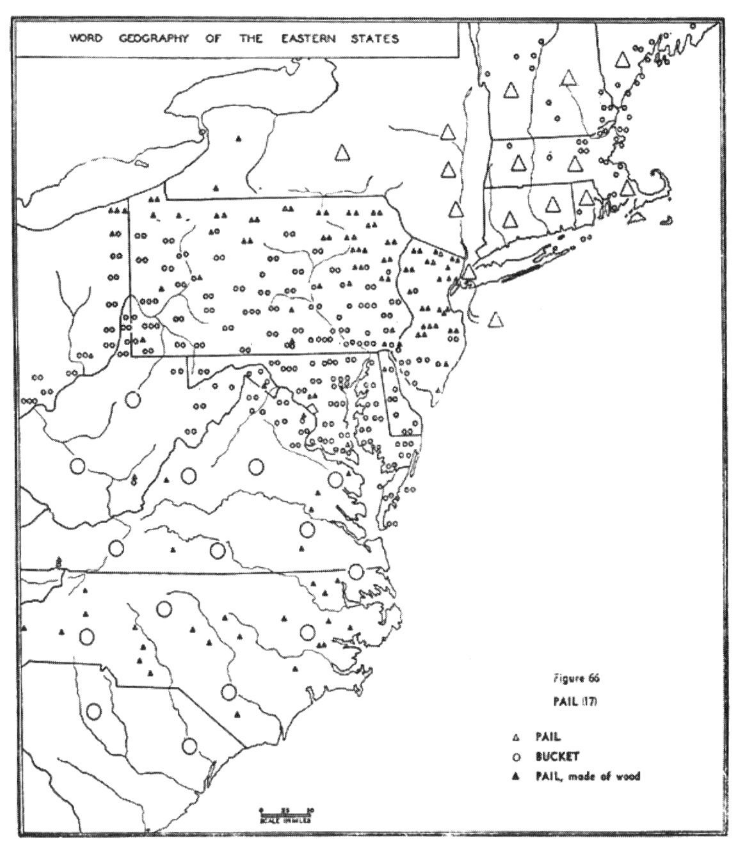

지도 4-2 미국 동부지역 언어지도 (Kurath 1949)

태라고 할 수 있다. 다만 이것은 비용이 많이 들어 엄두를 내기 어려운 점이 있다. 지금까지 색채를 써서 만든 지도로는 『일본 언어지도』가 대표적인 것이다. 그리고 우리나라에서도 아주 작은 규모의 것이지만 『한국 언어지도』(학술원, 1993)가 색채지도로 간행된 바 있다.

그런데 일반적으로 색채지도를 만들지 않는 것은 과다한 비용

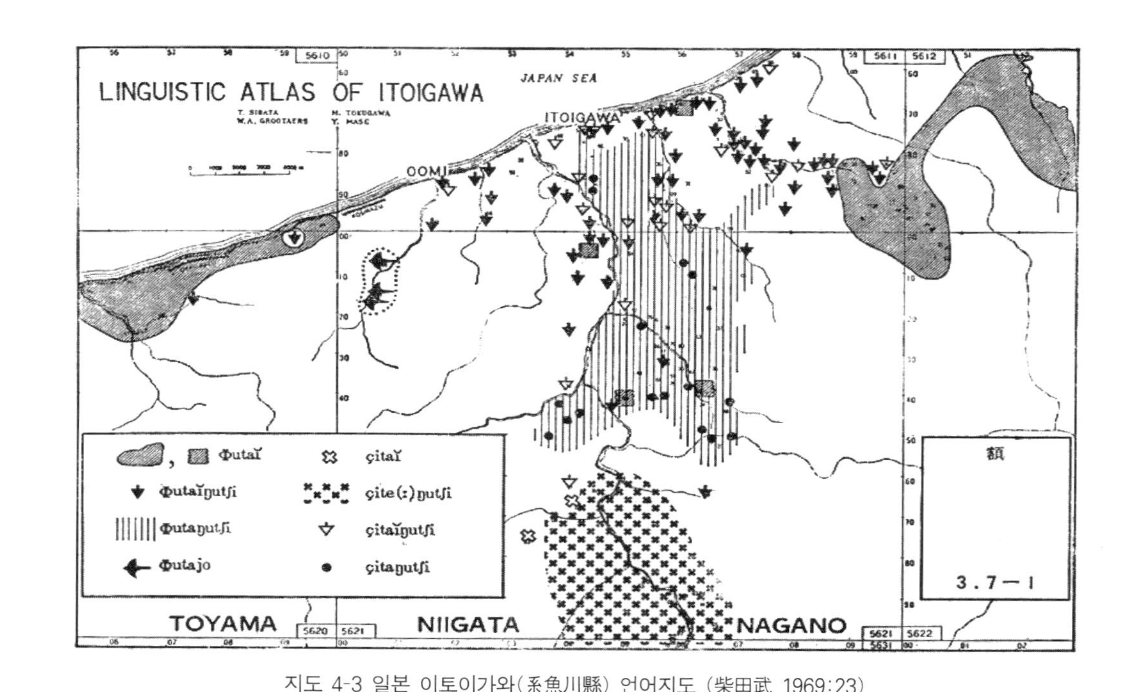

지도 4-3 일본 이토이가와(系魚川縣) 언어지도 (柴田武 1969:23)

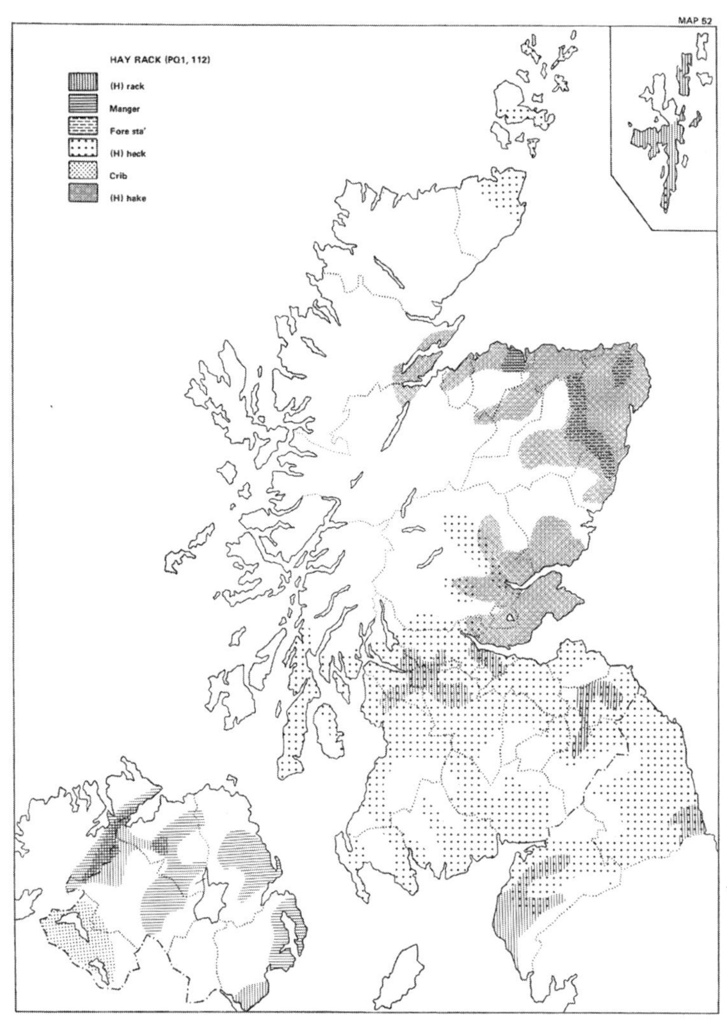

지도 4-4 스코틀랜드 언어지도 (Marther and Speitel 1975 : 94)

때문만은 아닌 것으로 이해된다. 대부분의 언어지도는 대개 흑백만으로도 다양한 방언분포를 적절히 나타낼 수 있어 굳이 여러가지 색채를 동원하는 것은 괜한 사치요 번거로움인 경우가 많기 때문일 것이다. 어떻든 색채 언어지도란 예외적인 존재라고 보는 것이 옳을 것이다.

분포지도

방언형을 대표하는 기호를 각 지점에 하나씩 기입해 넣는 대신 그 방언형이 쓰이는 지역 전부를 점이나 사선(斜線) 등으로 기입해 넣는 방식의 언어지도도 있다. 이것은 다음에 말할 해석지도와 흡사한 것이지만 어떤 구획을 긋지 않고 방언형의 분포 상태만 그대로 제시한다는 점에서 그와는 구별되는 지도다. 진열지도와 해석지도의 중간 단계에 있는 지도라고 보아도 좋을 것이다. 지도 4-4에서 보는 스코틀랜드의 언어지도가 그 좋은 본보기를 보여준다.

그러나 스코틀랜드 언어지도의 하권은 전술하였듯이(2.5) 상권의 방식에다가 일부 지역에 산만하게 나타나는 어형을 어떤 기호로써 해당 지점에 기입해 넣는 방식을 가미한, 마치 지도 4-3에서 본 바와 같은 방식을 채택하고 있어 상권과 구별된다. 후술할 혼합형 해석지도와 일맥상통하는 방식인데 전체적으로는 진열지도의 계열에 드는 특이한 형식인 것이다.

이 분포지도는 어느 지역이 한 방언형으로 통일되어 있거나 한 지역에 몇 개의 방언형이 공존하여 나타나는 것을 나타내 주는 데 편리하다. 그러나 너무 여러 방언형이 쓰이는 것을 다 그려 넣었다가는 지도가 뒤범벅이 될 것이므로 스코틀랜드 언어지도에서는 덜 중요한 방언형은 희생시킨 경우가 많은데 이 점 분포지도의 한 한계라고 할 수 있다. 그리고 정확히 어느 지점에 어떤 방언형이 쓰이는지를 알기 어려운 것도 이 형식의 지도가 가지는 한 약점이다. 스코틀랜드 언어지도는 이 약점을 보완하기 위하여 후술하다시피 자료 리스트를 지도첩에 첨부하는 편법을 채택하고 있다.

4.1.2 해석지도

언어지도란 궁극적으로 방언의 지리적 분포를 알려 주기 위한 지도다. 진열지도도 모양이 다른, 또는 색깔이 다른 기호를 해당 지점에 배치함으로써 방언의 분포를 드러내는 지도였다. 그런데 해석지도는 각 지점에 일일이 해당 방언형을 기입해 넣는 대신, 그러한 방식으로 만들어진 진열지도의 바탕 위에서 방언구획을 한 다음 그 구획을 보임으로써 더 단순화된 방식으로 방언분포를 보이는 지도다. 그러니까 여기서 '해석'이란 진열지도를 보고 이쪽 이쪽이 이런 방언형을 사용하는 구역이며 이쪽 이쪽은 저런 방언형을 사용하는 구역이라고 해석한다는 뜻으로서의 '해석'이라고 할 수 있다. 해석지도는 방언구획을 보이는 지도이므로 한쪽 구역을 사선으로, 다른 한쪽 구역을 점으로 하는 식으로 한 구역 전체를 묶어 어떤 모양으로 표시하는 방식이 많이 쓰이고 때로는 분계선만 표시하고 각 구역에 해당 방언형을 음성기호로 써 넣는 방식도 쓰인다.

구획지도

해석지도는 다시 몇 가지 유형으로 세분하여 생각할 수 있다. 가장 단순한 해석지도는 방언형이 두 가지나 서너 가지밖에 없을 때 그 경계선을 찾아 구획을 짓는 지도일 것이다. 다음 지도 4-5가 그 한 예이지만, 이는 조사지점 하나하나에 해당 방언형을 기입해 넣는 대신 한 방언형이 나타나는 지역을 묶어 한 구역으로 표시하였다. 각 지점에 기호를 기입하였을 때보다 방언구획을 더 선명하게 보여준다는 특징이 우선 눈에 띈다. 그리고 이러한 방식의 지도는, 조사지점과 조사지점 사이의 미조사 지점에 대해서는 책임을 지지 않는 진열지도와는 달리, 동일한 방언형을 쓰는 지점들 사이의 미조사 지점은 결국 그 방언형을 쓸 것이라는 '해석'을 전제로 한다는 특징을 가진다.

진열지도를 놓고 방언경계를 선으로 그으려면 여기에도 어떤 '해석'이 필요하다. 가령 지도 4-5에서 '동고리' 지역과 '목말' 지역의 지도상의 분계선은 이들의 실제 분계선과 정확하게 일치한다고 확언하기는 어렵다. 그 분계선에 인접한 모든 지역을 샅샅이 다 조사한 결과에 의하여 그 선을 그은 것은 아니기 때문이다. 우리가 가지고 있는 자료는 그 선에서 적어도 몇십 리씩은 떨어진 곳을 조사한 것들뿐이다. 그것을 근거로 하여 두 조사지점의 사이에 방언경계가 있다고 해석을 내리고, 그렇다면 그 사이에 어떤 임의의 선을 그어 방언구획을 하기보다는 행정구역의 분계선으로 경계를 삼자고 하여 만든 것이 지도 4-5인 것이다. 따라서 이 지도의 방언구획은 등고선(等高線)처럼 있는 그대로의 구획이기보다는 얼마간의 해석을 거친 구획이라 할 만하며 해석지도는 이처럼 경계선을 긋는 데 있어서 이와 같은 조정을 거친다는 특징을 하나 더 가진다.

혼합지도

방언경계를 정할 때 하는 조정에는 위에서 본 것과는 다른 조정이 하나 더 있다. 다시 지도 4-5를 예로 보면 '동고리'는 '동고리' 지역 이외에서도 간헐적으로 나타나는 수가 있다. 그런데 이

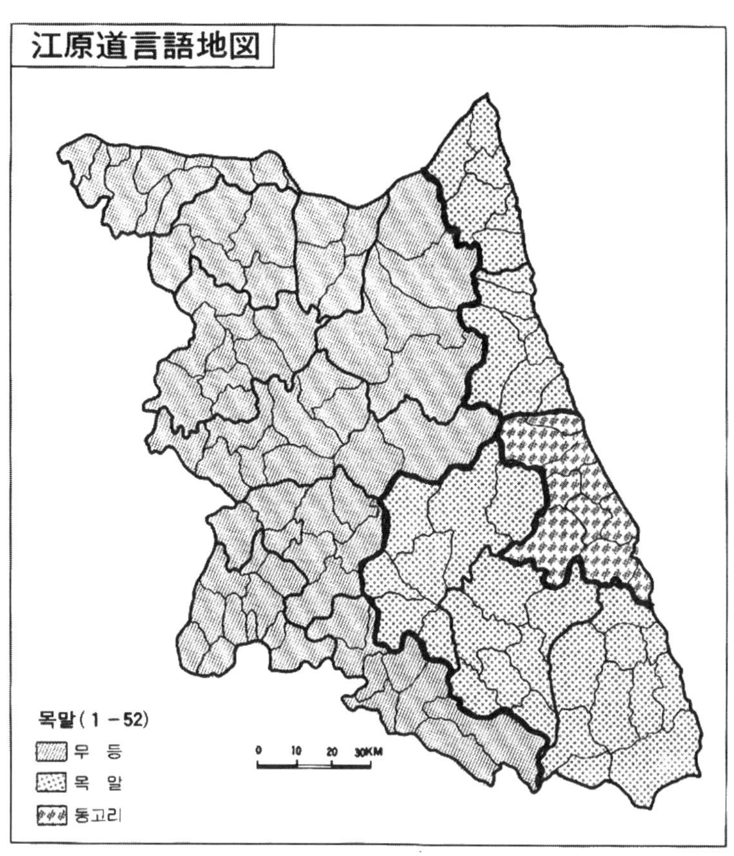

지도 4-5 강원도의 해석지도 (이익섭 1981 : 234)

지도는 그 사실을 무시한 것이다. 비록 저쪽 지역에 이쪽 방언형이 나타났다 하더라도 그것이 워낙 간헐적이어서 그쪽까지 방언경계를 끌고 갈 수는 없다고 해석한 것이다. 그런데 해석지도 중에는 이 간헐적으로 출현하는 이방지역(異邦地域)의 방언형을 방언경계를 정할 때는 무시하지만 그것을 지도에 어떻게든 반영은 하는 방편을 쓰는 것도 있다.

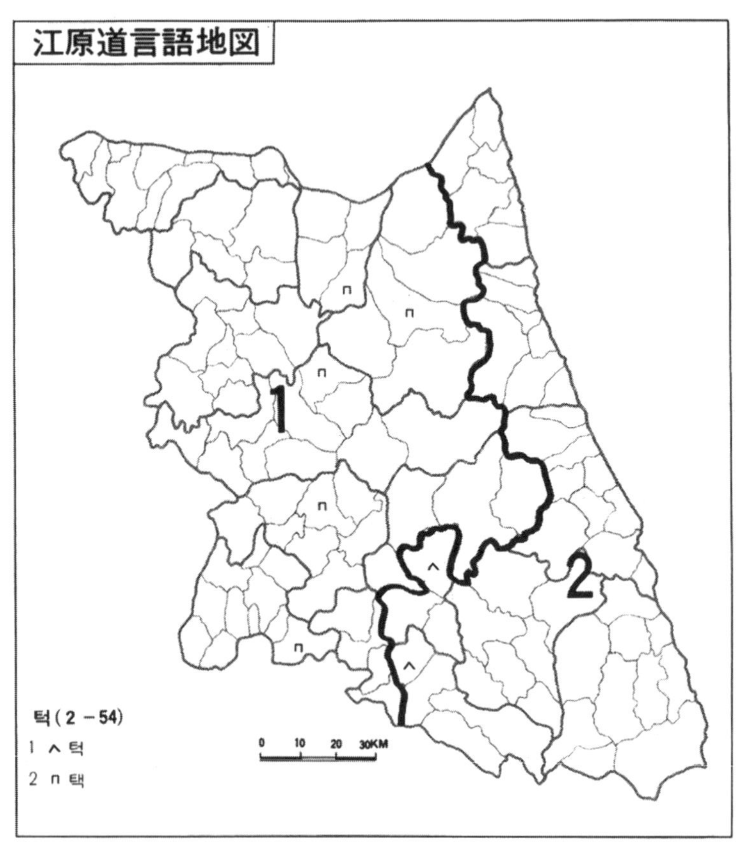

지도 4-6 강원도의 혼합형 해석지도 (이익섭 1981 : 220)

지도 4-6 및 지도 4-7이 그것인데 전체적으로 방언구획은 해 놓고 거기에 더하여 상대편 지역에 이쪽 방언형이 나타나는 경우는 해당 지점에 그것을 기호로 기입해 넣고 있음을 볼 수 있다. 제 지역에 제 방언형이 나타난 것은 지점별로 표시하지 않고 구역으로 처리하면서 남의 지역에 이쪽 방언형이 나타난 것은 지점별로 표시하는 말하자면 혼합적인 방식을 취한 것이 이 방식의

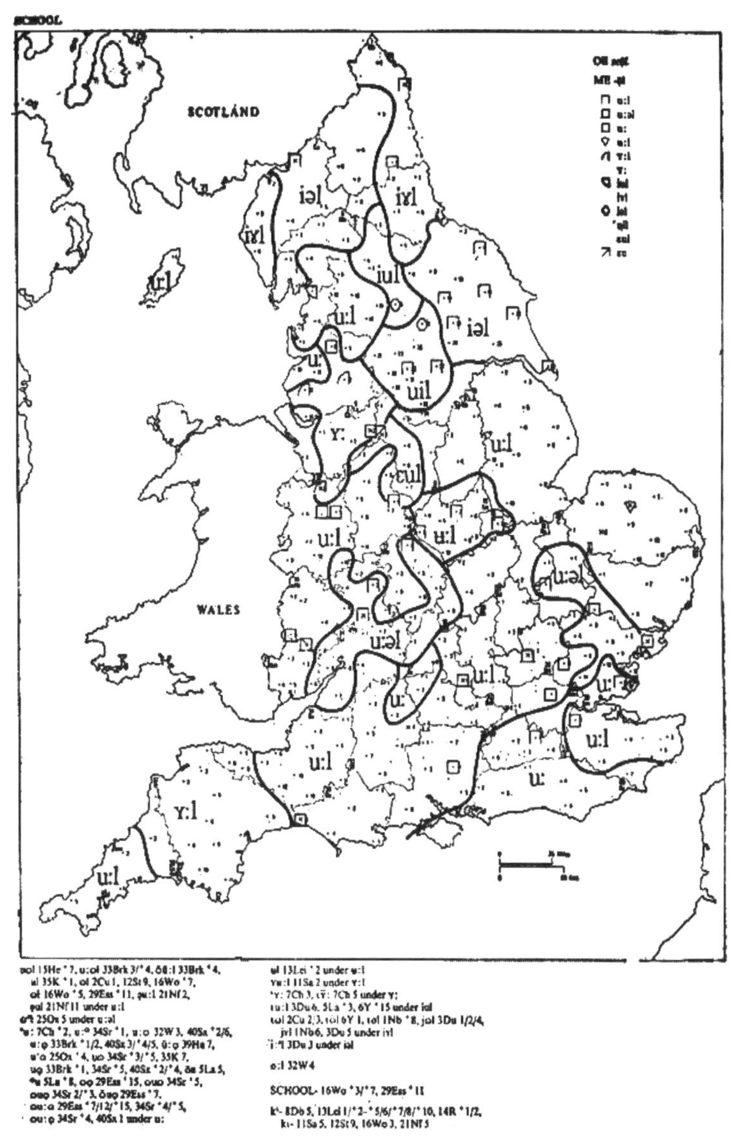

지도 4-7 School의 -ool의 발음분포 지도 (Orton and Wright 1974 : ph 114)

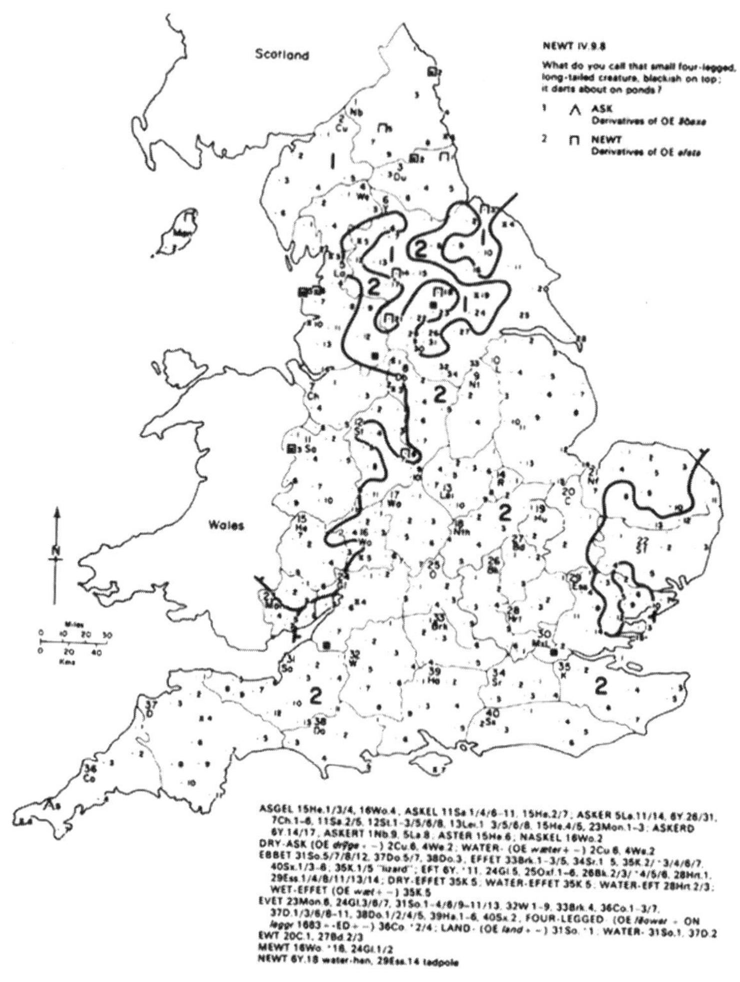

지도 4-8 영국의 해석지도 (Orton and Wright 1974 : map 37)

특색이다.

그러나 전체적으로 보면 이 지도가 해석지도의 범주에 드는 것은 말할 것도 없다. 어떻든 해석지도는, 비록 어떤 기호로 그

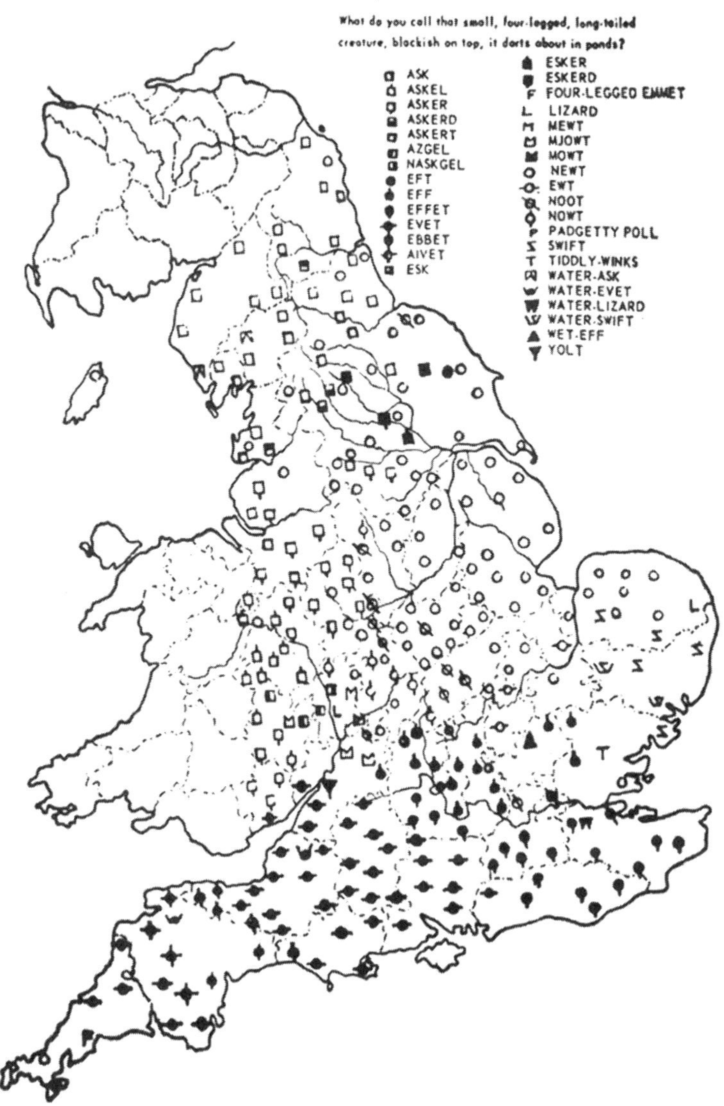

지도 4-9 영국의 진열지도 (Chambers and Trudyill 1998 : 26)

사실을 밝혀 주든 않든 극히 간헐적으로 나타나는 방언형은 무시해 버리고 방언구획을 그으면서 만든다는 특징을 가진다고 요약할 수 있을 것이다.

큰 해석을 거친 지도

이상은 해석지도 중 단순한 편에 속하는, 단순한 해석을 거친 종류였다. 그러나 해석지도에는 이보다 더 복잡한 해석을 거쳐서 만든 종류도 있다. 여기서 복잡한 해석이란 우선 잡다한 방언차를 크게 묶는다는 것을 뜻한다. 그 대표적인 예를 우리는 영국의 언어지도에서 볼 수 있는데 지도 4-8을 예로 보면, 이 지도의 바탕이 된 지도 4-9에는 34개의 방언형이 나타나 그 있는데 여기에서는 그중 32개의 방언형이 겨우 2개로만 구분된 것을 볼 수 있다. 32개의 방언차를 만든 부차적인 차이들은 무시하고 이들이 어원적으로 보면 결국 두 개의 다른 뿌리에서 나온 형태들이라는 '해석'을 거쳐 이처럼 대폭적으로 단순화시킨 것이다.

즉 ask, askel, asker, azgel, nazgel은 어원적으로 모두 고대영어의 āðexe에 줄이 닿는 것이어서 상당한 방언차에도 불구하고 ask 하나로 묶고, evet, ebbet, effet, eft, ewt, newt는 또 고대영어 efeta에서 파생된 것이라는 점에서 newt 하나로 한데 묶은 것이다. 그리고 앞 형태에 번호 1을 배당하고 뒷 형태에 번호 2를 배당하여 지도에는 방언경계와 번호만 나타나게 만들었다.

그러면서 상대편 지역에 이쪽 지역의 방언형이 간헐적으로 나타난 것은 해당 지역에 해당 기호로써 표시하고 있는데 이것은 이미 지도 4-7에서도 보았던 바다. 그러니까 복잡한 해석지도란 단순한 해석지도에 비해 잡다한 방언형들 중 대단치 않다고 판단되는 방언차는 희생시키고 보다 큰 기준에 의하여 큰 덩어리로 묶는 절차를 하나 더 가지는 지도라 할 수 있다.

지도 4-8에는 번호 없이 구획된 구역도 있는데 이는 전국적인 입장에서 보아 극히 사소한 방언형인 swift(및 water-swift)가 나타나는 지역을 나타낸 것이다. 그리고 그 지도 아래 사소한 방언차를 보이는 형태들이 분포되는 지점을 따로 표기하여 큰 덩어리로 묶을 때 소홀해지는 일면을 보완하는 조처를 취하고 있다. 그럼에도 불구하고 지도 4-8이 보이는 유형은 전체적으로 언어사적으로나 또는 어떤 기준에서 그리 큰 의의를 가지지 않는 사소한 방언차는 무시하고 큰 덩어리로 대분(大分)하는 특징을 가진다고 요약할 수 있다.

해석지도의 전제

이상에서 언어지도의 특징을 진열지도와 해석지도로 나누어 살펴보았다. 두 가지 방식 중 어느것이 더 좋은 방식이냐를 일률적으로 말하기는 어렵다고 생각된다. 방언형이 두서너 개 될 때는 해석지도가 간편하다는 것은 쉽게 결론지을 수 있을 것 같으나, 나중에 본 것과 같은 과감한 단순화를 동반하는 복잡한 해석지도의 경우는 해석지도가 자칫 소중할 수도 있는, 특히 방언구획을 작은 데까지 하고 싶을 때 중요한 정보를 제공해 줄 방언차를 아깝게 버리는 것이 아닌가 하는 우려를 하지 않을 수 없다.

세계 언어지도 중 해석지도의 형식을 취한 것은 영국 것이 거의 유일한 것이 아닌가 한다. 즉 영국 방언조사 사업의 일환으로 만들어진 두 개의 언어지도, 즉 *The Linguistic Atlas of England* (1978)와 이보다 앞서 어휘만을 다루었던 *A Word Geography of England*(1974)가 우리가 볼 수 있는 해석지도의 거의 전부다. 그런데 이들이 많은 소중한 방언차를 희생시켜 가면서 이처럼 해석지도의 형식을 취하고 또 그럴 수 있었던 것은 이들에게는 특수한 조건이 있었기 때문이다. 무엇이냐 하면 영국에서는 언어지도를 만들기 전에 방언자료집을 냈던 것이다. *Survey of English Dialects, The Basic Material*이란 이름으로 발간된 일련의 책이 그것이다. 일찍이 다른 나라에서는 시도된 일이 없는 이 자료집의 발간으로써 영국은 언어지도에 잡다한 방언형을 전부 반영하지 않아도 좋을 만큼의 충분한 방언자료를 이미 정리·공표한 상태에 있었다(3. 7 참조). 이제 언어지도는 한눈에 방언분포를 보여준다는 그 본연(本然)의 의무에 충실할 수 있게 되었고 그로써 영국에서의 해석지도의 출현은 어쩌면 당연한, 그리고 매우 현명한 귀결이었던 것이다.

결론적으로 영국과 같은 특수한 상황이 아니면 언어지도 전부를 해석지도로 만드는 일은 권장키 어렵다고 해야 할 것이다. 해석지도는 대체로 몇몇 낱장의 지도에서 유용하고, 언어지도 본연의 모습은 아무래도 진열지도의 형식이라고 하여 좋지 않을까 한다.

기타 형식의 언어지도

이상에서 본 것 이외의 형식으로 된 언어지도도 있다. 그중 하나는 지도와 자료 리스트를 병합(倂合)한 방식의 지도다. 앞에서 소개한 스코틀랜드의 언어지도가 사실은 여기에 속하는데 지도 4-4는 그 지도첩 뒤에 묶여 있는, 도표 4-2에서 보는 바와 같은 방언 자료 리스트와 아울러 보도록 되어 있다. 말하자면 방언자료집과 방언지도를 통합한 형식의 지도인 것이다.

이 형식의 언어지도로는 『독일어권 스위스 언어지도』(*Sprachatlas der Deutchen Schweiz*; 1965-75), Allen의 *The Linguistic Atlas of the Upper Midwest*(1973-76) 등이 더 있다. 이 중 후자는 오히려 자료

Donegal cont 'd

Spoutin(g) – 4-5, 8
Nil – 1A, 7, 9, 11

Fermanagh

Down pipe – 2, 9
Drain pipe – 4
Spout – 1, 5, 7a
Spoutin(g) – 3-4, 9-10
Nil – 6, 7b, 8

Armagh

Down pipe – 6b
Down spout – 2, 4
Spout – 1, 3
Spoutin(g) – 4, 6a
Nil – 5

Londonderry

Down pipe – 3A, 4
Down spouting – 5
Drain pipe – 1B, 2, 4, 7
Rone pipe – 3
Spoutin(g) – 1A, 3, 6
Nil – 1, 8

52 HAY RACK (in byre etc.) (PQ1, 112)

Comments in response to the questions 'Are there different words according to the animal it is for?' and 'Is there a different word if it is in the fields?' have been classified. The following symbols have been used:

c for cows, cattle
h for horses
s for sheep
x outdoors
\+ indoors

Shetland

Cow rack – 5
Crib – 25
Diss – 33^{x}
Hake – 28
(Hay) rack – 3-4, 6-*7*, 14-16, *17*, *19-20*, *21a*, *29-30*
Heck – 9, 29, 32
Lamb's crib – 21b^{+}
Lamb's rack – 5, 7^{x}
Manger – 1
Meenger – 6
Menger – 22
Sheep's crib – 17^{+}
Sheep's trough – 17^{x}
Troch – 24
Trough – 5^{x}
Nil – 2, 8, 10-13, 18, 23, 26-27, 31

Orkney

Hake – 5, 11, 15
(Hay) heck – 1-4, 6, 8-10, 12, 13a, *16*, 19-21
Hay rack – 17
Heak – 11
Rick – 7
Trevis – 15
Nil – 13b, 14, 18

Caithness

Feeding place – 13
Hake – 12b
(Hay) rack – 2a, *5*, *10-11*^{x}, 14, *16b*
Heck – 2b, 4-5, 7-8, 12ab, 14-15
Manger – 11, 12c
Rackie – 7
Trough – 13
Nil – 1, 3, 6, 9, 16a, 17

Sutherland

Crib – 3-5
Feed box – 5^{x}
Flake – 5^{x}
Hake – 1, 6, 8, 9b, 10-11, 13-15
(Hay) rack – *6*-7, 10, 15-16
Heck – 2^{x}, 9a
Manger – 13^{h}
Menger – 9b^{h}
Straw bracket – 3
Nil – 12, 17

Ross & Cromarty

Flake – 29^{x}
(Hay) hake – 7-13, 15, 18-*19*, 21-24, 25ab, 26-31^{s}, 32a, 33-36, 37a
(Hay) rack – *1*, *3-5*, 9, 16-*17*, *27*, 32c^{x}
Manger – 18, 32c, 39
Menger – 31^{h}
Nil – 2, 6, 14, 20, 32b, 37b, 38

Inverness

Hake – 8-10, 11^{c}, 12, 13e, 14-15, 17, 20, 21ab, 26-29, 31
(Hay) rack – 4, *5-7*, 13*a*c, *22-23*, *25*^{x}, 32, *35*, 36-*37*, *39*
Heck – 37-38
Loft – 16
Manger – 11^{h}, 34
Menger – 25
Nil – 1-3, 13bd, 18-19, 24, 30, 33, 40

Nairn

Hake – 1abc, 2-6

Moray

Hake – 1, 2ab, 3-5, 6ab, 7^{x,c}, 8ab^{x}c^{s}de, 9a, 10-23
Manger – 7^{h}, 15^{h}, 18^{h}, 20^{h}-21^{h}
Rack – 17^{s}
Trevis – 9b
Nil – 8f

Banff

Fore sta' – 16, 27
Hake – 1, 2c, 3, 4^{c}, 5, 6ab, 8-13, 15-17^{x,s}, 18bcd, 20-21, 23-34
Hay rack – 27^{+}
Heck – 19, 22, 29
Manger – 4^{h}
Sta' – 2a
Trankle – 14
Nil – 2b, 7, 18a

Aberdeen

Fore sta' – 5d^{h}, 14, 27^{+}, 22^{+}, 25, 28a^{+c}b^{+h}, 39^{h}, 48^{h}, 65-66^{+h}, 74^{h}-75, 81^{+h}, 98^{+h}, 104^{h}
Fore stall – 53^{h}, 77^{+}
(Hay) hake – 1^{+c}, 3ab, 5abcd^{c}, 6, 8-24, 26-27, 28abc, 29-35, 37, 39-40, 42-46, 47abe, 48-52. 53^{c}, 54-62, 64-69, *70*, 71abc, 72-76, 77^{x}, 78-83, 85-89 91-93, 94^{c,s}, 95-101, 103-105, 107-109
(Hay) rack – *6*^{x}, 77^{x}
Heck – 2, 63, 106
Hike – 41
Manger – 60^{+}, 70^{+h}, 71b^{+h}, 94
Ruck – 90
Straw hake – 70
Trevis – 38
Nil – 4, 7, 36, 47cdf, 84, 102

Kincardine

Fleck – 12
Fore sta' – 6^{+}, 11^{h}, 13
Fore stall – 17b^{h}d^{h}
Fore straw – 10^{h}
Hake – 1-7, 8^{c}, 9-10, 12-16, 17abcd, 18-21, 23-24, 26-28
Manger – 6^{+}, 8, 10^{h}, 17b^{h}
Rack – 8
Trevis – 11
Nil – 22, 25

Kinross

Hake – 1, 2^{s}, 3^{s}, 4^{s}, 5, 7
Heck – 6

Angus

Cole – 17b
Hay barra' – 24^{s}
(Hay) hake – 1-4, 5abc, 6-9, 11-13, 14abc*d*, 15, 19-24^{c}, 26, *27*, 28, 29a, ?0-32, 33ab, 34-37
Hay rack – 17b, 25
Hay rick – 17b, 33b
Heck – 10, 13, 14a, 37
Manger – 17a, 22^{h}, 24^{h}
Sheep hake – 22^{s,x}, 31^{x}
Nil – 16, 18, 29b

Perth

Crup – 2a
Hake – 1, 5-7, 10, 13, 15, 17-18, 20-23, 25-28, 29ab, 30-34, 37, 39, 41a, 42-50, 51a, 52ac, 56-66
Hay rack – 4, 8, 24, 36, 67, 74
Heck – 1, 2b, 3^{x}, 9-12, 16$^{xs, +c}$, 24, 26-27, 38, 40, 41b, 52b, 56, 61, 68-73
Manger – 16, 20^{h}, 29b, 39^{h}, 41a
Pipe – 43
Trevis – 16
Nil – 14, 19, 35, 51b, 52de, 53-55

Fife

Cole – 44b
Hake – 1-8, 9ab, 10-12, 14, 17-32, 35, 36ab, 38-39, 40b, 41d, 42, 43ab, 44acde^{c}f, 45, 47-48, 50-54, 55bcf, 56-57, 59-63^{c}, 64ab
Hakie – 33
(Hay) rack – *13*, 16, *19*, 37, *39*, *44bc*, 55de
Heck – 36b, 41a, 43b, 55e
Mange – 48
Manger – 14^{h}, 44e^{c}, 63^{h}
Ruck – 37
Nil – 15, 34, 40a, 41bc, 46, 49, 55ag, 58

Clackmannan

Hake – 2-3, 6-7
Heck – 1, 4d, 5-7
Nil – 4abc

Stirling

Hack – 7b
Hake – 26d, 37a, 39b
(Hay) rack – *4*, 8, *15*, *22b*, 27a, 28, *31*, *36*
Heck – 1-3, 6, 7abcdef, 9-14, 17-20, 21ab, 22a, 23bc, 24, 25abcd, 26abcf, 27ab, 29-34, 35ab, 36, 37b, 39b, 40, 42ab
Manger – 8
Trough – 16, 26b, 40^{x}
Nil – 5, 23a, 26e, 38, 39a, 41

Dunbarton

Hake – 1
Hay rack – 7b, 10, 13c
Heck – 1-3, 4ab, 5-6, 7ac, 9-10, 13a, 14a, 15, 16ab, 17
Sheep rack – 6^{x}
Trough – 2^{x}
Nil – 8, 11-12, 13b, 14b, 18

Argyll

Cruach – 6^{x}
Dash – 6
Hake – 8, 21
(Hay) rack – 1, *17*, 33
Heck – 5, 7, 9-15, 18-19^{x,c,s}, 22-24, 26-35^{h}, 37-40
Manger – 19^{+h}, 35^{h}
Trough – 35^{c}
Nil – 2-4, 16, 20, 25, 36

Bute

(Hay) rack – 1a, *2*
Heck – 1abce, 3-5, 7^{h}, 8b, 9
Nil – 1d, 6, 8a

Ayr

Bakie – 37
Biss – 20h, 22, 32^{c}
Feeding rack – 15
Hake – 11
(Hay) heck – 1a, 2a, 3-4, *5*, 6-7, 8ab, 9-11, 12ab, 13-14, 16a, 17, 18ab, 19, 20abceg; 21-23, 24b, 26a, 28bcf, 29, 30ab, 32-34, 35ab, 36-*37*, 40-45, *46*, 47-50, 51^{+x}, 52, 53ab, 54-57
Hay neuk – 51^{+}
(Hay) rack – 2b, *3*, *5*, *15*, *43*, *45*, *57*
Heak – 27
Hecket – 20f
Hick – 31
Hodder – 20g
Manger – 16b, 20bc^{h}, 30b, 38
Nil – 1b, 20d, 24a, 25, 26bc, 28ade, 39

Renfrew

(Hay) heck – 1b, 2bg, 4acd, 5, 7-10, 11abl^{+}, 13*a*bc, 14b, 15, 16ad, 17, 18a, 19, 20ab, 21
(Hay) rack – *2i*, *11e*, *16b*, 18b
Hay rick – 11h
Haystack – 2a, 11dh, 12b
Heak – 11f
Heap – 2d
Manger – 18b
Trough – 11l^{c}
Nil – 1a, 2cefhj, 3, 4be, 6, 11cgijk, 12a, 13d, 14a, 16c

Lanark

Bakie – 52a^{x}
Crib – 45
Fodder – 17

도표 4-2 스코틀랜드 언어지도의 자료 리스트 (Marther and Speitel 1975 : 255)

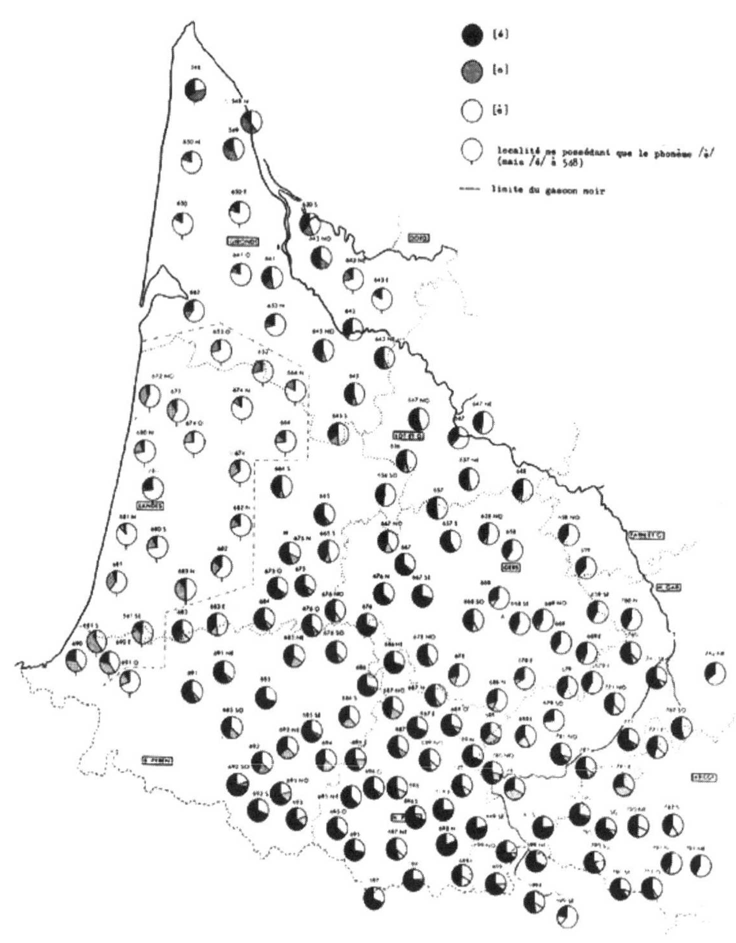

지도 4-10 프랑스 Gascogne 지방의 [é][e][è] 사용률 지도 (Francis 1983 : 130)

리스트가 주가 되고 지도는 보조적으로 쓰인 점에서 또다른 특징을 가진다. 일찍이 Wenker의 독일 언어지도도 비록 자료 리스트가 극히 보조적으로 첨부된 것이기는 하나 전체적으로 이 형식에 속한다고 할 만한 지도였다.

어느 형식의 언어지도도 모든 면에서 만족스러운 것일 수는 없을 것이다. 앞에서 본 다양한 지도 형식은 방언 자료의 성격에 따라 거기에 가장 적절한 형식을 찾고자 하는 노력의 결실일 터인데 끝으로 다양한 형식의 개발 가능성을 보이기 위하여 지도 4-10을 하나 더 소개해 두고자 한다. 이는 프랑스 Gascogne 지방에서 강세를 가지는 [é] [e] [è]가 쓰이는 빈도를 나타낸 Séguy의 『Gascogne 언어민속지도』(*Atlas Linguistique et Ethnographique de la Gascogne*; 1954-73)의 한 지도다. 매우 특이한 방식의 지도인데 남쪽으로 올수록 [é]가 많이 쓰이고 북서쪽으로 갈수록 [è]가 많이 쓰이는 현상을 매우 효율적으로 보여주는 방식이라 생각된다.

4.2 등어선

여러 지점에서 조사된 여러가지 방언형을 지도 위에 배열해 놓고 보면 대체로 같은 형태를 가진 방언형들은 그것들끼리 한곳으로 몰려 나타나는 형상을 보여준다. 지리적으로 가까운 곳이 언어적으로도 가까울 것은 당연하기 때문에 사실 이 현상은 충분히 예상되는 현상이기도 하다. 그런데 같은 형태의 방언형이 어느 지역에 몰려 나타난다는 것은 어떤 다른 지역에서는 그와 다른 방언형이 그것대로 몰려 나타난다는 것을 뜻한다. 그렇다면 이렇게 몰려 나타나는 두 방언형이 구별되어 나타나는 두 지역 사이의 어디에선가 경계선이 나타나리라는 것을 짐작할 수 있다. 실제로 언어지도를 보면 그 방언형이 갈리는 경계선을 찾아볼 수 있다.

이처럼 어떤 언어 특징(linguistic feature)이 차이를 일으키는 두 지역을 가르는 분계선을 흔히 등어선(等語線, isogloss)이라 한다. 등어선이란 등온선(等溫線, isotherm)에서 따온 말로서 1892년 라트비아의 방언학자 J. G. A. Bielenstein이 최초로 사용하였다 한다. 등어선은 어원적으로 '같은 말'(iso+gloss)이다. 마치 등온선이 평균 기온이 같은 지점들을 연결하는 선을 나타내듯이 같은 언어 특징을 가지는 지점들을 연결하는 선이라는 어원(語源)을 가지는 것이다. 그러나 실제로는 등어선은 그 선상(線上)에 있는 지점에서 어떤 어형이 쓰인다는 의미이기보다는, 그 선 이쪽 저쪽이 다른 어형을 쓴다는 의미로서 쓰이는 것이 일반적이다. 말하자면 언어분계선(言語分界線)이라는 의미가 오늘날 등어선이 가지는 더 정확한 의미다.

전통적인 언어지리학에서는 이 등어선의 비중이 매우 크다. 주어진 지역의 방언 분포의 구조를 알 수 있는 것도 이 등어선에 의해서이며 전통방언학에서 그처럼 중시(重視)하는 방언구획도 이 등어선에 의해서 이루어지기 때문이다. 아니, 말을 뒤집어, 언어지도를 만드는 목적이 종국에는 이 등어선을 찾기 위해서라고 해도 크게 벗어나는 이야기가 아닐 만큼 등어선이 전통방언학에서 차지하는 비중은 큰 바 있다. 이 절에서는 이 등어선이 구체적으로 어떻게 그어지며 그것이 방언구획에 어떻게 기여하는가를 논의해 보기로 하겠다.

4.2.1 등어선의 두 형태

등어선을 긋는 방식에는 두 가지가 있을 수 있다. 언어지도에 서로 다른 어형을, 하나는 △으로, 다른 하나는 ○로 표시한다면 앞에서 말한 대로 이들은 대개 끼리끼리 모여 나타나 서로 한쪽

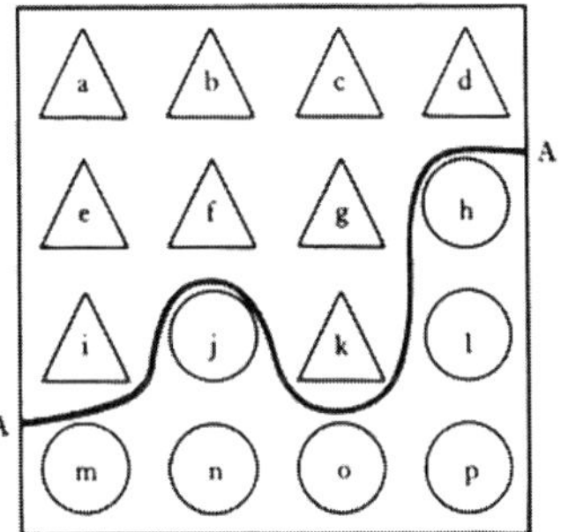

지도 4-11 단선 등어선 (Chambers and Trudgill 1998 : 90)

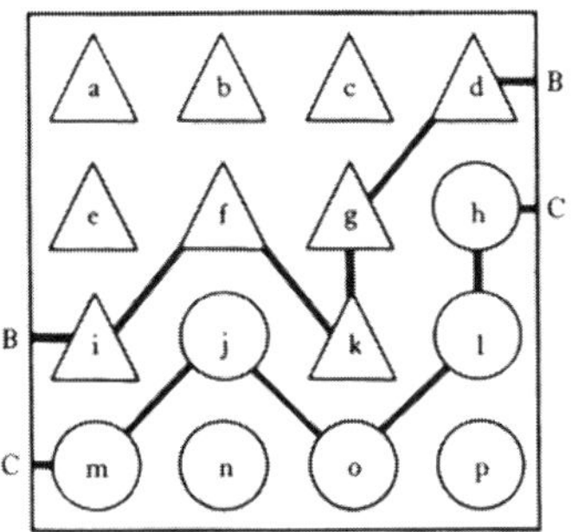

지도 4-12 복선 등어선 (Chambers and Trudgill 1998 : 90)

씩을 차지하게 될 것이다. 이때 등어선을 긋는 한 가지 방식은 지도 4-11에서 보듯이 이 두 가지 어형이 나타나는 두 지역 사이를 통과하는 선 하나로 표시하는 방식이다. 그리고 다른 한 가지 방식은 지도 4-12에서 볼 수 있다. 이것은 서로 마주 보면서 다른 어형을 쓰고 있는 지점들이 있을 때 같은 어형을 쓰는 지점끼리 연결함으로써 두 개의 선으로 표시하는 것이 특징이다. 앞엣것은 그 선이 어떤 어형이 조사된 지점 위를 바로 통과하는 것이 아니라 조사된 두 지점(서로 다른 언어 특징을 가지고 있는 두 지점) 사이의 임의의 지점, 실제로 조사된 일이 없는 지점을 통과하는 데 반하여 뒤엣것은 실제로 어떤 언어 특징을 캔 바로 그 조사 지점 위를 통과한다는 점이 서로 다른 점이다. 이를 구별하여 전자를 등어선(等語線, isogloss), 후자를 이어선(異語線, heterogloss)이라 부르는 일이 있다. 이어선(異語線)은 말을 바꾸어 복선 등어선(複線等語線)이라 할 만하다.

우리가 흔히 볼 수 있는 것은 전자의 등어선이다. 그런데 이 등어선은 앞에서 말한대로 임의의 선이라는 점에서 부정확한 선이라는 약점을 가진다. 가령 지도 4-11에서 i 지점과 m 지점 사이에 금을 긋는다고 할 때 그 금을 두 지점 사이의 어디쯤을 통과시켜야 할지는 두 지점 사이를 다시 조사해 보지 않고서는 알 도리가 없다. 가령 i 지점과 m 지점이 서로 100리 떨어져 있다고 하자. 그 사이에는 여러 작은 마을이 있을 수 있다. 방언조사를 하지 않은 그 작은 마을들이 실제로 i 지점과 공통되는 언어 특징을 가졌는지, 아니면 m 지점과 공통되는 언어 특징을 가졌는지를 알 길이 없다. 그러면서도 등어선은 그어진다. 두 지점에서 등거리인 50리 되는 곳으로 그어질 수도 있고 어느 한쪽으로 더 가까이 그어질 수도 있다.

이 점에서 이어선(異語線), 즉 복선의 등어선은 더 정밀할 뿐 아니라 책임을 확실히 지는 면이 있다. 조사가 안 된 지역에 대해서는 아예 손을 대지 않기 때문이다. 지도 4-12에서 b 선과 c 선 사이는 조사가 안 된 지역인데 이 경우 그 지역에 대해서 이 그림은 아무것도 말하지 않는다. 말할 수 있는 것은 b 선 위쪽과 c 선 아래쪽이 서로 다른 언어 특징을 가진다는 것뿐이며 그것만을 책임지겠다는 것이다.

이처럼 정밀성에 있어 이어선이 더 앞선 방식임에도 불구하고 왜 등어선이 더 널리 애용되는 것일까. 그것은 무엇보다 분계선이란 단선으로 되는 것이 간명하여 그 본래의 기능을 더 효율적으로 발휘할 수 있기 때문일 것이다. 그리고 이어선은 조사되지 않은 지역을 책임지지 않는다는 것일 뿐 실제로 더 많은 정보를 제공하는 것은 아니기 때문일 것이다. 더구나 등어선도 그것이 두 조사지점 사이를 통과하는 임의의 선이라는 것만 전제로 하면 이어선과 완전히 동등한 효과를 가진다. 가령 지도 4-12에서 b 선과 c 선 사이를 전부 메꾸어 아주 굵은 선을 만들어 단선의 등어선을 만든다고 가정하여 보자. 두 가지 선이 가지는 효과는 거의 마찬가지일 것이다. 그렇다면 굳이 번잡하게 복선으로 분계선을 표시하기보다는 간명한 단선의 등어선 쪽을 택할 정당성은 충분하다 할 것이다.

우리나라의 경우 조사지점의 밀도는 대개 행정구역 크기로 한 시·군에 한 지점을 택하는 정도인 것이 많다. 이 경우라면 두 지점 사이의 임의의 선은 대체로 시계(市界), 또는 군계(郡界)를 따라 그어진다. 그리고 밀도가 아주 커 한 면에 한 지점씩 조사하였다면 등어선은 면계(面界)를 따라 그어질 것이다. 등어선이 임의의 선이라고 하지만 이처럼 어떤 명분이 있는 선이 찾아질 수 있는 경우가 많다. 그만큼 등어선은 신빙성이 큰 언어분계선이라 하여도 좋을 것이다.

4.2.2 등어선속

앞에서 Wenker가 처음 방언조사를 실시하게 된 동기의 하나는 이른바 음운법칙의 무예외성을 입증하기 위한 것이었는데 결과는 그 반대의 결론을 얻게 되었다고 말한 바 있다. 만일 음운법칙이 예외가 없다는 것이 맞는다면, 어떤 음운이 다른 음운으로 변화를 일으키면 동일한 조건에 있는 음운은 같은 시기, 같은 장소에서 모두 같은 변화를 일으켜야 한다. 가령 '(집을) 짓다'의 'ㅅ'이 모음 앞에서 탈락하는 변화가 어느 곳에서 일어났다면 '(노를) 젓다', '(병이) 낫다' 등의 'ㅅ'도 동일한 변화를 일으켜야 한다. 그런데 실제로 방언조사를 해 보면 그렇지 않다는 것이 드러난다. 이것을 등어선과 관련시켜 말하면 '지어라' 지역과 '짓어라' 지역을 가르는 등어선과 '저어라' 지역과 '젓어라' 지역을 가르는 등어선이 반드시 일치하는 지역을 통과하는 것은 아니라는 말이 된다.

등어선의 분산

흔히 어디에 등어선이 그어진다면 그것으로 곧 방언권(dialect area)이 그어지는 것으로 생각하기 쉽다. 그 등어선을 여러가지 언어 특징을 동시에 가르는 분계선으로 생각하기 때문이다. 그러나 실제로 등어선은 개개 언어 특징을 가르는 선이며, 게다가 그 등어선들은 강을 따라 물이 흐르듯 같은 지역을 통과하는 것이 아니라 대개는 제 갈 길을 따로 간다. '파리'를 '포리'라고 하는 지역은 '팔, 팥'도 '폴, 퐅'이라 할 것 같다. 그러나 그럴 수도 있고 그렇지 않을 수도 있다. 비교적 규칙성을 크게 띠는 음운 특징에서 이러하거늘 어휘에서는 말할 것도 없다.

등어선은 특히 오래된 사회에서 그러하지만 대개의 경우 개개 현상에 따라 저마다의 흐름을 따로 가진다는 편이 오히려 옳다. 그 대표적인 한 예를 지도 4-13에서 볼 수 있다. 이 지도의 Bubsheim, Böttingen, Denkingen은 독일에 있는, 서로 수 킬로미터밖에 떨어져 있지 않은 마을들이다. 그런데 이 세 마을을 두고 흐르는 등어선을 보면 어지럽기조차 하다. 등어선 a는 '끝'이라는 단어의 방언형이 [ɛːnt]인 북쪽과 [əynt]인 남쪽을 가르는 선이며 b는 '콩'

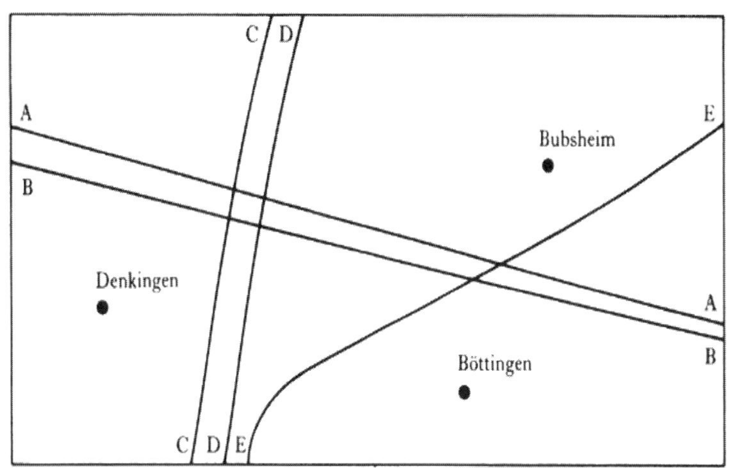

지도 4-13 독일 Bubsheim 지방의 등어선 (Chambers and Trudgill 1998 : 93)

이라는 단어의 방언형이 [bawn]인 북쪽과 [bɔ:n]인 남쪽을, c는 '색(色)'이라는 단어의 방언형이 [fə:rb]인 서쪽과 [farb]인 동쪽을 가르는 선이다. d, e도 그와 유사한 등어선이다. 다섯 개 중 적어도 세 등어선은 각각 다른 길을 흐르고 있고, 따라서 이 등어선들은 그처럼 가까이 이웃해 있는 세 마을의 방언구획조차 수행하지 못하게 한다. 등어선 a, b를 기준으로 하면 Denkingen과 Böttingen이 한 묶음이 되어 Bubsheim과 구분되고, c, d를 기준으로 하면 Bubsheim과 Böttingen이 한 묶음이 되어 Denkingen과 구획을 이루며, 등어선 e를 기준으로 하면 이번에는 Böttingen이 홀로 남아 나머지 두 마을과 구분되는 것이다.

등어선의 집합

그러나 등어선은 늘 이처럼 제멋대로 흐르지는 않는다. 꼭 강줄기를 따라 흐르듯 한 줄기로 뭉쳐 흐르지는 않더라도 강줄기

주변을 따라 몇몇 등어선이 거의 같은 지역을 통과하는 수도 있고 때로는 그야말로 강줄기를 따라 흐르듯 몇 개의 등어선이 완전히 한 줄기를 이루며 흐르는 경우도 있다. 이처럼 등어선이 여러 개가 같은 지점들을 통과함으로써 뭉치가 만들어질 때 그 뭉치, 다시 말하면 등어선의 다발을 등어선속(等語線束, bundle of isogloss, 또는 단순히 다발 bundle)이라 한다.

등어선속은 언어구획에 중요한 구실을 한다. 그 속(束), 즉 다발이 더 여러 개의 등어선으로 이루어졌을수록 그 중요성은 그만큼 더 커진다. 등어선들이 한 곳에 집중되어 나타난다는 것은 그 곳이 방언권을 가르는 분계선이 되리라는 결정적인 조짐일 것이기 때문이다. 그리고 정확하게 동일한 지점을 통과하지 않더라도 그 흐름이 거의 평행선을 이루며, 또는 가끔 서로 엇갈리며 가까운 지역을 같은 방향으로 통과하는 등어선군(等語線群)이 있다면 이 또한 방언구획에 큰 몫을 담당하게 된다.

이러한 등어선속과 등어선군의 가장 대표적인 예의 하나로서 프랑스를 동서로 가로지르는 등어선속을 들 수 있다. 지도 4-14는 범례에 보이는 단어들을 두 가지 다른 방언형으로 가르는 등어선들이다. 범례에는 등어선 하나에 단어 하나씩만 배당되어 있지만 실제로 이 등어선들은 각각 몇 가지 언어 특징의 등어선을 대표하는 등어선속들이다. 따라서 이 지도는 등어선들이 몇 개가 군(群)을 이루어 거의 같은 지역을 서로 이웃하면서 같은 방향으로 흐르고 있음을 보여준다. 여기서 프랑스가 언어적으로 이 줄기를 분계선으로 하여 구획될 가능성이 높다는 것을 짐작하기는 어렵지 않다. 그런데 공교롭게도 이 분계선은 일찍이 1284년 Benat d'Auriac이라는 한 시인이 langue d'oil, langue d'oc이라는 이름으로 프랑스를 구획하였던 바로 그 분계선과 일치한다. langue d'oil

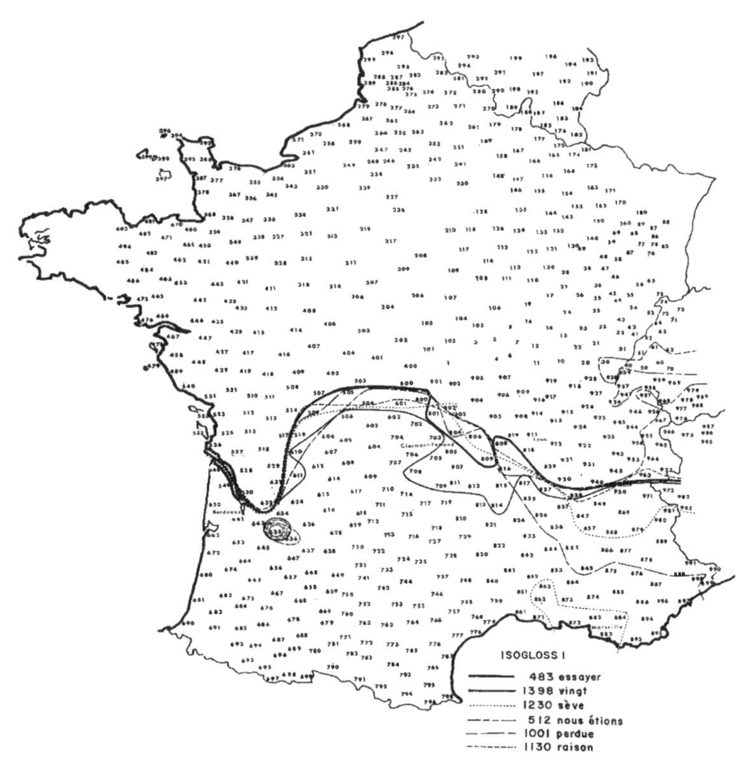

지도 4-14 프랑스를 양분하는 등어선속 (Jochnowitz 1973:100)

이란 '예'라는 대답을 북쪽에서는 oil(지금은 oui)라고 하여 붙여진 이름이고 langue d'oc이란 남쪽에서 그것을 oc라 하여 붙여진 이름이다. 일찍이 문외한들에 의해 프랑스의 방언구획이 바로 인식됨으로써 이같은 극적인 이름을 얻게 된 것인데 등어선속이 이를 뒷받침함으로써 이 이름이 오늘날까지도 두 방언권을 대표하는 이름으로 쓰이게 된 것이다. 어떻든 등어선이 제멋대로가 아니라 때로는 매우 극적인 모습으로 뭉쳐져서 큰 다발을 이루기도 하며 그로써 방언구획에 결정적인 역할을 한다는 것을 이 지도는 보여 준다.

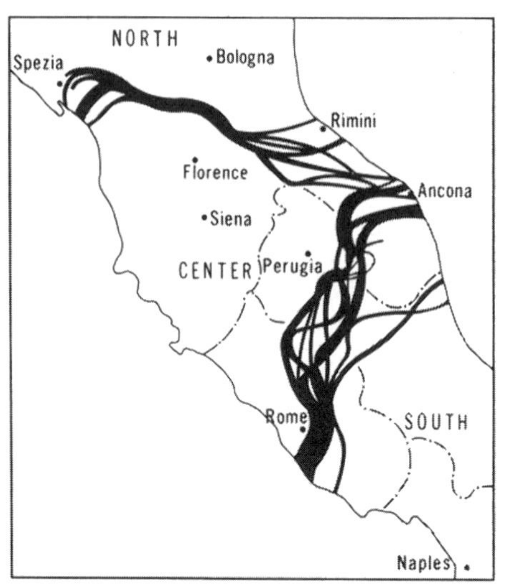

지도 4-15 이태리를 삼분하는 등어선속 (Kurath 1972 : 90)

비슷한 현상을 이태리에서도 볼 수 있다. 이태리는 북부방언권, 중앙방언권, 남부방언권의 세 방언권으로 나뉘는데 지도 4-15는 이 세 방언권이 아주 강력한 등어선들의 묶음으로 구분됨을 보여 준다. 즉 지도에서 북부방언권과 중앙방언권을 가르는 등어선들은 7개가 뭉친 것이며, 남부방언권을 구분지어 주는 등어선들은 11개의 등어선이 뭉친 것이다. 이들은 때로는 완전히 하나로 뭉쳐 아주 굵은 등어선속을 만들고, 또 그렇지는 못하더라도 서로 가까운 거리를 유지하면서 평행으로, 또는 엇갈리며 결국은 같은 줄기를 이루면서 흐르는 것을 볼 수 있다.

여기서 독일의 경우를 마저 보아 두는 것이 좋겠다. 지도 4-16은 이제 방언학에서 고전(古典)이 되다시피한 지도다. 이 지도에서 동서로 길게 뻗은 등어선은 p, t, k 등의 폐쇄음이 아직 폐쇄음으로 남아 있어 '만들다', '마을', 'that(영어의)', '나'를 뜻하는 단어 등

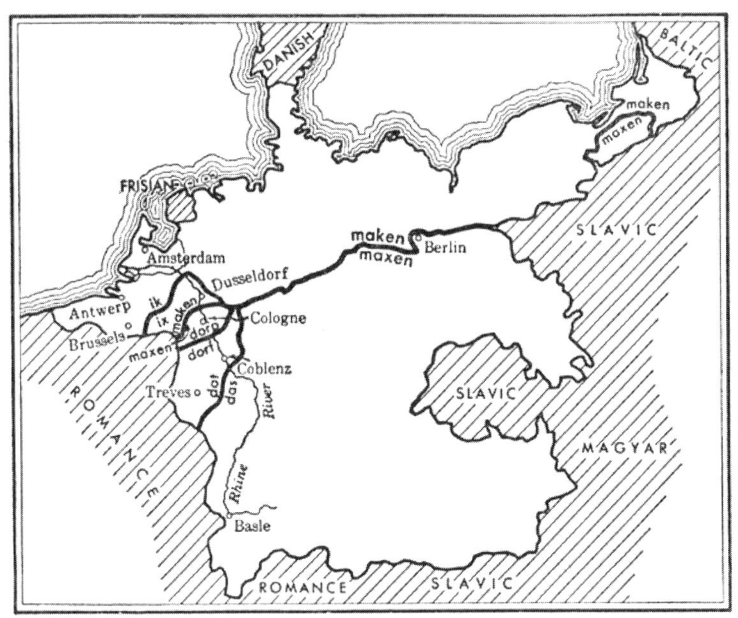

지도 4-16 독일을 양분하는 등어선속 (Bloomfield 1933 : 344)

이 [makən], [dorp], [dat], [ik] 등으로 실현되는 북부지방과 그 폐쇄음이 마찰음이나 파찰음으로 바뀌어 [maxən], [dorf], [das], [ix] 등으로 실현되는 남부지방을 획연히 가르는 등어선속이다. 독일을 북부의 저지독일어권(低地獨逸語圈)과 남부의 고지독일어권(高地獨逸語圈)으로 구획하는 것은 바로 이 등어선속을 분계선으로 하는 것이다.

위의 지도는 등어선이 제 갈 길을 저마다 따로 간다는 것을 보이기 위해서도 이용된다. 즉 이 지도를 보면 네덜란드에 가까워지면서 등어선들이 부챗살처럼 흩어지는 것을 볼 수 있다. 이 현상이 이른바 '라인강 부채'(Rheinish fan)로 이름붙여진 현상인데 이 지역에서는 이들 등어선으로써는 어디까지가 저지독일어권이고 어디부터가 고지독일어권인지를 결정할 수 없게 된다. 그러나 부채 모양을 하는 지역의 범위는 전체에서 보면 그리 넓은 범위가 아니고 따라서 위의 지도는 오히려 광대한 독일 영토를 매끈히 흐르는 등어선속을 보여주기에 더 훌륭한 지도라 하여 좋을 것이다.

4.3 방언구획

앞 절에서 등어선을 다루면서 방언구획에 대해서도 이미 상당한 논의를 한 결과가 되었다. 여기서는 그것을 좀더 부연하여 보다 구체적인 문제들을 논의하여 보고자 한다.

방언구획(dialect division)이란 어떤 지역을 몇 개의 방언권(dialect area)으로 구획하는 일을 말한다. 이때 방언권 간의 경계선을 방언경계(dialect boundary)라 한다. 그러므로 방언구획이란, 말을 바꾸면 방언경계를 그어 방언권을 정하는 일이라 하겠다.

이러한 방언구획은 앞에서 본 대로 등어선에 의해 행해진다. 앞에서는 결정적으로 뚜렷한 등어선속에 의해서 한 나라가 크게 두 개 또는 세 개의 방언권으로 양분되는 실례를 보았다. 그러나 그처럼 천하를 양분 또는 삼분하는 결정적인 등어선속이 늘 있는 것은 아니어서 실제로 등어선에 의해 방언구획을 하려 하면 어려운 일에 부딪히는 경우가 많다. 여기서는 이러한 경우에 필요한 좀더 정밀한 방안들을 몇 가지 논의코자 한다.

4.3.1 등어선속의 두께

등어선이 몇 개 뭉쳐 등어선속을 이루면 그것으로써 이미 방언구획을 하기에는 큰 원군(援軍)을 얻는 셈이다. 그리고 그것이 더 여러 개의 등어선으로 이루어지면 질수록 우리가 얻는 힘은 그만큼 더 커진다. 그러나 이 경우 '여러 개,' 또는 '더 여러 개'란 정밀성을 요하는 경우에는 꽤 막연한 개념이다. 그리하여 등어선속이 구체적으로 몇 개의 등어선으로 이루어져 있는지를 정확히 수치화(數值化)하고 그것에 의해 방언경계를 좀더 정밀한 방법으로 정하려는 방안이 강구되어 오고 있다.

지도 4-17에서 그 한 예를 볼 수 있다. 이 지도는 1943년 Dearden이 미국의 Maryland, Virginia, North Carolina 세 주에서 조사된 어휘상의 차이를 나타내는 등어선들을 세 단계의 두께로 표시한 것이다. 두 조사지점 간에 등어선이 몇 개 나타나는가를 세어서 3-7개인 것은 ——로, 9-17개인 것은 ══로, 18-27개인 것은 ━━로 표시하고 3개 이하인 것은 아무 표시도 하지 않은 것이다. 그리하여 어디어디로 얼마만한 두께의 등어선속이 지나가는가를 찾아 그로써 방언경계를 삼고자 한 것이다.

똑같은 방법이 적용된 예를 지도 4-18에서도 볼 수 있다. 이 지도는 1948년 Davis가 미국 The Great Lakes 지방의 단어지도(word atlas)를 만들면서 만든 것으로서 25개의 단어들을 조사하여 그 등어선을 긋되 한곳으로 몇 개의 등어선이 겹쳐 흐르는가를 세 단계의 두께로 표시한 것이다. ━━는 15개 이상이 겹치는 가장 두꺼운 등어선속이며 ══는 10-14개, ——는 5-9개의 등어선이 겹치는 등어선속이다.

이러한 통계적 정밀성을 추구하는 방식이 단순히 여러 개의

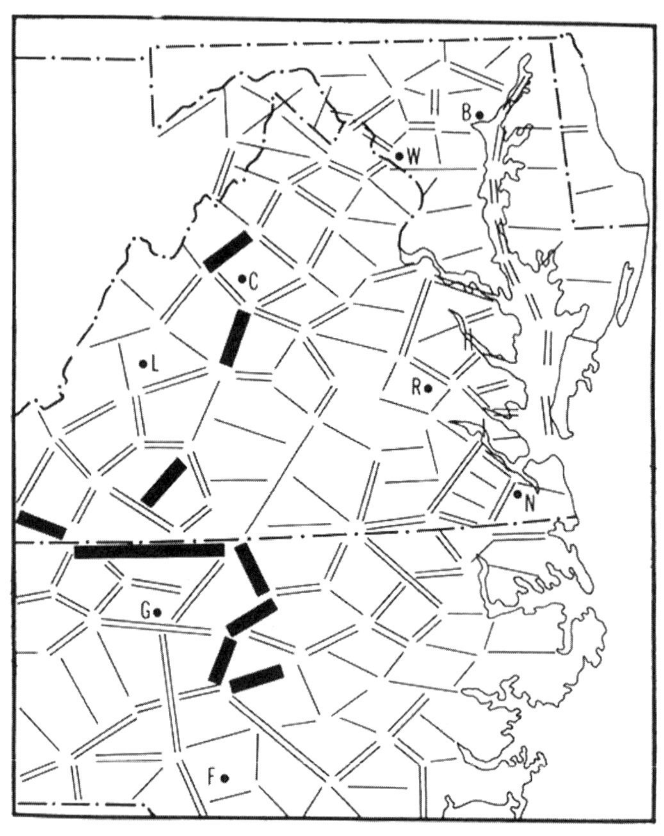

도시 : B(altimore, C(harlottesvil, F(ayetteville, G(reensboro, L(ynchburg, N(orfolk, R(ichmond, W(ashington.

지도 4-17 미국 Upper South 지방의 등어선 (Kurath 1972 : 27)

등어선이 겹쳐 있다는 진술보다 한층 신빙성을 높이는 방법임에 틀림없다. 더구나 전국을 2개, 또는 3-4개의 방언권으로 구획하는 일에 그치지 않고 몇 개의 대방언권, 그리고 그것들을 다시 몇 개의 중방언권, 그리고 그것을 다시 몇 개의 소방언권으로 재분

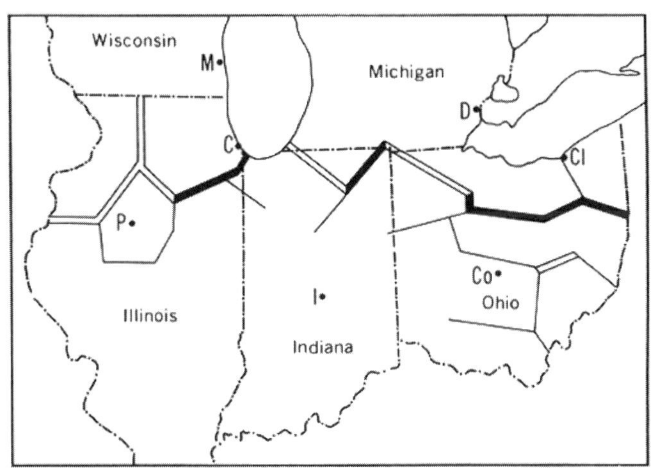

도시 : C(hicago, Cl(eveland, Co(lumbus, D(etroit, I(ndianapolis, M(ilwaukee, P(eoria.

지도 4-18 미국 Great Lakes 지방의 등어선 (Kurath 1972 : 30)

해야 할 필요가 있는 경우라면 등어선속의 두께를 정밀히 재는 이상과 같은 방법은 거의 필수적이기까지 할 것이다.

앞 절에서 등어선속에 의해서 한 나라의 주요 방언권이 구획되는 실례를 몇 가지 보았었다. 그러나 그 경우 그 분계선을 이루었던 등어선속은 처음부터 끝까지 뭉쳐 있는 것은 아니었다. 부분 부분에서는 흩어졌다가 만나고 어디에 가서는 다시 흩어지는 경우가 많았다. 그런데 그럴 때 흩어지는 부분에서는 어느 등어선을 기준으로 방언구획을 할 것인가 하는 것이 고민스러운 문제가 아닐 수 없다. 앞 절에서 그 문제를 전혀 다루지 않았었는데 실제로 프랑스, 이태리, 독일 등의 방언구획이 그 경우 어떠한 처리를 하였는지에 대해서 자세히 논의를 한 것을 찾아보기 어렵다.

이 문제 해결의 실마리를 앞에서 본 등어선속의 두께 측정법에서 찾을 수 있지 않을까 한다. 이 방법은 앞에서 얼마간 드러나 있듯이 조사지점 사이사이를 조각조각 떼어 그 사이에 흐르는 등어선속의 두께를 재는 것이다. 따라서 이 방법은 등어선들이 흩어지는 경우에도 어느 지역을 흐르는 등어선속이 그나마 더 두꺼운지를 정밀히 측정할 수 있게 해 주고, 그로써 우리는 그러한 지역에서도 방언경계를 좀더 정확한 근거 위에서 그을 수 있게 된다. 등어선속의 두께 측정은 이 점에서 언어구획을 한층 정밀하게 하는 방법임에 틀림없다.

4.3.2 등어선의 등급

등어선속의 두께를 측정하려는 것은 결국 두 지역 사이의 방언차의 크기를 알기 위해서다. 두 지역 사이에 나타나는 등어선들을 빠짐없이 측정하여 수치화하면 그 두 지역이 언어적으로 얼마나 먼 관계에 있는가를 알 수 있을 것이다. 그리고 그 수치를 비교하면 어느 지역이 어느 지역과 언어적으로 얼마나 더 가까운 관계에 있고, 어느 지역과 얼마나 더 먼 관계에 있는가를 알 수 있을 것이다. 따라서 두 지역 사이의 방언차를 어떤 수치로 나타낼 수 있다면 방언구획에 있어 이보다 더 좋은 방법은 없을 것이다. 그러면 그 수치를 찾는 방법으로 어떤 것이 있을 수 있을까.

두 지역(혹은 두 사람) 사이의 방언차, 다시 말하면 언어적 거리(dialect distance)를 측정하는 법칙을 방언측정법(方言側定法, dialectometry)이라 한다. 그런데 많은 방언학자들에게 전폭적인 지지를 얻은 방언측정법은 아직 개발되어 있지 못하다. 앞 절에서처럼 두 지역 사이를 통과하는 등어선들을 전부 헤아려 그 개

수만큼의 수치를 두 지역 사이의 방언차의 양(量)이라고 하는 것도 방언측정법의 한 가지일 것이다. 우리는 앞에서 그것이 막연히 여러 개의 등어선이 겹쳐 두 지역을 갈라놓고 있다는 진술보다 정밀한 방법임을 말하였었다.

그러나 그것은 다시 따져 보면 반드시 정밀한 방법만도 아니다. 왜냐하면 그 측정법은 모든 등어선을 등가(等價)로 하여 기계적으로 등어선의 개수를 세어 그 총계를 계산하는 방식이었는데 그처럼 모든 등어선을 동등한 값어치를 가지는 것으로 보는 것은, 즉 언어적 거리를 드러내는 일에 있어서의 기여도(寄與度)가 어떤 등어선이나 다 동등하다는 전제는 일을 지나치게 단순화하는 흠이 있기 때문이다. 가령 한 등어선은 'ㅓ'와 'ㅡ'의 음운 대립이 있는 지역과 그러한 대립이 없이 음운의 수가 하나 적은 지역 사이를 가르는 등어선이고, 다른 등어선 하나는 한 단어를 '미나리'와 '메나리'로 달리 말하는 두 지역을 가르는 등어선이라고 할 때 이 두 등어선을 등가로 평가하는 일은 어떻게도 정당화되기 어려울 것이 분명하다. 음운 하나가 덜하고 더한 차이는 작은 단어 하나의 발음 차이에 비하면 엄청나게 크고 중요한 차이이기 때문이다.

언어구조상의 등급

이 점에서 등어선에, 그것이 방언구획에 얼마나 큰 기여를 할 것이냐에 따라 등급을 달리 매겨야 된다는 인식이 싹트게 되고, 실제로 그 구체적인 방안이 방언학자들 사이에서 시도되어 왔다. 그중 하나는 해당 등어선이 언어구조의 여러 층위 중 어느것에 관여되는 것이냐에 따라 다음의 7단계로 등급화하는 방안이다.

1 어휘

2 발음
3 음성
4 음운
5 형태
6 통사
7 의미

이 방안은 등어선이 관여하는 언어 특징이 언어구조상 위의 어디에 해당하는가에 따라 각 등어선을 어휘등어선(lexical isogloss), 발음등어선(pronunciaion isogloss), 음성등어선(phonetic isogloss), 음운등어선(phonemic isogloss), 형태등어선(morphological isogloss), 통사등어선(syntactic isogloss), 의미등어선(semantic isogloss) 등으로 범주화하고, 이 범주가 언어구조상 표면적일수록 낮은 점수를 주고 심층적일수록 그만큼 더 높은 점수를 주는 체계다. 따라서 이 체계에 따르면 등어선의 개수가 많다고 반드시 더 중요한 방언경계가 되지는 않는다. 어휘차를 대표하는 등어선이 4개가 겹쳐 흐르는 등어선속이 있다면 그것은 4(=4×1)점의 가치밖에 가지지 않지만 문법 형태의 차이를 가르는 등어선이 2개 겹쳐 흐른다면 그 값은 벌써 10(=5×2)점이 된다. 4개가 겹친 등어선보다 2개가 묶인 등어선이 더 큰 값을 가지는 것이다.

여기서 어휘등어선(語彙等語線)이란 '참꽃'과 '진달래'의 차이 또는 '강넹이'와 '옥수수'의 차이처럼 어원을 달리하는 단어들을 구분하는 등어선을 뜻한다. 그리고 발음등어선(發音等語線)은 '감자'와 '감재' 또는 '김치'와 '짐치'의 차이처럼 한 단어 안에서 음운 한둘을 달리하는 차이를 보이는 등어선이다. 어휘등어선과 발음등어선은 결과적으로 같은 의미를 가지는 언어의 겉모습이, 즉 그 음상(phonemic shape)이 달리 나타나는 방언차를 대표하는 등어선들이다. 그 점에서 이 두 유형의 등어선은 어휘등어선 하나로 묶어 생각할 수도 있다.

음성등어선(音聲等語線)은 발음의 차이와 달리 일반 대중은 그 차이를 의식하지 못하는, 음운 층위에서가 아니라 음성 층위에서의 차이를 구분하는 등어선이다. 음운 층위에서는 다같이 'ㅈ, ㅊ' 이지만 평안도방언에서는 이 음운이 [ts], [ts^h]와 같은 치음으로 실현되고 중부지방을 비롯한 남부지방에서는 [tʃ], [$tʃ^h$]와 같은 치조음으로 실현되는 차이를 구별하는 등어선이 바로 이 음성등어선이다. 영어에서의 예로는 wife, nice 및 south mouse의 /ay/와 /aw/가 캐나다에서는 유난히 고모음으로 실현되는데 이 음성차를 보여 주는 등어선을 긋는다면 그것이 곧 음성등어선이 될 것이다.

다음으로 음운등어선(音韻等語線)은 음운목록(phonemic inventory)이 다른 두 지역을 구분짓는 등어선이다. 한 지역은 '증거'와 '정거'의 'ㅡ'와 'ㅓ'가 별개의 음운으로 대립되어 두 단어를 구별하는데 다른 한 지역에서는 그 'ㅡ'와 'ㅓ'를 'ㅓ' 한 가지 소리로 인식하여 전혀 변별하지 못한다면 두 지역은 음운목록에서 'ㅡ'가 하나 더 있고 없고의 차이를 가진다. 이 차이를 구분짓는 등어선이 음운등어선이다.

발음등어선도 음운의 차이를 문제 삼지만 그것은 두 지역의 음운목록에 다 있는 음운 중 서로 다른 음운이 같은 단어의 일부로서 나타남으로써 일으키는 방언차를 보여줌에 반하여 음운등어선은 어떤 방언차가 음운목록의 차이를 반영하는 등어선이라는 점에서 양자는 엄연히 다른 종류의 등어선이다. 음성등어선은 이 점에서 발음등어선보다는 음운등어선에 더 가깝다고 할 수 있다. 음성목록이란 용어를 쓸 수 있다면 음성등어선은 대체로 음성목록의 차이를 보여주는 등어선을 보여주기 때문이다. '종이, 처녀'의 'ㅈ, ㅊ'가 평안도에서 [ts], [tsʰ]로 발음된다는 것은 단순히 이들 단어에서만의 문제가 아니고 이 지역 방언에 [tʃ] [tʃʰ]와 같은 음성의 목록이 없다는 것을 뜻하며 그 역(逆)도 마찬가지다. 그런만큼 음성등어선은 음운등어선과 상통하는 바가 큰데 다만 전자가 보여주는 차이는 음운 층위가 아니고 음성 층위라는 차이만 있는 것이다.

형태등어선(形態等語線)과 통사등어선(統辭等語線)은 묶어서 문법등어선이라고 부를 수 있는 등어선으로서 둘 다 문법 층위의 언어 특징에 관여하는 등어선이다. 다만 형태등어선은 굴절, 파생상의 차이를 보여 주는 등어선임에 비해 통사등어선은 문장 구조(즉 통사구조)에 관계되는 차이를 보여 주는 점에서 구별된다. '바꾸다'의 피동형인 '바뀌다'와 '바꾸키다'의 차이를 보이는 것은 형태등어선일 것이며 '답답하지 않다'를 쓰는 지역과 '안 답답하다'를 쓰는 지역을 가르는 등어선은 통사등어선일 것이다.

끝으로 의미등어선(意味等語線)은 워낙 희귀한 등어선이며 그 설정 여부도 문제가 되는 등어선이나, 가령 '아재'가 한 지역에서는 아버지의 남동생을 뜻하는 데 반해 다른 지역에서는 아버지의 여자 형제를 뜻하는 단어로 쓰인다면 이 의미차를 가르는 등어선이 그어질 수 있다. 이처럼 형태가 같으면서 의미차를 일으키는 방언차를 구분짓는 등어선이 곧 의미등어선이다. 이 등어선은 어휘등어선으로 바꾸어 생각할 수도 있다. 위의 방언차를 아버지 남동생을 뜻하는 두 단어, 가령 '삼촌'과 '아재'의 차이로, 그리고 아버지의 여자 형제를 뜻하는 두 단어, 가령 '고모'와 '아재'의 차이로 환원시켜 인식하는 것이 그것이다. 의미등어선의 그 설정

여부가 문제되는 것은 이 때문이다.

이상에서처럼 등어선을 언어구조와 관련시켜 범주화하고 그 층위에 따라 심층적인 것일수록 큰 값어치를 매기는 일은 대체로 매우 합리적인 방안이라 할 만하다. 그것은 이렇게 이해할 수 있을 것이다. 더 심층적인 언어 특징은 변화에 대하여 표면적인 언어 특징보다 완고할 것이다. 가령 외국어의 영향을 받는 경우를 보더라도 우리가 '닥터'(doctor)니 '해피'(happy)니 '울'(wool) 등의 단어를 받아들이기는 쉽다. 그러나 우리말의 음운목록에 없는 [f]니 [ð] 등의 음(音)을 받아들이기는 여간 어렵지 않다. '웃다'의 과거형으로 '웃었다' 대신 '웃-ed'를 쓸 가능성은 더욱 희박하다. 방언 간에 있어서도 마찬가지다. 가령 자기 고향 사투리를 버리고 표준어를 익힌다고 할 때 '참꽃'을 버리고 '진달래'를 배워 쓰기는 어려울 것이 없다. 그러나 '증거'와 '정거'의 'ㅡ'와 'ㅓ'를 분별하지 못하던 언어 습관을 버리고 그 두 음운을 구별할 줄 알게 되는 일은 좀체로 성취되지 않는다. '귀, 되'의 'ㅟ, ㅚ'를 [wi] [we]와 같은 이중모음으로 실현하는 방언에 익은 사람이 그것을 [y] [ø]와 같은 단모음으로 실현하도록 언어습관을 바꾸는 일도 여간 어려운 일이 아니다.

그렇다고 하면 '참꽃'과 '진달래' 간의 차이보다 '증거'와 '정거'를 분간하여 발음하는 지역과 그것을 한 가지 음으로 발음하는 지역 사이의 차이를 더 큰 차이로 인식하는 일은 매우 합리적이라고 할 수밖에 없다. 변화하기 어려운 언어 특징에서 어떤 차이가 있다는 것은 두 지역의 언어적 거리가 그만큼 멀다는 것을 뜻하는 것이며, 따라서 방언구획에 그만큼 더 큰 중요성을 가지는 것은 매우 당연한 것이다.

다만 등어선을 앞에서와 같이 7등급으로 등급화하는 방안에는 아직 미흡한 요소가 없지 않다. 앞에서와 같은 등급의 순위가 과연 타당한 것인가 하는 문제만 하여도 그렇다. 변화에 완고한 측면에서 보면 '바꾸키다'를 '바뀌다'로 바꾸는 일보다는 'ㅚ'를 [we]에서 [ø]로 바꾸는 일이 훨씬 어렵다고 판단된다. 그렇다면 4점 순위의 음운과 5점 순위의 형태는 자리를 바꾸어야 할 것이다. 그리고 순위도 순위지만 그것을 기계적으로 1점씩의 차이로 등급짓는 일도 반드시 합당한 방법은 아닐 것이다. 단어 네 개 또는 다섯 개를 바꾸기보다 새 음운 하나를 바꾸는 일이 훨씬 어렵다면 음운등어선의 점수는 더 높이 매개져야 할 것이다.

같은 층위의 등어선이라고 하여 다 일정한 점수로 매겨지는 일도 그리 정밀한 방법이라고 하기는 어렵다. 어휘등어선 안에서도 다시 등급이 매겨질 수 있을 것이다. 모든 단어가 우리의 언어생활에 있어 똑같은 값어치를 가지지는 않을 것이며 또 단어에서 일으키는 방언분화도 언어학적으로 그 의의가 다 다를 수 있을 것이기 때문이다. 음운등어선 안에서도 마찬가지다. 가령 한 지역은 성조(聲調)를 가지고 있고 다른 지역은 그렇지 않다고 할 때 이 차이는 단모음 하나가 더 있느냐 없느냐의 차이, 또는 'ㅆ'과 같은 된소리가 'ㅅ'과 대립되는 음운으로서 하나 더 있느냐 없느냐의 차이보다 더 큰 차이일 것이 분명하다. 성조는 한 개별 음운보다는 모음, 또는 자음과 대등한 층위로 간주하여야 할 것이기 때문이다. 이것을 구분함이 없이 모두 4점 순위로 뭉뚱그린다는 것은 보기에 따라서는 정교치 못한, 기계적인 처사라고 판단된다.

이런저런 이유 등으로 하여 위의 7등급 체계는 아직 실용화 단계에 있지 못하다. 등어선을 등급화하여야 한다는 것만은 분명하고 그 정당성은 충분히 입증된다. 그러나 그 구체적인 방안은 아직 시안(試案) 단계에 있는 셈이다. 실제 방언조사에서의 풍부한 사례를 토대로 정밀하고 합리적인 방안이 꾸준히 만들어져야 할 것이다. 사실 우리는 'ㅡ'와 'ㅓ'를 구별하지 못하고 동시에 'ㅅ'과 'ㅆ'를 구별하지 못하는 지역 사람들이 서울에 와서 표준어를 배우게 될 때 어느 쪽을 더 먼저 배우리라는 것을 이론으로는 예측할 수 없다. 경험적인 연구가 필요한 것은 이 때문이다. 방언 간의 교섭에 있어 어떤 언어 특징들이 더 끈질기고 어떤 어떤 특징이 더 쉽게 허물어지는지 그 조건을 다각도로 정밀하게 관찰해 보는 일은 방언학에서 더없이 긴요한 과제가 아닌가 한다.

분포유형상의 등급

실제로 같은 층위의 등어선을 다시 몇 등급으로 세분하는 방안이 시도된 것이 있기는 하다. 어휘등어선(및 발음등어선)을 방언형들의 분포 양상에 의해 등급을 매기는 방안이 그것이다.

단어가 두 지역에서 각각 다른 모습 a와 b로 구분되어 나타날 때 그 유형은 몇 가지가 있을 수 있다. 완전히 상보적인 분포를 이루어 지점 갑(甲)에서는 a만 나타나고 을(乙)에서는 b만 나타나는 유형이 하나일 것이다. 강원도에서 보면 '시래기'를 뜻하는 '씨래기'와 '건추'가, 또 그네를 뛰면서 지르는 환호 소리인 '춘천이여'와 '우두그네'가 이 유형에 속한다. 두 어형이 완전히 구분되어 제 지역에만 분포되고 상대편 지역에는 얼씬도 하지 않는 양상을 보이는 것이다.

다른 한 유형은 누룽지를 뜻하는 두 지역의 방언형이 '누룽지'와 '소꼴기'일 때 '소꼴기'는 지점 을(乙)에밖에 나타나지 않지만 그 지점 을에는 갑의 어형인 '누룽지'도 공존하는 유형이다. 이때 '누룽지'는 표준어인 경우가 많지만 그렇지 않을 수도 있다. 제3

의 유형은 두 지역이 '소꿀기'와 '소디끼'로 갈리지만 그 두 지역에 '누룽지'가 함께 분포되는 유형이다. 이때도 '누룽지'는 표준어인 경우가 많지만 그렇지 않을 수도 있다. 마지막 제4의 유형은 한쪽 지역에만 방언형이 있고 다른 지역에는 거기에 해당되는 어형이 아예 없는 유형이다. 강원도에서의 예로 보면 청미래덩굴의 방언형이 강릉 쪽으로는 '땀바구'가 있는데 그에 접한 영서 쪽에는 그 실물도 없지만 이에 짝이 되는 이름이 아예 없다.

방언형의 분포 유형을 이처럼 넷으로 나누어 놓고 보면 제1형과 제4형의 등어선이 방언분화를 더 선명하게 하고 있음을 깨달을 수 있다. 이들이 청색과 적색 사이만큼 선명하다면 제2형과 제3형의 등어선은 그 위를 황색이 덧깔린, 또는 청색 위를 적색이 덧깔린 그러한 경계처럼 덜 선명한 경계선이라고 비유할 수 있을 것이다. 여기에서 우리는 방언구획에 있어 제1형과 제4형의 등어선이 더 큰 몫을 하리라는 것을 짐작하기 어렵지 않다. 이들에 더 높은 등급을 매기는 것도 당연하다.

실제 방언조사에서 제2, 제3의 유형은 확인하기에 어려운 점이 없지 않다. 특히 두 지역에 공존하고 있는 어형이 표준어일 때 조사자는 흔히 그 사실을 무시하기가 쉽다. 전통방언학에서의 방언조사는 그 지역에 쓰이는 어형을 전부 통계적으로 찾겠다고 하기보다는 그 지역 전래의 고형(古形)을 찾기를 기도하기 때문이다. 그러나 전술한 등어선의 등급 문제를 생각하면, 그리고 방언 간의 접촉 현상을 더 정확히 관찰하기 위해서는 공존하는 어형을 확인하는 일이 매우 긴요한 일임에 틀림없다.

이상에서 우리는 세밀히 따지면 따질수록 그만큼 더 정교하게 등어선을 등급화하는 길이 열릴 수 있음을 엿보게 되었다. 그러나 이러한 방안들이 여러번 전술하였듯이 아직은 시도 단계에 있고 광범위하게 적용되어 본 일이 없다. 앞으로의 좋은 과제라는 점을 다시 강조해 두고 싶다.

4.3.3 방언구획과 방언권

등어선의 등급이 매겨져 각 등어선에 몇 점, 몇 점 식의 점수가 수치로 부여되고 각 지역 사이에 나타나는 등어선의 총수가 밝혀지면 그 지역들 사이에 얼마나 두꺼운 등어선이 흐르고 있다는 것이 수치로 나올 것이다. 이것은 곧 두 지역 사이에 얼마나 높은 언어적 벽이 있는가, 달리 말하면 두 지역 사이의 언어적 거리는 얼마나 되는가를 보여주는 척도일 것이다.

이러한 척도가 마련된 이상 이제 방언구획은 꽤 기계적인 작업일 듯싶다. 가령 지도 4-18에서 했던 대로 등어선 총합의 두께가 151 이상은 ━━로, 101-150은 ═══로, 그 이하는 ──로 지도에 표시해 두면 해당 지역이 일차적으로 어디에서 구획이 되고 그것들이 이차적으로는 어디에서 재분되고, 다시 삼차적으로는 어디에서 구분될 수 있는지를 찾아낼 수 있을 것이다. 그리고 이것이 찾아지면 가령 전국이 일차적으로 몇 개의 대방언권으로 나뉘며 그 각 대방언권은 다시 몇 개의 중방언권으로, 그리고 그 각 중방언권이 다시 몇 개의 소방언권으로 나뉘는가 하는 문제는 그야말로 기계적으로 해결될 수 있을 것이다.

이상적인 방언구획

그러나 실제에 있어 이 일은 그처럼 간단치 않다. 가령 전국을 몇 개의 방언권으로 나눌 것인가를 결정코자 할 때 이를 몇몇 언어 특징만으로 할 수는 없다. 이상적이려면 국어 전반의 특징을 빠짐없이 비교하여 그 결과로써 결정해야 할 것이다. 중요한 특징들을 빠뜨리고 그 나머지 사소한 특징들의 등어선을 놓고 등급을 매기고 통계를 내고 해 보아야 쓸모없는 노력 낭비인 것이다. 그런데 어휘, 음운, 문법 전반에 걸쳐 모든 언어 특징을 빠짐없이 관찰의 대상으로 삼는 일은 현실적으로 불가능하다. 모든 분야가 그렇듯이 몇 가지만 골라 조사하면서도 그것으로써 전체를 대표할 수 있도록 대표적인 특징을 적절히 선별하는 도리밖에 없다. 전체를 대표할 수만 있다면 선별되는 특징의 수는 적을수록 경제적일 것이다. 경제적이면서도 전체를 대표할 수 있는 언어 특징의 선별, 이것이 방언구획 작업이 안고 있는 고민거리가 아닐 수 없다. 반복하지만 앞서 본 등어선의 등급 작업도 언어 특징의 적절한 선별이라는 전제 위에서 비로소 뜻을 가지는 것이다.

방언구획을 위하여 꼭 필요한 언어 특징이라고 판단하면서도 그 분석이 힘들어 조사항목에 넣지 못하는 경우가 있다. 억양(intonation)이 그 대표적인 예다. 사람들이 남의 말을 겨우 몇 마디만 듣고 그것이 어디 사투리라고 아는 것은 그 말의 억양에 근거하는 수가 많다. 그만큼 억양은 이른바 한 사투리 판별의 표지(標識, marker)라 할 수 있다. 그럼에도 억양이 방언조사의 항목으로 선정되는 일은 드물다. 각 방언의 억양을 가시적(可視的)으로 구별하여 표시하기가 어렵기 때문이다.

여기서 이런 것을 하나 생각해 봄직하다. 방언학자가 어떤 방언구획을 해 놓았을 때 그것이 언중의 지각(知覺)과 일치되는 것이 이상적이라는 점이 그것이다. 가령 방언학자들이 그들대로의 분석 결과로 충남방언을 전라도방언보다는 경기도방언에 더 가깝다고 하여 후자와 묶었다고 할 때 충남 사람들의 지각으로, 또는 이 세 방언을 자주 접하는 사람들의 지각으로 이것이 수긍된다면 이상적일 것이라는 것이다. 만일 그들의 지각과 일치하지 않는다면 방언학자가 선별하여 쓴 방언구획용 언어 특징들이, 아니면 어떤 방법론이 그리 적절한 것이 아닐지도 모른다는 의문을 한번 가져 볼 필요가 있다고 생각한다. 그리하여 비록 억양과 같은 분석하기 어려운 특징은 하는 수 없이 빼더라도 가능한 한 많은, 그리고 언어구조 전반의 특징이 고루고루 반영되기에 적절한 조사항목을 준비하는 일이 성공적인 방언구획의 첫 관문이라는 점을 강조하고 싶다.

방언권의 크기

방언구획에서의 다른 한 어려움은 방언권의 크기를 정하는 문제다. 우리나라를 오구라 신페이(小倉進平)는

경상도방언(慶尙道方言)
전라도방언(全羅道方言)
함경도방언(咸鏡道方言)
평안도방언(平安道方言)
경기도방언(京畿道方言)
제주도방언(濟州道方言)

의 여섯 대방언권으로 나누었다. 강원도, 황해도, 충청남북도는 경기도방언권에 소속되었으나 나머지는 대체로 행정구역과 일치한다. 그 후 고노 로쿠로(河野六郎)는 대체로 위의 구획을 따랐으나 다만 경상도방언과 전라도방언은 남선방언 하나로 묶어 다음과 같은 5대 방언권으로 조정하였다.

중선방언(中鮮方言)
서선방언(西鮮方言)
북선방언(北鮮方言)
남선방언(南鮮方言)
제주도방언(濟州道方言)

지금까지 널리 통용되는 구획은 앞의 것이나 이들 이후에 위와 다른 체계의 구획이 몇 가지 더 시도되었다. 그중 하나는 한국을 북부방언군과 남부방언군의 2대방언권으로 양분하고 전자를 경기도방언, 강원도방언, 황해도방언, 충청도(북부)방언, 평안도방언으로 하위분류하고 후자를 경상도방언, 전라도방언, 함경도방언, 충청도(남부)방언, 제주도방언으로 하위분류한 최학근의 체계다. 반면 우리나라를 동서(東西)로 양분하여 함경도, 강원도 영동지방, 경상도 쪽을 한 방언권으로, 그 나머지를 다른 한 방언권으로 묶는 방안도 제기되고 있다.

이상을 보면 우리나라를 일차적으로 몇 개의 대방언권으로 구획하느냐가 학자에 따라 일정치 않다. 이것은 방언권의 크기를 정하는 일이 쉽지 않음을 뜻하는 것이다. 앞에서 등어선들의 두께를 재어 그 두께가 가령 151 이상이 되는 곳을 구획하여 그것으로 대방언권으로 삼는 안을 말한 바 있다. 그러나 이 때 151 이상을 자를 것인지 120 이상을 자를 것인지는 사실 자의적이다. 방언권의 크기를 정하는 기준은 결국 연구자의 자의적 판단에 달려 있는 셈이다. 방언권의 크기를 정하기 어려운 소이(所以)가 여기에 있다.

물론 어떤 지역 사이의 등어선이 유난히 두꺼우면 일이 한결 쉬워질 수 있다. 프랑스를 langue d'oil 방언권과 langue d'oc 방언권으로 양분하는 일이나 독일을 저지(低地) 독일어권과 고지(高地) 독일어권으로 양분하는 일이 이에 속할 것이다. 그리고 이태리를 북부, 중부, 남부의 세 방언권으로 삼분하는 일도 이들을 가르는 등어선의 뭉치가 다른 것에 비하여 월등히 크기 때문에 별로 큰 어려움을 겪지 않았을 것이다. 이에 비해 우리나라에는, 아직 언어 전반에 걸친 특징들의 등어선을 제대로 그어 보지 못한 단계에 있기는 하지만 그처럼 뚜렷한 등어선의 뭉치들이 없기 때문에 여러 다른 분류들이 나오게 되었을 것이다.

우리나라의 방언구획도 오구라(小倉)나 고노(河野)의 분류처럼 처음부터 6분 또는 5분하는 것보다는 일차적으로는 2분 또는 3분하고 그것들을 다시 재분하는 식으로 하면 그것이 더 체계적일 것이다. 충분한 근거도 없이 체계의 정연성에 이끌려 이러한 시도를 하는 것은 물론 있을 수 없는 일이다. 그러나 5분, 6분의 분류 체계도 어차피 충분한 자료를 근거로 하고 있지 못하다. 고노는 겨우 ㅿ음, ·음, 어중 ㄱ음, ㅐ음 등의 네 가지 음운 특징만의 등어선을 방언구획의 근거로 하였으며 오구라는 이보다는 많은 언어 특징을 동원하였지만 각 방언권을 가를 때 동원된 언어 특징이 그때그때 달라져 일관성 있는 기준에 의해 각 방언권을 정한 것이 아니었다.

이들의 구획으로는 황해도, 충청도, 강원도가 모두 동일한 방언권에 들어가 있다. 그런데 특히 강원도의 영동 지방과 황해도가 동일한 방언권에 소속되어 좋을 것인지는 매우 의문스럽다. 구획에 동원된 언어 특징이 너무 한정되어 있거나 등어선의 평가가 적절하지 못했던 것이 아닌가 한다. 좀더 다각적인 언어 특징을 자료로 하고 등어선의 등급도 정밀히 책정하여 2분이나 3분 체계의 방언구획을 새로 시도해 보는 일이 국어 방언학의 한 과

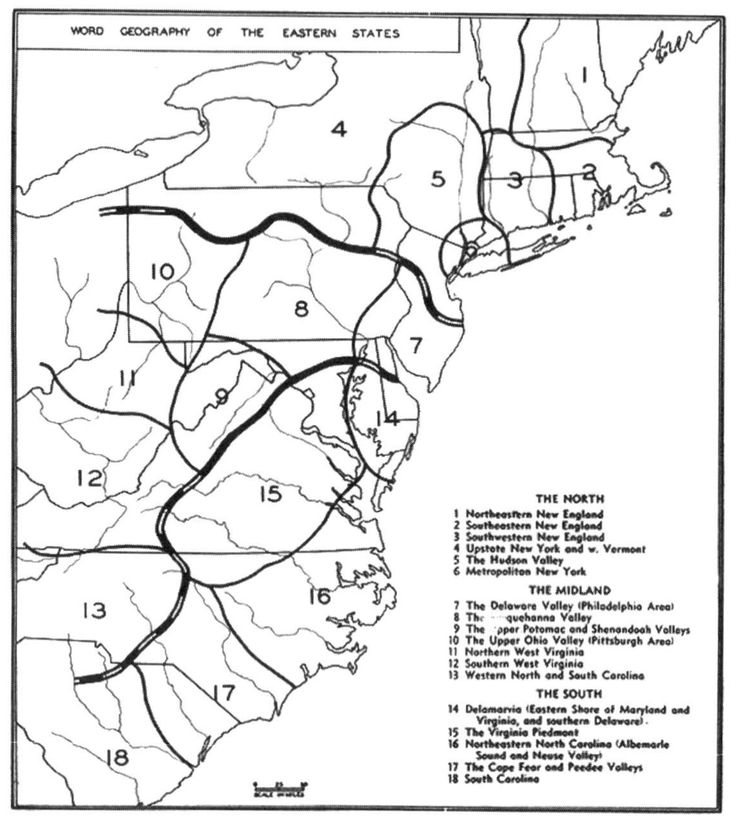

지도 4-19 미국 동부지역의 방언구획 (Kurath 1972 : 28)

제라고 하겠다.

여기서 참고로 일차적으로 대방언권을 정하고 그것들을 재분한 방언구획의 실례를 두 개 들어 두고자 한다. 하나는 미국 대서양 연안 지역의 것이며 다른 하나는 강원도의 것이다. 전자는 등어선의 등급화 작업은 거치지 않았다. 그리고 등어선 수가 몇 개 이상은 ——로, 몇 개에서 몇 개까지는 ══로 식의 통계 작

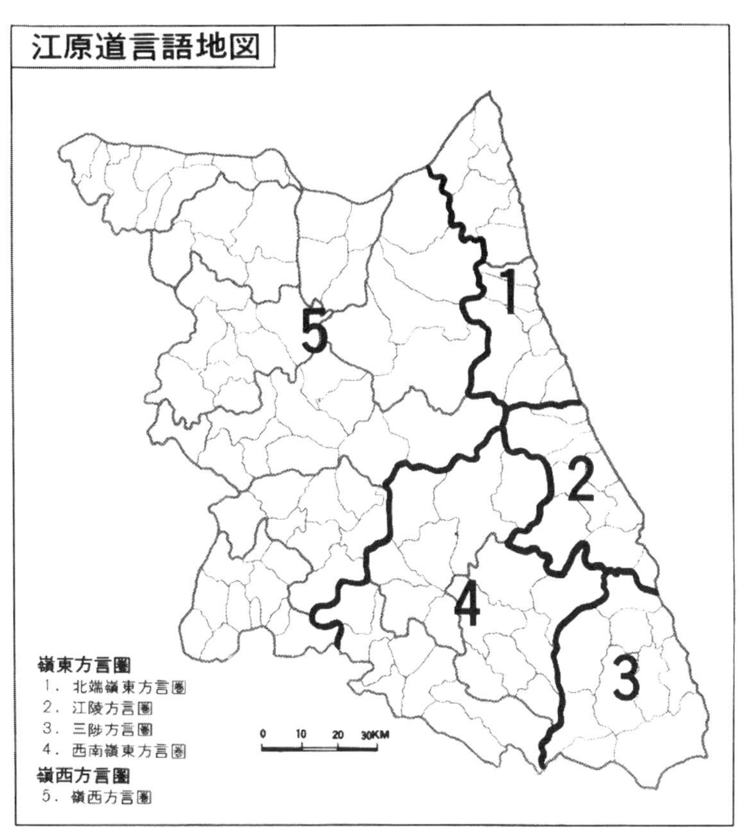

지도 4-20 강원도의 방언구획 (이익섭 1981 : 209)

업도 거치지 않았다. 그러나 가깝다면 이 후자의 방식에 가까운 작업을 거쳐 등어선이 유난히 뭉쳐 흐른다고 판단되는 지역을 분계선으로 하여 대방언권의 경계선으로 삼고 그 다음으로 많은 등어선이 흐르는 곳을 소방언권의 경계선으로 삼는 절차를 밟았다. 그 결과 대서양 연안의 미국을 지도 4-19에서 보는 바와 같이 북부(The North), 중부(The Midland), 남부(The South)의 세 방언권으로 대분(大分)하고 그 안에 다시 5개 내지 6개의 소방언권을 설정하였다.

다음 강원도의 방언구획은 성조, 음장 등의 운소를 비롯하여 조사, 활용어미, 파생접사, 경어법에 이르기까지 각종 언어 특징을 할 수 있는 데까지 다 조사한 자료를 근거로 하고 등어선의 등급화 작업도 거친 것이다. 그 결과가 지도 4-20에서 보듯 강원도를 일단 영서방언권과 영동방언권으로 나누고 후자를 다시 셋으로 하위분류하는 이원적인 분류였다.

늘 그런 것은 아니겠지만 많은 분류 체계가 그렇듯이 방언구획도 되도록이면 처음부터 6-7개의 방언권으로 나누는 평면적인 구획보다는 층위적으로 구획하는 길을 먼저 시도해 보는 길이 올바른 길일 것이다. 그러나 이 길을 밟더라도 방언권의 크기를 정하는 어려움은 여전히 남는다.

도시(都是) 방언구획은 강을 경계로 행정구역을 가르듯이 그렇게 산뜻하게 되지 않는 것이 오히려 그 본연의 특성이라고 하여야 옳을지 모른다. 그리하여 극단론자는 방언구획 자체를 부정하려고조차 한다. 방언차란 점진적이어서 어디서 선을 딱 긋기가 어렵고 따라서 그 사이의 어디에 경계를 정한다는 것은 다분히 인위적이라는 것이다. 이를 무지개에 비유할 수 있을지 모른다. 일곱 가지 색이 있다고 하지만 그 경계를 정하기는 매우 어려운 것이다.

그런데 방언구획을 시도하는 입장에서도 무지개의 경우에서 지지를 얻을 수 있을 것이다. 일곱 가지 색은 뒤범벅을 이루지는 않는다. 분명히 차례가 있고 그 차례를 지켜 제일 윗쪽은 무슨 색, 그 다음은 무슨 색, 제일 아랫쪽은 무슨 색 식으로 자기 고유의 자리를 지키고 있다. 그렇다면 경계선 부근에서는 두 가지 색이 뒤엉키기는 하지만 그 사이 어디엔가 경계가 있기는 있을 것이다. 마찬가지로 두 방언권 사이에는 후술하다시피 두 방언의 특징이 병존(竝存)하는 지대인 전이지대(轉移地帶, transition zone)이 있다. 그러나 가령 충청도방언과 경상도방언은 일반인에게도 분명히 구별이 되는 큰 차이를 가진다. 두 방언 사이에 전이지역이 있더라도 두 방언을 어디에선가 경계를 긋고자 하는 것은 그것이 아무리 인위적이라 할지라도 매우 당연한 일이 아닐 수 없다.

그리고 사람이 모여 사는 사회란 어떻게든 끼리끼리 뭉치는 어떤 크기가 있기 마련이다. 시장권(市場圈)을 한 예로 보아도 서로 물건을 사고 파는 어떤 범위가 있고, 음식을 보아도 식해라는 반찬은 아무 지방에서나 해 먹는 것이 아니라 일정한 지역 안에서만 해 먹는다. 말하자면 식해권(食醢圈)이 있는 것이다. 언어에도 이러한 구역이 없을 수 없을 것이다. 방언구획을 하고 방언권을 설정하는 것은 바로 그러한 지역을 찾는 일로서 있는 것을 찾아내는 필요불가결한 작업인 것이다.

여기에서 우리에게 떠오르는 짐작 하나는 언어적으로 사람들이 한 구역을 이루는 것이나 시장이나 음식 등에서 한 구역을 이루는 것이나 결국은 그 사람들끼리 더 가까이 접촉함으로써 결과된 현상으로서 이들이 각기 유리되어 일어나기보다는 서로 어떤 연관을 가지리라는 점이다. 이에 대해서 다음 절에서 좀더 논의하고자 한다.

4.3.4 전이지대

앞에서도 잠깐 언급하였지만 등어선들은 때로는 뭉쳐서 흐르지만 그렇지 않을 때도 많다. 그리고 뭉쳐서 흐르는 경우에도 강처럼 완전히 한 줄기를 이루기보다는 얼마큼씩 엇갈리며 또 거리를 얼마큼씩 두면서 흐르는 경우가 많다. 그 때문에 방언경계를 정하는 일이 강을 경계로 행정구획을 하듯 그리 쉬운 일이 아님을 앞에서 논하였다.

등어선들이 엇갈리는 일은 두 방언이 접촉하는 지역에서는 특히 자주 발견되는, 오히려 한 전형적인 현상이기도 하다. 가령 한 방언은 중세국어의 ㅸ이 '새비, 호박, 덥어서'처럼 ㅂ으로 실현되는 특징을 가지는 방언이며, 다른 한 방언은 '새우, 확, 더워서'처럼 그 ㅸ이 w로 실현되는 방언일 때 이 두 방언이 접촉하는 지역에서 보면 한 지역 안에서 두 방언의 요소가 뒤섞여 나타나는 수가 많다. 만일 음운법칙이 그야말로 예외 없는 법칙이어서 아주 규칙적이라면 적어도 어떤 한 지점에서는 ㅸ이 ㅂ으로 실현되려면 전부 ㅂ으로 실현되어야 하고 w로 실현되려면 전부 w로 실현되어야 한다. 그런데 실제로는 그렇지 못하여 '새비, 더버서'에서는 ㅂ으로 실현하면서 '확'에서만은 w로 실현하는 경우가 많다는 것이다.

이처럼 두 방언의 요소가 동시에 나타나는 지역을 방언학에서 흔히 전이지대(轉移地帶, transition zone), 혹은 전이지역(轉移地域, transition area)이라 한다. 두 방언이 접촉하는 지대, 다시 말하면 두 방언이 갈리는 지대에서 어느 한쪽 방언의 특징만을 가지지 못하고 다른 한쪽의 요소도 일부 가지는 중간자적(中間子的) 지대, 곧 완충지대를 일컫는 것으로, 한쪽에서 다른 한쪽으로 옮겨가는 지역이라는 뜻으로 이렇게 부르는 것이다. 만일 중세국어의 ㅸ이 빠짐없이 ㅂ으로 실현되는 지역을 100으로 표시하고 그것이 빠짐없이 w로 실현되는 지역을 0으로 표시한다면 전이지

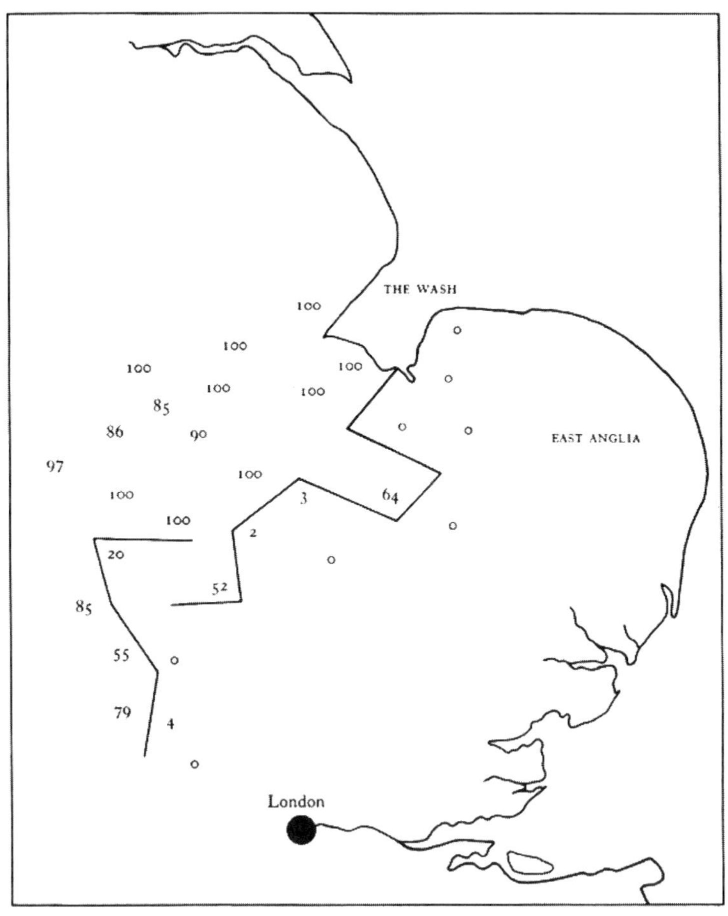

지도 4-21 영어 (u)가 [ʊ]로 실현되는 비율 지도 (Chambers and Trudgill 1998 : 108)

대는 이 수치가 99에서 1까지 나타나는 지역이라 할 수 있다. 다음 영국 지도에서 이를 확인할 수 있다. 이 지도 4-21은

brother, brush, butter, come, cousins, does, done, dove,

dozen, duck, dull, dust, must, sun, uncle

등 중세영어 u를 가진 단어들 65개의 해당 모음이 전부 [ʊ]로 실현되는 지점을 100으로, 그리고 한번도 이 음으로 실현되지 않고 전부 [ʌ]로 실현되는 지점을 0으로 하였을 때의 퍼센트를, 즉 [ʊ]로 실현되는 백분율을 보인 것이다. 이 양극 사이에 2%에서 67%까지의 지점들이 두 방언권 중간 지역 여기저기에 산재해 있음을 볼 수 있는데 이 지대가 곧 [ʊ]음으로 특징지어지는 북부방언과 [ʌ]음으로 특징지어지는 남부방언의 두 요소가 만나 뒤섞이는 전이지대인 것이다.

방언연속 현상

이처럼 전이지대가 생기는 것은 방언의 차이가 급격하게 생기는 것이 아니고 점진적이고 완만하게 일어나는 데에서 말미암는다. 두 지역 사이에 아주 큰 강이 있거나 큰 삼림이나 산맥이 있어 그 사이의 통로가 막혀 있는 상태라면 모르지만 많은 지역은 정도의 차이는 있으나 계속 이어지는 관계에 있고, 언어의 변화도 따라서 어느 경계를 사이에 두고 마치 분수령을 사이에 두고 물이 한쪽에서는 동으로, 다른 한쪽에서는 서로 흐르듯 확연하게 나타나는 일은 드물다. 밤과 낮의 차이는 엄연하지만 그 사이에 미명의 시간, 동트는 시간이 있듯이 두 방언이 갈리는, 이른바 방언의 접촉지대에서는 양쪽 방언의 요소가 물고 물리면서 저쪽으로 갈수록 이쪽 세력은 줄어들고 그쪽 세력은 차츰차츰 커지는 양상을 띠게 되는 것이며 그로써 전이지대가 형성되는 것이다.

방언학자들의 조직적인 조사 분석에 의하지 않고도, 가령 여행객이 전라도에서 경상도로 넘어가노라면 어디서부터는 어딘지 모르게 경상도 사투리의 냄새가 풍기기 시작한다는 것을 느낄 것이며, 갈수록 차츰차츰 그 냄새가 짙어지다가 여기서부터는 완전히 경상도 방언권이구나 하는 느낌을 가질 수 있을 것이다. 경상도에서 전라도로 넘어가는 경우에도 마찬가지일 것이다. 이때 도경(道經)과 같은 어떤 경계선을 두고 거기를 넘기까지는 온전히 전라도 사투리 냄새뿐이다가 그 경계선을 한 발자국 넘는 순간 갑자기 경상도 사투리 일색으로 변하는 일이란 대개는 기대하기 어렵다. 그러한 일은 서로 다른 언어를 쓰는 두 나라의 국경을 사이에 두고도 있기 어려운 일인데 하물며 한 나라 안에서의 방언경계를 두고서랴. 이것이 이른바 방언연속체(方言連續體, dialect continuum)인 것이다.

이러한 방언연속체는 곳곳에서 발견된다. 중부방언권과 경상도 방언권 사이에서도 발견되고 강원도 안의 영동방언권과 영서방언권 사이에서도 발견되며, 또 영동방언권 안의 강릉방언권과 삼척방언권 사이에서도 발견된다. 따라서 전이지대의 형성은 바로 이 방언연속 현상의 결과라고 이해하여 좋을 것이다.

앞의 지도 4-21에는 그 전이지대에 선을 하나 그어 놓았다. 두 방언의 요소가 공유하고 있기는 하지만 50을 기준으로 하여 그보다 수치가 많은 지점은 북부방언의 요소가 더 많으므로 북부방언권으로 편입시키고 50 이하가 되는 지점은 남부방언권으로 편입시키기 위한 선인 것이다. 이는 전이지대에서의 방언구획의 한 방안을 보여주는 것이기도 하지만 두 방언 요소의 엇갈림이 한쪽에서 다른 쪽으로 갈수록 이쪽 요소의 농도는 점점 약해지고 저쪽 요소의 농도는 점점 진해져, 같은 전이지대 안에서도 더 북부방언적인 곳이 있는가 하면 더 남부방언적인 곳이 있음을 보여주는 것이기도 하다.

고형과 개신형

전이지대(또는 방언경계)를 사이에 두고 갈리는 두 방언 요소의 관계는 한쪽이 고형(古形)이고 한쪽이 개신형(改新形)인 관계이기가 쉽다. '새비, 호박, 덥어서'와 '새우, 확, 더워서'의 경우는 전자가 고형, 후자가 개신형이며, 지도 4-21에서의 [ʊ]형과 [ʌ]형은 전자가 고형, 후자가 개신형인 것이 그 예다. 이 지도의 수치는 개신형으로 통일된 지점을 0으로 표시하고 고형이 전부 그대로 간직된 지점을 100으로 표시한 것인데, 방언의 개신(改新)이란 전이지대를 중심으로 보면 0의 지점들을 잇는 곳에서부터, 개신파(改新波, innovation wave)가 물결을 치면서, 100의 지점들로 이어지는 선까지 미쳐가고 있는 현상이라고 이해할 수 있다. 이때 0의 지역들을 전진기지(前進基地, base)라 하고 물결이 가 닿은 끝을 상륙거점(上陸據點, beach head)이라 한다. 그렇다면 전이지대는 그 전진기지와 상륙거점 사이의 물결 드높은 곳이라고 이해하여 좋을 것이다.

병존방언과 융합방언

전이지대에서의 두 방언 요소의 접촉 현상은 두 가지로 나누어 보는 것이 정확하다. 하나는 두 요소가 병존하는 경우요, 다른 하나는 두 요소가 융합하여 제3의 요소로 나타나는 경우다. 한 지점에 '새우'와 '호박'이 공존하는 경우나, 역시 한 지점에서 come, done의 o는 [ʊ]로, dove, dozen의 o는 [ʌ]로 발음하는 경우는 전자에 속할 것이다. 한 지점에 '확'과 '호박'이 공존하는 경우도 이에 넣을 수 있다. 그런데 영국의 경우 전이지대에서는 위의 두 모음의 중간 특징을 가지는 고중중설평순모음(higher mid central unrounded vowel)인 [ɣ]가 나타나기도 한다. [ʊ]가 [ʌ]로

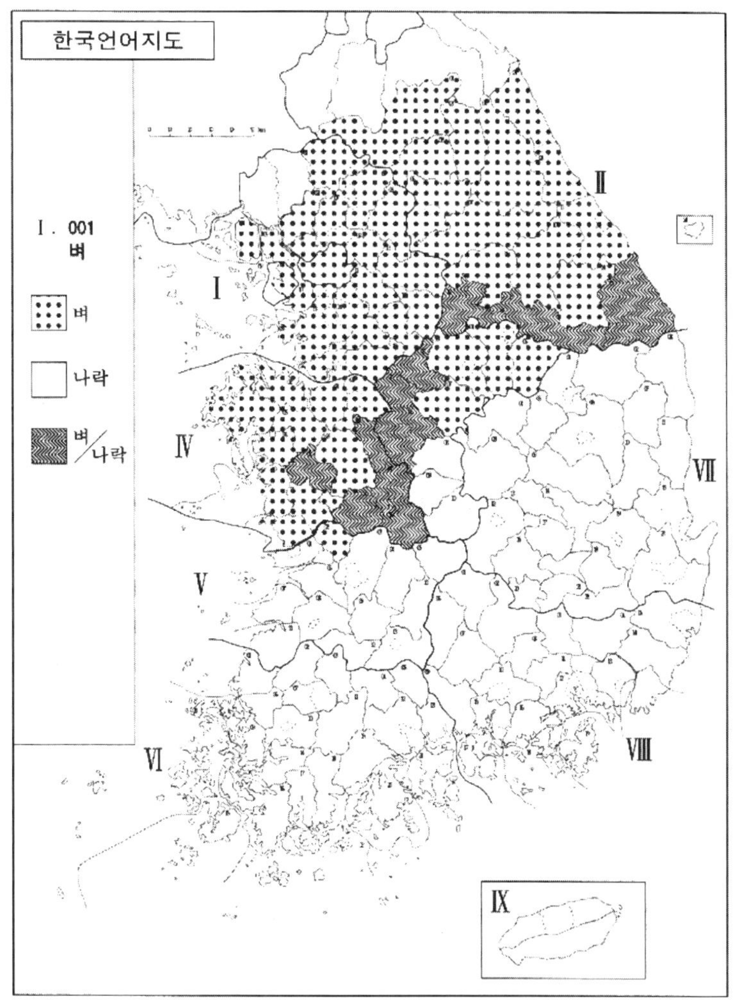

지도 4-22 '벼'의 방언 분포 (이익섭 2000 : 347)

변화하는 중간 단계의 모습이라고 해석되는데 이는 단순히 두 방언 요소인 [ʊ]와 [ʌ]의 병존이 아니라 그 어느것도 아닌 제3자의,

즉 양자의 융합형의 출현인 것이다. 이상의 두 경우를 구별하여 전자를 병존방언(竝存方言, mixed lect), 후자를 융합방언(融合方言, fudged lect)이라 한다.

우리 국어의 경우 ㅂ와 w의 중간 단계, 가령 [β]가 어느 특정 지역에서 한결같이 나타나는지는 아직 보고된 바 없다. 그리고 'ㅐ'와 'ㅔ'가 변별되는 지역과 그렇지 못한 지역 사이의 등어지대에서 [E]유의 중간자적 모음이 특정 지역에 한정하여 나타난다는 보고도 정확히 된 것이 없다.

그러나 두 경우 그 가능성은 기대된다. 그리고 어휘에서는 융합방언에 넣을 수 있는 예를 쉽게 찾을 수 있다. 한 예로 지도 4-22에서 보면 벼를 가리키는 방언형 '나락'과 '베'가 부딪치는 지대에서 두 방언형을 다 쓰면서 논에 심어져 있거나 볏단에 붙어 있을 때의 상태는 '나락'이라고 하고 털어내어 알의 상태로 된 것은 '베'라고 구별하여 부르는 지역이 있다. 이때 이 전이지역에서의 '나락'과 '베'는 비록 외형은 다름이 없더라도 두 방언권의 '나락'이나 '베'의 단순한 공존이 아니다. 두 방언 요소가 융합하여 제3의 방언 요소를 만든 것이다.

제3의 방언형으로 융합되는 또다른 유형으로서 A지역의 '거품'과 B지역이 '버큼'이 부딪치는 지역에서 '거큼'이 되는 현상을 들 수 있다. 이것은 '거품'의 '거'와 '버큼'의 '큼'이 결합하여 이른바 혼효(混淆, blend)를 이룬 것으로서 완전히 제3의 방언형을 만든 또하나의 유형인 것이다.

전이지대의 존재는 방언구획을 시도코자 하는 사람에게는 귀찮은 존재다. 완충지대로서 이쪽 저쪽 어디에도 소속시키지 않은 채 남겨놓을 수는 없고 앞에서 50을 기준으로 어느 한쪽으로 소속시키듯이 어떤 기준을 동원하여서든 어느 한 방언권으로 소속시키지 않으면 안 되는데 그 기준의 설정이 그리 단순치 않기 때문이다. 그러나 전이지대야말로 방언학의 한 보고(寶庫)라 할 만하다. 앞에서 단편적인 현상 몇 가지를 보았지만 두 방언 요소가 투쟁을 벌이며 일으키는 갖가지 현상은 언어의 변화, 언어의 접촉에 관련되는 매우 흥미있는 현상들을 보여 주기 때문이다. 전통적으로 방언학자들은 전이지대에 대해서는 대체로 무관심하였다. 앞으로 이 보고(寶庫)에 대한 활발한 탐구가 필요하다는 것을 여기서 강조해 두고 싶다.

4.4 방언경계의 언어외적 배경

언어 특징을 구분짓는 경계선인 등어선이 언어 이외의 문화 양상을 구분짓는 경계와 상관성을 가지는 일이 많다는 사실이 방언학자들에게 자주 주목되어 왔다. 언어는 인간들의 사회 활동의 산물(産物)이며 따라서 언어를 그 사회의 역사나 그 사회의, 언어 이외의 문화 현상과 떨어뜨려 생각하는 일은 애당초 불가능한 일이기도 하지만 실제로 방언의 분포나 그 분화가 이러한 언어외적(言語外的) 현상과 매우 밀접한 관계를 가진다는 사실은 일찍부터 바로 인식되어 온 셈이다.

대표적인 한 예를 프랑스에서 들 수 있다. 앞에서 프랑스는 동서로 뻗은 강력한 등어선속에 의해 크게 북부의 langue d'oil 지역과 남부의 langue d'oc 지역으로 양분된다고 하였다. 그런데 이 방언경계는 언어 이외의 여러가지 문화 양식에서도 두 지역을 구분짓는 경계가 되어 왔다. 먼저 가옥의 지붕 양식에서 그 실례를 볼 수 있다. 즉 그 경계 이남 지역은 지붕이 지중해식인 평면형인데 반해 그 이북 지역은 경사형인 점이 그것이다. 또 농사에서도 남부지방은 한 경작지에 한 가지 곡물을 심되 1년 짓고 1년 쉬는 격년작(隔年作) 풍습인 데 반해 북부지방은 금년은 이 곡물, 내년에는 다른 곡물, 그리고 그 이듬해는 묵히는 3년 단위의 경작법을 씀으로써 이 방언경계가 이 현상을 구분하는 중요한 경계이기도 한 것이다.

이 경계선은 프랑스 사람들이 흔히 프로방스 지방, 즉 남부 지방이 시작되는 경계선으로 여기며, 또 이 경계선 이남 사람들로 하여금 스스로를 남부 사람들이라고 여기게 하는 바로 그 분계선이기도 하다. 그리고 때로는 이 경계가 고대의 북쪽 켈트족과 남쪽의 비(非)켈트족을 가르는 선이라고 생각되기도 한다.

이상은 하나의 방언경계가 언어 특징의 분계선에 머무르지 않고 그 지역의 사회사(社會史)의 한 거울이며 다른 문화 양식의 분계선이기도 하다는 매우 흥미로운 현상을 보여준다. 등어선은 가끔 한 지역의 문화의 단면(斷面)으로서 그 지역사회를 특징짓는 요소로 일컬어진다. 언어가 우리의 문화 활동의 일부이며 그런 만큼 여타의 문화가 그러하듯 그 지역의 역사가 그 속에 배어 있다고 한다면 등어선이 그러한 언어외적 배경과 무관할 수 없음은 매우 당연하다 할 것이다. 그리하여 전통방언학에서는 일찍부터 어떤 방언경계가 그 지역의 사회사나 문화양식 등의 언어외적 배경과 어떠한 상관관계를 가지는지에 대해 깊은 관심을 쏟아온 것이다.

역사적 배경

지금은 같은 언어를 쓰고 있지만 과거에는 그 지역이 서로 다른 언어를 쓰는 몇몇 종족이 살던 지역이었을 경우 그들의 정착사(定着史) 및 이동사(移動史)는 특히 방언 연구에 중요한 의미를 가진다. 현재의 어떤 방언차가 그 사회의 어떤 역사적 사실을 알면 아주 쉽게 설명될 수 있기 때문이다. 그리 정밀한 연구가 이루어져 있지 않지만 흔히 함경도방언과 남부(경상, 전라)방언과의 유사성을, 함경도 주민의 이들 지역으로부터의 이주와 관련시켜 설명하는 일이 그 한 예다. 역시 확실히 밝혀진 것은 아니지만 전라북도 무주군에서도 한 예를 볼 수 있다. 이 지역은 현재의 행정구역상으로는 한 군이지만 언어적으로 보면 무풍면이 나머지 지역과 구분된다. 무풍(武豊)만이 유달리 경상도방언의 여러가지 특징을 가지고 있는 것이다. 흔히 이 언어적 경계가 나제통문(羅濟通門)이라고 여겨지고 있는데 말하자면 과거 신라와 백제의 경계가 오늘날의 방언차에 반영된다고 해석하는 것이다.

물론 이러한 역사적 사실을 지나치게 이끌어오는 것은 옳지 않다. 언어는 끊임없이 변하되 그 변화의 양상이 복잡하여 멀던 두 지역의 말이 가까워지기도 하고 가깝던 말이 멀어질 수도 있는 것이다. 방언 현상은 그 자체로 충분히 분석되고 우선 그 자체로서 평가되어야지 어떤 역사적인 사실을 미리, 또는 과대히 끌어들여서는 안 될 것이다.

그리고 많은 경우는 방언 현상을 설명하는 데 도움이 될 만한 역사적 자료가 불분명하다. 한 예로 우리는 고구려어가 어떠한 언어였는지 잘 모르고 있고, 그 영토의 남방한계선이 어디였는지도 그리 분명하게 밝혀지지 않고 있다. 그래서 가령 충청도의 어떤 언어 특징이 고구려어적인 요소인지 아닌지를 구명하기가 많은 경우 매우 어렵다. 그러나 전체적으로 말하면 방언학자들은 한 지역의 역사적 배경에서 그 지역의 언어적 특성을 파악하는 일에 큰 도움을 받아 왔고, 그러한 역사적 배경에 대한 지식은 대부분의 경우는 유익한 정보인 것이 분명하다.

지명 연구

지명(地名) 연구도 일찍부터 방언학자들의 관심을 끌었었는데 이것도 결국 그 지역의 역사적 배경을 알기 위해서였다. 지명은 다른 언어 요소보다 더 보수적인 특성을 가진다. '뫼'(산)라는 단어가 사어(死語)가 되어 현대국어에서 자취를 감추고 말았는데도 지명에서는 '자르미'(柄山), '어리미'(幼山), '갈미(葛山)' 등 그 자취가 그대로 보존되어 있는 것이 그 한 예다. 따라서 지명은 그 지역의 역사적 흔적을 다른 언어 요소보다 잘 간직하고 있는 수가 많고 따라서 그 지명으로써 그 지역의 어떤 역사적 사실을 추적할 수 있을 때가 많다. 가령 스코틀랜드의 Lewis 지방에 보면 Grimshader, Hamarshader 등 -shader로 끝나는 지명이 많은데 이것은 고대 놀웨이어 setr에 이어지고 따라서 이로써 Lewis 지방이 과거 노르웨이족이 거주하던 지역이라는 점을 알게 되는 것이 그 한 예다.

우리나라 지명에도 독특한 접사류가 꽤 있다. 대개는 '가래골'(楸洞)의 '골'이나 '양지말'의 '말'(마을)이 일반형이지만 '버드실' 등의 '실' '양지뜸(땀)' 등의 '뜸(땀)' 등도 일정한 지역에 분포되어 있다. 이들이 어느 시대의 어떤 계열의 언어에 이어지는지는 아직 잘 밝혀지지 않았지만 이것이 밝혀져 가령 '뜸'은 고구려어의 계통, 즉 '買旦忽', '德頓忽'의 '旦'이나 '頓' 계통이라는 것이 증명되면 그 지역의 언어적 특성을 해석하는 데 큰 도움이 될 것임에 틀림없다.

미국 Massachuusetts 주의 경우도 홍미롭다. 이 주는 언어적으로 세 방언권으로 나뉘는데 그 세 지역이 지명에서도 구별된다.

즉 한 지역은 Chesterfield, Newfield 등의 -field로 끝나는 지명이 많고, 다른 한 지역은 Oakham, Stoughaonham 등의 -ham으로 끝나는 지명이 많고, 나머지 한 지역은 Newbury, Salibury 등의 -bury로 끝나는 지명이 많다. 이러한 지명의 차이는 이 지역 주민들의 조상들이 어느 곳에서 이주해 왔는가, 또는 어떤 종족인가 등의 사실을 이해하는 데도 도움을 주겠지만 이 지역의 언어 특징을 이해하는 데 유용하리라는 것도 의심의 여지가 없다. 더구나 방언구획은 이미 언어 특징만으로 이루어졌다고는 하지만 그 구획이 몇몇 특징에 의거한 우발적인 결과가 아니고 신빙성이 큰 것이라는 믿음을 이 지명들이 부여해 주는 것이다. 후술하겠지만 역사적 배경의 고려는 무엇보다 이러한 믿음을 얻기 위함이라 하여 좋을 것이다.

생활권과 문화권

앞에서 프랑스에서 한 등어선이 지붕 모양을 비롯한 몇몇 문화 양식의 분계선과 일치함을 보았다. 강원도에서 보면 가옥구조가 크게 보아 겹집(양통집)과 홑집(일자집)으로 갈리는데 이 분계선은 영서방언권과 영동방언권의 경계와 거의 일치한다. 그리고 영동방언권 안에서의 강릉방언권, 삼척방언권, 양양(고성)방언권의 경계는 겹집에서의 마룻방의 유무 및 그 위치에 의한 구조상의 차이를 보이는 분계선과 잘 일치한다.

앞 절에서 우리는 시장권이니 식해권이니 하는 말을 쓴 바 있다. 사람들은 한편으로는 뭉치려고 하며 다른 한편으로는 다른 무리와 구분되기를 원한다. 그리하여 끼리끼리 패를 만들고 집단을 만든다. 그리고 한 단계씩 더 커지는 테두리가 생긴다. 간단한 반찬거리를 살 때의 테두리가 있고, 큰 잔치에 쓸 음식이나 옷감을 사러 갈 때의 테두리는 또 따로 있을 것이다. 이와 같은 시장권을 비롯한 생활권은 사람들 간의 접촉 빈도를 결정해 줄 것이며 그로써 그들의 언어에도 직접적인 영향을 끼칠 것이다. 학교를 다니는 범위인 교육권, 절이나 교회를 다니는 범위인 종교권, 병원을 다니는 범위인 병원권, 서로 혼인을 하는 범위인 통혼권 등 언어에 영향을 미치는 여러가지 생활권이 있을 수 있는 것이다.

한편 여러가지 문화권을 생각할 수 있다. 세계적으로 보면 음식에서만 보아도 김치를 먹는 김치권(圈)이 있는가 하면 맨손으로 카레를 먹는 맨손카레권(圈)이 있을 것이다. 한 나라 안에서도 마찬가지다. 식해권을 말하였지만 막국수권도 있을 것이고 홍어찜권도 있을 것이며, 또 각종 문화 양상에서 지역적인 테두리가 나타날 것이다. 홑집권, 겹집권도 좋은 예다. 우리나라에서는 아직 이 방면의 연구가 철저히 되어 있지 못한 형편이지만 세시풍속, 통과의례(通過儀禮), 음식, 복장, 생활용기, 농사법, 농구 등 각종 문화 양식에서 지역에 따라 분화를 일으키는 테두리를 찾을 수 있을 것이다. 민속학자 또는 인류학자들의 이 방면의 연구가 고대되지만 여의치 못하면 방언학자들이 얼마간이라도 그 작업을 수행해야 할 것이다. 민속지도(民俗地圖)가 만들어져 있다면 방언학자들에게 얼마나 고마운 반려(伴侶)가 될까 하는 생각을 자주 하게 된다.

방언학과 인접과학

각 지역의 언어적 특성의 파악은 언어학 이외의 분야에도 크게 기여할 수 있다. 현재 경상북도에 편입되어 있는 울진군과 충청남도에 편입되어 있는 금산군은 얼마전까지만 하여도 각각 강원도와 전라북도의 땅이었다. 그런데 이들이 행정구역상 강원도와 전라북도의 일부였을 때에도, 오구라 신페이(小倉進平)의 구획에 의한 것이지만, 언어적으로는 각각 경상도방언권과 중부방언권에 소속되어 있었다. 새로이 행정구역을 정할 때 이 지역들의 이러한 언어적 특성이 좋은 자료가 되었을 것이 분명하다.

어느 지역에 고구려어적 요소, 또는 가야어적(加耶語的)인 요소가 많이 발견된다고 하자. 그러면 이것이 역사가들의 어떤 연구에 결정적인 자료가 될 수도 있을 것이다. 앞에서 민속학자, 인류학자의 도움을 요청하였지만 그들은 또 그들대로 방언학자가 제공하는 언어자료를 필요로 할 것이다.

그러나 방언학자가 상술한 바와 같은 언어외적 요인들을 조사하고 분석하는 것은 그 방면의 연구가들에게 도움을 주자는 데 그 일차적인 목적이 있는 것이 아니다. 이미 간간이 언급하였지만 그것은 우리의 작업, 즉 언어 현상에 대한 해석에 원용(援用)코자 하기 위함인 것이다.

그중에서도 그것은 무엇보다 방언구획에, 다시 말하면 방언권 설정에 지원을 얻기 위해서다. 방언구획은 처음부터 끝까지 등어선에 의존한다. 그러나 그것이 쉬운 작업이 아님을 우리는 앞에서 보았다. 등어선의 등급 문제를 비롯하여 전이지역의 문제 등 어느것도 쉽지가 않았다. 그러면서도 어떤 최선의 길을 택하여 방언구획을 하고 방언권을 설정하게 되는데 이때 만일 어떤 언어외적 현상이 우리의 구획과 큰 상관성을 보여준다면 얼마나 큰 힘이 되겠는가.

언어 현상과 언어외적 현상과의 상관관계의 발견은 그 자체로서도 훌륭한 소득이며 좋은 연구 과제다. 언어와 사회, 언어와 문화, 그들 간의 관계는 모두 인문학도들의 관심사인 것이다. 그러나 우리는 무엇보다도 방언구획의 한 보조자료로서 언어외적 배경을 고찰할 필요성을 강조해 두고자 한다.

■ 참고

이 장의 언어지도 및 방언구획에 대한 진술의 많은 부분은 Chanbers and Trudgill의 *Dialectology*(1998) 제7장 및 제2장의 제 2.3.2절에 의존한 것이다. 진열지도와 해석지도, 등어선(等語線)과 이어선(異語線)의 구별이나 등어선의 등급 등이 특히 그러하다. 그러나 언어지도의 여러 형식에 관한 소개는 Francis의 *Dialectology*(1983) 제6장에 가장 잘 되어 있는 듯하다. heterogloss가 Kurath의 *Studies in Area Linguistics*(1972)에서는 앞의 이어선의 개념으로서가 아니라 isogloss 대신으로 쓰이고 있음을 유의할 필요가 있다.

Davis나 Dearden의 등어선 등급에 관한 정보는 이 Kurath의 책에서 빌어온 것이다. 등어선의 등급 문제에 대한 논의는 이익섭의 『영동 영서의 언어분화』(1981)에도 꽤 길게 되어 있고 이 이전의 논문인 「전라북도 동북부지역의 언어분화」(1970)에도 독자적으로 고심한 흔적이 있다. 그리고 짧게지만 김공칠의 『방언학』(1977)에도 이 문제에 대해 언급한 것이 있다.

우리나라 방언구획에 대해서는 小倉進平의 『朝鮮語方言の硏究』(1944) 하권 및 *The Outline of the Korean Dialects*(1940)에 가장 상세한 논의가 있다. 그 외에 河野六郎의 『朝鮮方言學試攷』(1945), 최학근의 「남부방언군과 북부방언군과의 사이에 개재하는 등어선 설정을 위한 방언조사연구」(1971), 김완진의 「운률 자질의 분포에 대하여」(1990) 등을 참조할 것.

전이지대에 대한 논의는 주로 Chambers and Trudgill(1998)에 의거한 것이다. 영국 자료도 거기서 얻은 것이며 mixed lect, fudged lect, base, beach head 등의 개념도 거기서 취한 것이다. 우리나라 전이지대에 대한 연구로는 서주열의 『전남·경남방언의 등어지대연구』(1981), 이익섭의 『영동 영서의 언어분화』(1981), 이기갑의 『전라남도의 언어지리』(1986) 등을 참조하기 바란다.

언어외적 배경에 대해서는 McIntosh의 *An Introduction to a Survey of Scottish Dialects*(1961)의 제2장 "Dialect Study in its Wider Setting"을 주로 참작하였다. Chambers and Trudgill의 전게서 제7장 제5절 "Cultural Correlates of Isoglosses"에서도 많은 자료를 이용하였으나, 지봉형 등의 자료를 비롯하여 프랑스에서의 이 방면의 자료는 Jochnowitz의 *Dialect Boundaries and the Question of Franco-Provençal*(1973) 제7장에 풍부히 소개되어 있다. 우리나라에서의 언어와 언어외적 요인들과의 상관성에 대한 연구로는 이익섭의 「한국 어촌방언의 사회언어학적 고찰」(1976), 「강원도 영서지방의 언어분화」(1979) 등이 있다. 우리나라 민속에 대한 자료는 『한국민속종합조사보고서』(1971-1977) 및 『한국민속대관』(1980)을 참조할 수 있다.

제 5 장
사회방언

앞에서도 간략하게 지적하였지만 한 언어 안의 여러 변종은 지리적인 거리에 의해서도 생기지만 사회적인 요인에 의해서도 생긴다. 다시 말하면 방언은 어떤 것이든 일면으로는 지리적인 존재지만 동시에 다른 일면으로는 사회적인 존재다. 이는 사람은 누구나 어떤 한 지역에 소속되어 있으면서 동시에 어떤 한 사회적 배경을 가지는 일과 상통한다. 그러나 방언이 지역적인 개념이면서 동시에 사회적인 개념이라는 인식이 언어학자들에게 싹튼 것은 아주 뒤늦은 일이었다.

앞에서도 지적하였듯이 전통적인 방언학은 시골의 언어를 대상으로 하여 한 언어의 지역 간 변이형을 주된 관심사로 삼아 왔다. 즉 한 지역 안에서의 사회적인 요인에 의한 변종들에 대해서는 이렇다 할 관심을 두지 않았던 것이다. 그리고 도시도 대개 관찰의 대상에서 제외되었다. 이것은 전통방언학의 발생 과정과 밀접한 관계가 있다. 즉 방언학은 전술하였듯이 언어의 역사적 연구의 일환으로 출발하였다. 언어변화의 속도가 지역에 따라 달라 여러 지역의 방언을 조사해 보면 그 변화의 각기 다른 단계의 모습이 발견될 것이라는 점을 기대하고 그것을 방언 연구의 목표고 삼았던 것이다.

이 점에서 전통적인 방언학이 시골을 조사 대상으로 택하고 그 지역 간의 방언차에 관심을 쏟았던 것은 매우 당연한 일이었다. 언어의 역사를 캐려면 되도록 고형(古形)을 찾아야 하는데 그 고형은 도시보다 보수적인 시골에 더 잘 보존되어 있는 것이 일반적이기 때문이다. 그리고 언어변화의 각 단계가 여러 방언에 잔재해 있다고 할 때 그것은 지역으로 갈라진 방언, 즉 지역방언에서의 현상이다. 한 지역의 사회방언 사이에서 언어변화의 몇 단계의 모습이 선명하게 드러나 주리라는 것을 기대하기는 어려운 것이다.

그러나 언어학의 사조가 바뀌면서 전통방언학의 시골 중심, 고형(古形) 편애의 태도에 대한 비판이 한편에서 일기 시작하였다. 그 비판의 하나는 가령 한 나라의 언어지도를 전통방언학의 입장에서 만들어 놓고 보면 그것은 그 당시 그 나라 언어의 실상이기 어렵다는 점이었다. 인구의 90% 이상이 도시에 살고 있는데 그들은 관찰의 대상에서 제외하고 10% 미만의 농촌 사람만을 관찰의 대상으로 삼은 언어지도가 과연 한 시대의 언어 실상을 보여줄 수 있느냐는 것이었다. 그리고 다른 하나는 언어지도가 지역 간의 언어분화상만 보여주도록 되어 있어 사회계층 간의 언어분화는 전혀 문제삼지 않음으로써 역시 언어 실상의 한 단면만 보고 말았다는 점이었다.

이리하여 현지에서 언어자료를 모으는 작업은 농촌의 '순수한' 방언자료를 수집하는 일에 국한되지 않고, 대도시에서 여러 계층의 사람들로부터 있는 그대로의 '잡다한' 언어자료를 모으는 일도 포함하게 되었다. 다시 말하면 사회방언이 관찰의 대상이 된 것이다. 이 장에서는 이 사회방언에 대한 연구가 어떻게 발전되어 왔는가를 구체적인 업적별로 살피고 사회방언을 이루는 요인들, 가령 사회계층, 성별, 연령 등의 요인들을 따로따로 논의하면서 아울러 사회방언의 일반 특성들에 관련되는 문제들을 몇 가지 다루고자 한다.

5.1 사회방언학의 발달

언어가 지역에 따라 달라지듯이 어떤 사회적 여건에 따라 달라지기도 한다는 인식은 꽤 일찍부터 싹터 있었던 것으로 짐작된다. 이미 희랍에서 대중희랍어(Common Greek, Koine)와 고전희랍어(Classical Greek)를 구분하였다는 것은 바로 사회집단에 따라 희랍어 안에 몇몇 변종이 있었음을 뜻하고 또 그것을 인식하고 있었음을 말해 준다. 라틴어에서 대중라틴어(Vulgar Latin)와 고전라틴어(Classical Latin)를 구분하였던 것도 마찬가지다.

그리고 언어가 사회와 밀접하게 관련되어 있다는 이론적인 인식도 일찍부터 싹터 있었다. 가령 Meillet가 1906년에 행한 강의 「일반언어학 연구의 실제」(L'état actuel des études de linguistique générale)에서 천명한 다음 일절(一節)에서도 언어와 사회 간의 밀접한 관계에 대한 사고가 뚜렷이 나타나 있다.

> 어떤 사회구조의 변모가 언어 발달의 조건에 변동을 일으킬 가능성은 매우 높다. 그러나 언어가 사회의 일부라는 사실에 입각하

여 보면 언어학은 사회과학의 하나요, 언어변화는 가끔은 직접적, 흔히는 간접적인 사회변화의 결과일 뿐이다.

그러나 언어를 사회 현상과 관련시켜 연구한 구체적인 업적은 좀체로 나타나지 않았다. 특히 Bloomfield나 Chomsky 등은 언어를 사회와 유리되어 있는 대상으로 다루어 왔으며, 현지에서 언어자료를 모으는 방언학에 있어서도 사회의 여러 요인이 언어에 어떤 영향을 미치는지에 대한 연구에는 관심을 보여 주지 않았다.

그러다가 미국의 언어지도를 위한 방언조사에서 제보자를 수학(修學)의 정도에 따라 세 부류로 나누어 조사한 것은 사회방언을 본격적으로 관찰의 대상으로 하였다는 점에서 획기적이었다고 할 만하며 그것은 또한 사회방언학의 한 출발점이었다고도 할 수 있다. 그리고 R. I. McDavid가 이 미국 언어지도의 자료 중 South Carolina의 자료를 분석하여 이 지방에 유난히 모음 뒤의 혀꼬부라진 /r/이 적은 현상이 지리적인 조건으로 설명되는 것이 아니라 이 주(州)의 중심지인 Charleston의 상류층들이 그 자제들을 영국의 Oxford나 Cambridge 대학에 보냄으로써 런던 영어를 배워 온 사회적 요인에 의한 것임을 밝힌 논문인 "Postvocalic /r/ in South Carolina : A Social Analysis"(1948)는 언어현상을 사회언어학적인 관점에서 본격적으로 다룬 최초의 논문으로 평가받는다.

그러나 미국 언어지도의 방언조사에서 보인 사회언어학적 방면으로의 시도는 사회학자들이 보면 아마추어 수준의, 매우 초보적인 단계의 것이어서 이로써 사회방언에 대한 연구가 본궤도에 올라섰다고 하기는 어려웠다.

진정한 사회방언학 내지 사회언어학의 출범은 한참 더 기다린 후에야 실현되었다. 즉 1960년대 중반 William Labov가 미국 대도시의 언어를 통계적(계량적)인 방법으로 조사 분석하면서 사회방언은 비로소 본격적인 관찰의 대상이 된 것이다. 이 절에서는 Lobov를 비롯한 이 방면의 개척자들의 업적을 하나씩 요약해 보고자 한다.

5.1.1 Labov의 사회방언 연구

세 백화점에서의 조사

Labov는 먼저 뉴욕의 세 백화점 Klein's, Macy's, Saks Fifth Avenue의 점원들을 대상으로 모음 뒤의 /r/음의 실현 여부를 조사하였다. 세 백화점은 각각 사회경제적인 면에서 한 계층씩을 대표하는 백화점으로서 Klein's가 주로 하층 및 노동자층, Macy's가 중류층, Saks Fifth Avenue가 주로 중상층과 상류층의 고객을 상대로 하는, 동시에 그 세 계층을 대표하는 백화점으로 선정되었다.

Labov는 'fourth floor'를 발음시켜 모음 뒤의 /r/ 음을 조사하였는데 이것도 평상 말투로 말할 때의 경우와 주의를 기울여 말할 때의 경우로 나누어 조사하였다. 즉

조사자: 여자 옷은 몇 층에서 팔지요?
제보자: Fourth floor(사층요).
조사자: 몇 층이라고 하셨죠?
제보자: Fourth floor(사층요)!

와 같은 질문 방식을 통하여 fourth floor라는 대답을 두 번 이끌어냈는데 그중 나중 것은 좀더 주의를 기울이고 하는 말이라고

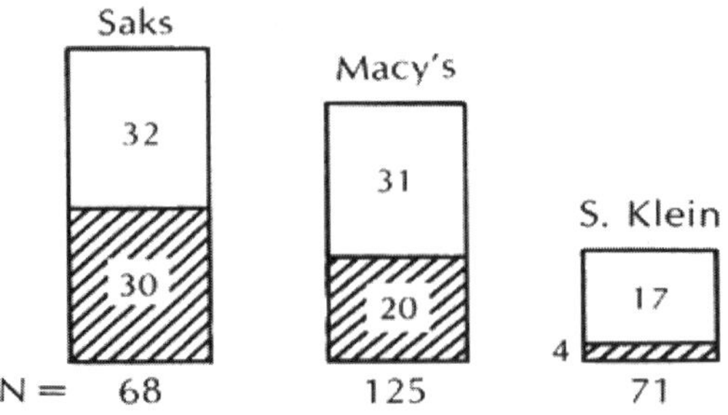

도표 5-1 뉴욕 세 백화점의 모음 뒤 (r)음 실현 비율표 (Labov 1972 : 51)

해석하여 그것을 첫번째 대답과 구별하여 분석한 것이다.

그 결과 Labov는, 종래의 연구들이 뉴욕 사람들의 /r/음 실현이 언어외적인 어떤 배경과 관련시켜 설명하기 어렵다는 결론을 내렸던 것이 잘못된 것이고, 사회계층을 고려에 넣는다면 그 실현이 사회계층과 뚜렷한 상관관계를 가진다는 사실을 밝혀낼 수 있음을 보여주었다. 즉 도표 5-1에서 사선(斜線)을 그은 부분이 fourth floor를 두 번 대답하였을 때 네 번 모두 /r/을 발음한 백분율이고 흰 부분은 그 네 번 중 적어도 한 번 /r/을 발음한 백분율인데 여기에서 보면 모음 뒤에서의 /r/의 실현이 상류층으로 올라갈수록 높아지고 하류층으로 내려올수록 낮아진다. 이는 뉴욕에서의 /r/의 실현이 그동안 생각해 왔던 것처럼 지리적인 조건이나 어떤 다른 조건과 관련됨이 없이 불규칙하게 되는 것이 아니라 바로 사회계층과 관계되는 현상임을 밝혀 주는 것을 뜻하며, 나아가서는 언어현상이 사회계층과 밀접한 관계를 가진다는 사실의 큰 발견을 뜻하는 것이기도 하다. 이 점에서 Labov의 이 연구는 사회방언학의 앞날의 한 청신호였다고 할 만하다.

말투의 세분

Labov는 이 첫 작업에서 얻은 성공에 힘입어 /r/ 이외에 'bad, bag, ask' 등의 모음과 'dog, coffee, caught' 등의 모음, 'thin, three, thought' 등의 th 음, 그리고 'they, there, then' 등의 th 음, 그리고 'they, there, then' 등의 th 음을 관찰의 대상으로 하여 작업을 계속해 나갔다. 그리고 이때부터는 말하는 상황을 일상(日常) 상황과 격식(格式) 상황으로 이분(二分)하던 첫번째 방법을 더욱 정밀화하여 후자를 다시 주의를 기울이는 정도에 따라 다음의 넷으로 재분하여 자료를 수집하였다.

1. B 상황 : 면담 상황 : 전통방언학에서 쓰던 것처럼 제보자에게 간접적인 질문을 던져 자료를 수집하는 상황
2. C 상황 : 글 한 토막을 주고 읽게 하는 상황
3. D 상황 : 단어 리스트를 읽게 하는 상황
4. D′ 상황 : den/then과 같은 최소대립어를 읽게 하는 상황

그리고 일상 상황에서의 말투는 다시 다음과 같은 다섯 단계로 세분하였다.

A-1 : 공식 면담 시간 밖에서의 말
A-2 : 제3자와의 회화
A-3 : 질문에 대한 대답
A-4 : 어렸을 때 부르던 노래
A-5 : 죽을 뻔했던 이야기

여기서 마지막의 '죽을 뻔했던 이야기'란 만일 그러한 경험이

있느냐고 물어 그렇다고 하면 그 이야기를 하게 하여 듣는 방식인데, Labov는 이런 이야기란 워낙 생생하고 절실한 이야기여서 일상말투 중에서도 가장 마음놓고 하는 말투임을 지적하였다.

제보자 선정

제보자도 예비조사 때 백화점 점원을 채택했던 데서 발전하여 Labov는 사회학자들이 쓰는 무작위추출법을 더 본격적으로 채택하여 88명을 선발하여 썼다. 물론 Labov의 제보자 추출법은 완전한 무작위추출법은 아니었다. 전통방언학에서처럼 여러 대를 뉴욕에서 살아온 순수한 토박이만을 고르지는 않는다고 하더라도 언어조사 제보자로 수년 전에 뉴욕으로 이주해 온 사람을 쓸 수는 없는 일이었기 때문에 Labov는 적어도 뉴욕에서 생장한 사람을 제보자로 하였던 것이다. 그리하여 사회학자들이 자기들의 계획(Mobillization for Youth)을 위해 뽑아 놓았던 제보자 1,000명 중 이 기준으로 거르고 난 88명만을 제보자로 썼던 것이다.

사회계층 분류

Labov는 이 제보자들을 사회계층으로 분류하는 방식에 있어서도 사회학의 방법론을 도입하여 종래의 언어지도에서 쓰던 방식보다 훨씬 전문적이고 복잡한 방법을 쓴 것은 말할 것도 없고 백화점에서의 예비조사 때보다 더 정밀한 분류를 시도하였다. 사회계층의 설정 기준으로 학력, 직업, 수입의 세 가지를 채택하여 뉴욕 사람들의 계층을 일단 0에서 9까지의 10 단계(0이 하류층, 9가 여기에서 가장 상류층에 속하는 중상층)로 나눈 다음 그것을 그때그때 하류층(0-2), 노동층(3-5), 중류층(6-9)으로 묶기도 하고, 또는 4 등급이나 6 등급으로 묶기도 하였다. 사회계층을 이렇듯 세

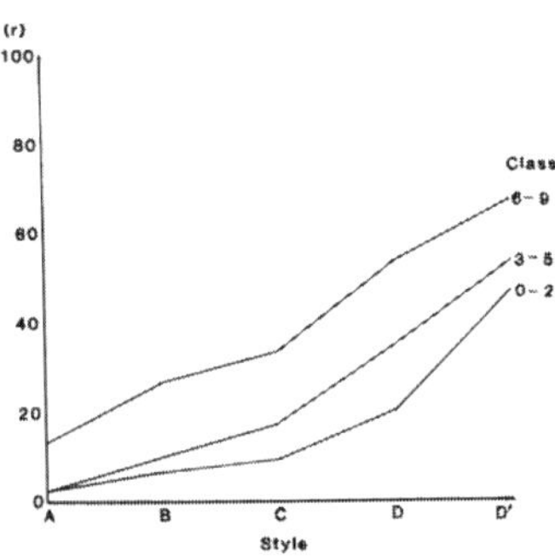

도표 5-2 모음 뒤 (r)음의 실현 비율표(I) (Labov 1966 : 222)

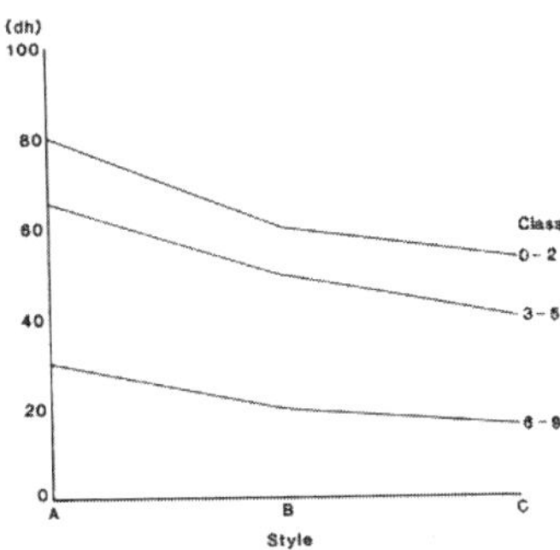

도표 5-3 (th)가 [d]로 발음되는 비율표 (Labov 1966 : 222)

분하여 그 각 등급에서의 언어분화 여부를 검증하였던 것은 사회방언학의 치밀화를 위하여 뜻있는 일이었음이 분명하다.

사회 현상과 언어의 상관성

이상에서처럼 말투를 세분하고, 사회계층을 세분하여 관찰한 결과 Labov는 그것들이 언어 현상에 매우 훌륭하게 반영된다는 사실을 발견하였다. 가령 도표 5-2는 모음 뒤의 /r/이 상위 계층일수록 발음되는 빈도가 높고 또 말을 하는 상황이 주의를 많이

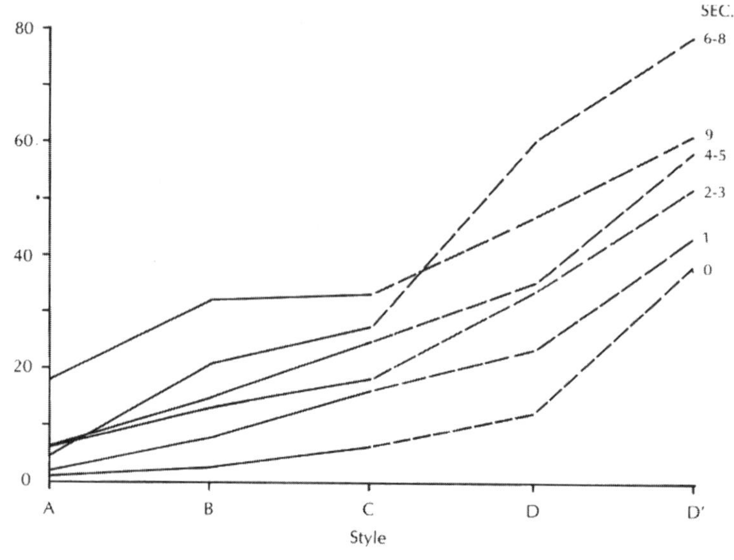

도표 5-4 모음 뒤 (r)음의 실현 비율표(II) (Labov 1972 : 114)

기울이는 때일수록 그 /r/이 더욱 높은 빈도로 실현됨을 보여준다.

그리고 도표 5-3은 then과 같은 단어의 th를 [d]로 발음하는 빈도는 반대로 상위층일수록 작고 또 주의를 기울이는 말투일수록 작아짐을 보여 준다. 한편 도표 5-4는 사회계층을 6분하였을 때에도, 비록 중하층(6-8)이 단어 리스트 읽기와 최소대립어 읽기처럼 주의를 많이 기울이는 상황에서 중상층(9)보다 더 높게 표준 발음을 실현하는 과교정(過嬌正, hyper correction) 현상을 보이는 흥미있는 현상을 보이기는 하지만, 전체적으로 여섯 계층 각각이 서로 구별되는 언어 행위를 행한다는 흥미있는 사실을 보여준다.

계량분석

이상의 Labov 연구에서 우리는 방언 자료를 수집하고 해석하는 방법이 언어지도 작성을 주된 목표로 삼던 전통방언학의 그것과 현저하게 달라졌음을 보았다. 이 사회방언학의 새 방법론의 가장 큰 특징은 한마디로 계량분석(計量分析, quantitative analysis) 방법이라 할 수 있을 것이다. 즉 전통방언학에서는 어느 지역에 어떤 언어 특징이 있느냐 없느냐로써 지역 간의 언어차를 파악하였던 것과는 달리 여기서는 어떤 언어 현상의 출현 빈도(頻度)로써 언어차를 파악하는 방법을 쓰는 것이다.

물론 사회방언학은 여러가지 사회적인 요인을 배경에 깔고 방언 자료를 모으고 채택한다는 기본적인 방향이 따로 있다. 그러나 언어 분석의 출발에 있어 전통방언학은 한 지역이면 한 지역, 또는 그 지역 안에서의 한 세대면 한 세대, 한 계층이면 한 계층은 적어도 동질언어사회(同質言語社會, homogenious speech community)라는 전제 위에서 출발하는 데 반하여 사회방언학은 어떤 언어집단도 순수히 동질적이기 어렵다는 가정 위에서 출발한다. 그 때문에 자연히 한 지역, 또는 한 세대, 한 계층을 대표하는 한두 사람이 아니라 되도록 여러 사람을 제보자로 동원하게 되고 따라서 모든 언어 자료를 통계적으로 처리하려 하게 된다. 그렇기 때문에 사회방언학의 가장 큰 특징은 여러가지 사회적 요인을 언어 현상과 관련시켜 분석한다는 점과 함께 통계적 방법을 쓰는 것이라고 요약할 수 있을 것이다.

Labov는 흔히 방언 연구, 나아가서는 언어 연구에 이 계량분석 방법을 도입하고 그 기반을 닦아 놓은 첫 개탁자라고 평가된다. 반복하지만 이 계량분석 방법은 언어를 사회와 분리시켜 다루던 언어학의 주류를 벗어나 '사회 속에서의 언어'를 관찰의 대상으로 삼고자 할 때 어쩔 수 없이 부수되어 온 방법론인데, 이렇게 보면 Labov에 의한 새 언어학은 사회방언학에서 비롯된 것이며, 사회방언학은 또 그 새 방법론 때문에 탄생한 것이라고 하여도 좋을 것이다.

Labov의 공과(功過)

Labov는 몇 가지 비판도 받고 있다. 앞에서 본 도표의 그래프들이 너무도 깨끗하게 언어와 사회계층과의 상관관계를 보여주어 도리어 의문을 불러일으킨다는 것이 그 하나다. 다른 지역에서도 과연 그처럼 깨끗한 결론이 얻어질 수 있는지 더 많은 실증이 필요하다는 것이다. 그리고 Labov는 그래프상으로 양자의 상관관계를 제시하기는 잘 하였는데 그것을 평가하고 또 그것이 의미하는 바를 해석하는 일에는 소홀하였다는 점이 지적되는 수도 있다.

그러나 사회방언 연구에 있어 Labov의 방법론은 한 표본이 되고 있다. Labov에 의해 우리는 적어도 언어와 사회적 상황 사이에 어떤 긴밀한 관계가 있다는 것만은 의심할 수 없게 되었으며 그 양자의 관계를 파악하는 데 있어 Labov의 방법론이 적절한 것이라고 판단되기 때문일 것이다. 다음에 Labov 연구 이후에 나온, 이 방면의 연구 몇 가지를 더 간추려 보고자 한다.

5.1.2 Shuy 및 Wolfram의 사회방언 연구

Shuy의 디트로이트에서의 연구

책으로 출간하지 않고 보고서로만 작성된 것이지만 Roger Shuy의 "A Study of Social Dialects in Detroit"(1968)는 Labov의 영향 아래서 이루어진 첫 업적이다. Shuy도 역시 디트로이트라는 대도시를 조사지점으로 택하였다. 그리고 각 사회계층에 걸쳐 여러 명의 제보자를 선정하여 그들로부터 얻은 언어자료를 통계적으로 처리하는 방법을 채택하였다.

Shuy는 디트로이트 중심지를 아홉 구역으로 나누고 매 구역에서 임의적으로 공립학교 하나, 사립학교 하나를 택한 다음 각 학교에서 30명씩의 학생들을 무작위로 뽑아 그중 10명을 제보자로 선정하여 면접하는 방식을 썼다. 그리고 그 학생들의 부모 중 적어도 한 명씩을 역시 면접하였으며, 될 수 있는 한 학생들의 형제나 자매와도 면접하였다.

제보자 선정

그런데 이 디트로이트 중심가의 조사만으로는 디트로이트 전체를 대표하기 어렵다는 것을 깨닫고 Shuy는 서부 디트로이트의 폴란드인 구역을 비롯하여 여러 인종을 고루 포함시킬 수 있도록 조사지점을 추가하고 이 지역의 학교에서는 15명씩을 뽑은 다음 거기에서 5명씩을 제보자로 택하여 위에서처럼 본인, 부모, 형제자매들을 면접하였다. 그리하여 총 702명의 제보자를 선정하였다. 702명 중 면담을 거부한 사람이 7명뿐이어서 이들의 거의 모두를 11명의 현지조사원이 10주에 걸쳐 면담을 하였다.

그러나 이들 중 분석의 대상이 된 것은 36명에 불과하였다. 면담을 마치고 나서 자료로서의 신빙성이 의문시되는 것이 많았기 때문에 Shuy는 다음의 네 가지 기준으로써 적절한 제보자 및 자료를 걸러냈다. (1) 적어도 10년 이상 디트로이트에서 산 사람, (2) 조사원 판단에 한 부류를 대표할 만한 사람, (3) 조사원 판단에 면담이 성공한 자, (4) 면담 때 녹음된 것이 분석하기에 충분한 양이 되는 사람.

이러한 방식은 말하자면 전통방언학에서 즐겨쓰는 판정추출법인데 Shuy는 애초 디트로이트 중심가에서 제보자를 뽑을 때는 무작위 방법을 썼으면서 그 후 인종을 골고루 포함시키려고 주변 지역을 조사지점으로 추가할 때부터 이 판정추출법을 채택한 것이 특이하다. 더 신빙성이 있는 자료를 얻기 위한 적절한 절충이었다고 할 수 있을 것이다.

사회계층 분류

Shuy는 이들 제보자를 역시 몇 등급의 사회계층으로 나누었다. Shuy의 사회계층 분류법은 사회학자 Hollingshead와 Redlich의 *Social Class and Mental Illness*(1958)에서의 분류법을 채택한 것으로서 학력, 직업, 주거 상태를 기준으로 한 것이었다. 즉 학력을

1 대학원(전문직) 수료
2 대학(4년) 수료
3 대학 1-2년
4 고등학교 졸업
5 고등학교(10학년 이상)
6 중학교(7학년 이상)
7 7학년 이하

와 같이 7등급으로 나누고 직업 및 주거 상태도 비슷한 수의 등급으로 나눈 다음 각 제보자가 해당하는 세 가지 등급의 숫자를 곱하여 얻은 숫자로써 그 제보자의 사회계층을 나타내었다. 숫자가 작을수록 상류층에 속하고 클수록 하류층에 속하는데 이 분류 방법에 따르면 가장 상류층인 20점 계층부터 가장 하류층인 134점 계층까지 무려 30개 가까운 계층으로 나뉘게 된다. 그러나 Shuy

는 대부분의 경우 이들을 다음과 같이 크게 네 묶음으로 묶어 다루었다.

제Ⅰ군 : 20-49

제Ⅱ군 : 50-79

제Ⅲ군 : 80-109

제Ⅳ군 : 110-134

사회계층과 언어 간의 상관성

그 결과 이들 사회계층에 따라 언어 행위가 달라지는 것을 디트로이트에서도 밝혀냈는데 그 한 실례를 도표 5-5에서 볼 수 있다. 이 도표는 'I don't make no money no more'와 같은 다중부정법(多重否定法)의 출현 빈도를 보이는 것인데 하류층으로 갈수록 그 빈도가 현저하게 커짐을 분명히 드러내 준다.

Shuy는 나이와 성별과 같은 요인이 언어 행위와 상관관계를 가지는지의 여부도 관찰하였다. 그 결과 일반적으로 아이들이 어른들보다, 그리고 남자들이 여자들보다 비표준어를 더 쓴다는 경향을 밝혀냈다. 전체적으로 뉴욕에서 Labov에 의해 밝혀졌던 현상들이 Shuy에 의해 다시 확인되었다고 할 수 있다.

Shuy의 연구의 주된 목적은 비표준어 사용자에게 표준어 교육을 어떻게 시키느냐에 있었다. 그래서 마치 외국어를 제2언어로 가르치듯 방언 사용자에게 표준어를 제2언어로 가르쳐서 사회방언 사용에 의한 사회계층 간의 괴리를 막아야 한다는 주장을 펴는 데 주안점을 두었던 것이다. 그러나 결과적으로 이 Shuy의 연구에 의하여 사회방언학의 기반은 한층 굳어졌다고 하여 좋을 것이다.

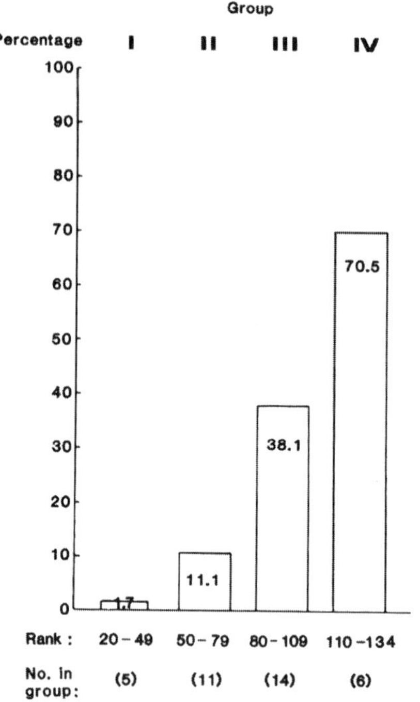

도표 5-5 다중부정문의 실현 비율표 (Shuy 1968III. 12, Davis 1983 : 106)

Wolfram의 흑인영어 연구

한편 Walter A. Wolfram은 Shuy의 디트로이트 언어조사 때 면접한 제보자 중에서 흑인들만 48명을 따로 뽑아 흑인영어를 처음으로 본격적으로 다룬 *A Sociolinguistic Description of Detroit Negro Speech* (1969)를 출간하였다.

Wolfram은 48명의 흑인 제보자를 4단계의 사회계층(중상, 중하, 상노동층, 하노동층)으로 나누고 각 계층에 똑같이 12명씩을 배당하고, 이 12명을 다시 나이에 따라 4명씩 세 그룹으로 나누어 10세-12세군, 14세-17세군, 30세-55세군으로 나누었다.

Wolfram이 조사한 언어 현상은 크게 음운적인 것과 문법적인 것 두 가지였는데 음운 현상으로는 (1) test, wasp, left 등의 어말 자음군의 단순화, (2) tooth, nothing 등의 어말 및 어중 /θ/음의 발음, (3) good, shed 등의 말음 /d/의 음절화, (4) sister, fair의 /r/음 등의 네 가지였으며, 문법 현상으로는 (1) zero 계사(she nice), (2) 활용하지 않는 be(I be twelve February seven), (3) he take(s), john('s) book, three gear(s) 등과 같은 접사 {-z}의 생략, (4) 다중 부정 등 네 가지였다.

이 조사 분석에서 얻은 결론은 사회계층, 나이, 성별 등의 사회적 변수와 언어 변종 사이에 부정할 수 없는 뚜렷한 상관관계가 있어 앞의 Labov나 Shuy의 연구에서의 결론과 마찬가지로 사회계층이 낮을수록 비표준어를 많이 쓰고, 남자가 여자보다, 어린 사람들이 나이 든 사람보다 더 많은 비표준어를 쓴다는 것이었다. 도표 5-6이 그 일단을 보여 준다. 이 도표는 tooth, nothing의 /θ/가 /f/, /t/ 또는 ø(zero)로 바뀌는 빈도를 나타낸 것이다.

또 도표 5-7 역시 같은 성격의 것이다. 이것은 he talks와 같은 3인칭 단수 현재형에 있는 {-z}가 나타나지 않는 퍼센트인데 하류층으로 갈수록 그러한 비표준형이 현저하게 많아짐을 일목요연하게 보여 준다.

이같은 Wolfram의 연구는 전체적으로 Labov와 Shuy의 연구와 맥락을 같이하는 것으로서 미국 사회방언학의 또 하나의 초석이 되었다. 특히 1960년대 중반부터 일기 시작한 흑인영어에 대한 관심이 이 Wolfram에 와서 처음으로 규모 큰 업적으로 나타났다는 점에서 Wolfram의 디트로이트 흑인영어의 연구가 가지는 의의는 크다.

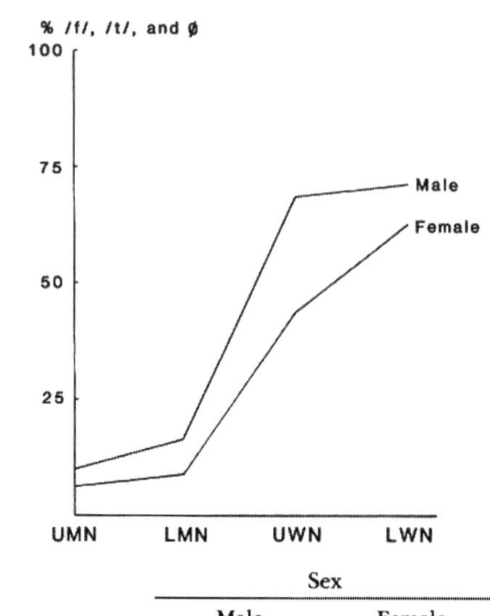

	Sex	
	Male	Female
UMN	14.6	9.6
LMN	21.9	12.3
UWN	70.1	47.5
LWN	72.3	70.2

도표 5-6 (th)가 /f, t, ø/로 실현되는 비율표 (Wolfram 1969 : 92)

5. 1. 3 흑인영어 연구

사회방언학이 미국에서 크게 발전한 배후에 흑인영어를 빼놓을 수가 없다. 흑인들이 쓰는 영어가 백인들이 쓰는 영어와 다른 점이 있어 연구자들을 자극했는데 그 차이가 사회방언으로서의 차이로 인식되면서 흑인영어는 사회방언학자들의 연구 표적이 되었으며 동시에 사회방언학 발전의 기폭제가 된 것이다.

앞에서 Wolfram의 연구가 흑인영어에 대한 최초의 본격적인 연구라고 하였지만, 비록 출판은 되지 않았으나 거의 비슷한 성격의 연구가 Labov 외 수인에 의해 한 해 이른 1968년 "A Study of the

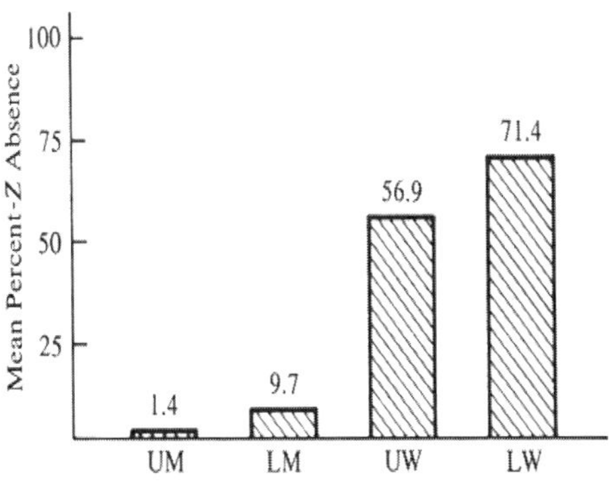

도표 5-7 3인칭단수어미 {-z}가 탈락하는 비율표 (Wolfram and Fasold 1974 : 80)

Non-Standard English of Negro and Puerto Rican Speakers in New York City"라는 이름으로 행해진 바 있다. 그러니까 흑인영어에 대한 연구는 1960년대 후반부터 본격화하기 시작한 셈이다.

Gullah 방언 연구

흑인영어에 대한 초기의 관심은 Gullah 방언에 쏠렸었다. Georgia주와 South Carolina주 해안에 연해 있는 섬에서 주로 사용된 이 방언은 아프리카어의 영향이 여러가지로 발견되는 특이한 방언으로서 미국의 다른 지역에서 쓰이는 여타 방언들과 워낙 달라서 일반적으로 크리올어(creole language), 즉 아프리카어와 영어가 뒤섞여 이루어진 혼성어(pidgin)가 토박이 말(native language)로서 다음 세대로 이어진 말이라고 인식되어 왔다. 이 방면으로의 연구는 일찍부터 시작되어 1908년에 이미 John Bennett의 "Gullah : A Negro Patiois"가 발표되었고 1948년에는 지금까지 이 방면의 고전이 된 Lorenzo Turner의 *Africanisms in the Gullah Dialect*가 발표되었다.

대부분의 미국 방언학자들은 Gullar방언은 미국 흑인들의 말 중에서도 특이한 존재라고 여겼다. Gullar방언은 말하자면 미국 흑인영어의 한 전형으로서 연구된 것이 아니라 유독히 특수한 방언이어서 연구한다는 입장이었던 것이다. Kurath도 *Word Geography of the Eastern United States*(1949)에서 일반적인 흑인들의 말은 백인들의 말과 다를 바 없다는 견해를 밝혔을 정도로 이때까지만 하여도 흑인영어에 대한 관심은 특수한 경우에 한정되어 있었다.

흑인영어와 아프리카어

그러나 1951년 McDavid 부부(Virginin and Raven McDavid)는 "The Relationship of the Speech of American Negroes to the Speech of Whites"에서 미국 흑인영어 전반에 아프리카어의 영향이 미쳤을 가능성을 시사하였다. 이들의 결론은 언어지도 자료의 뒷받침도 있고 하여 Kurath의 견해와 마찬가지로 흑인영어와 백인영어가 근본적인 차이는 없다는 것이었다. 그러나 흑인영어와 아프리카 언어 간의 관계를 좀더 깊게 구명할 필요성을 강조한 점이 반향을 불러일으키기에는 충분하였으며, 이로써 1950년대와 1960년대에는 아프리카 언어와 크리올(creole)들에 대한 연구들이 속출하게 되었다.

그 하나가 1965년 Burge Loftman Bailey가 발표한 "Toward a New Perceptive in Negro English Dialectology"라는 논문이었다. 여기서 강조된 것은 무학층(無學層)의 흑인영어는 그 뿌리를 크리올에 둔 언어로서 같은 계층의 백인영어와 심층구조부터 다른 언어라는 점이었다. 이러한 사고는 1967년에 William Stewart가 발표한 "Sociolinguistic Factors in the History of American Negro

Dialects"에도 이어졌다. 18세기까지만 하여도 특히 들판 노동자로 일한 흑인 노예들 사이에는 혼성어 형태가 널리 쓰이다가 남북전쟁 후 노예제도가 바뀌면서 점차 정상적인 영어에 익숙해졌지만 아직까지도 얼마간의 크리올이 남아 있다는 것이 Stewart의 주장이었다. Stewart는 뒤이어 1968년에 발표한 논문 "Continuity and Change in American Negro Dialects"에서도 하류층의 흑인영어가 Gullah와 비슷한 구조를 가지고 있다는 점을 밝히려 하였다.

결국 흑인영어의 특성에 대한 미국 방언학자들의 견해는 두 갈래로 갈린 셈인데 이 두 갈래는 1970년대로 넘어오면서도 얼마간 계속되었다. 가령 R. I. McDavid and L. M. Davis가 1972년에 발표한 "The Speech of Negro Americans"는 두 영어가 근본적으로는, 또 질적으로는 같되 다만 양적인 면에서 다르다는, 즉 비표준형이 어느 한쪽에 있고 없고의 차이가 아니라 흑인영어에 더 많고 백인영어에 더 적은 차이라는 견해를 보였고, 반면 Dillard의 두 저서 *Black English : Its History and Usage in the United States*(1972)와 *All-American English*(1975)는 Stewart와 같은 입장을 취했다.

흑인영어에 대한 계량적 연구

그러나 흑인영어에 대한 연구의 주류는, 흑인영어와 백인영어의 차이는 양적인(표면구조상의) 차이라는 전제 위에서 행해지는 계량분석적인 연구였다. 앞의 Labov(외 수인)의 연구나 Wolfram의 연구가 모두 그러한 방법론 위에 선 것이었다. Labov는 1969년에 발표한 논문 "Contraction, Deletion, and Inherent Variability of the English Copula"에서도 이 태도를 고수하였다. 그러나 이러한 연구들로써 흑인영어의 성격이 명쾌히 구명된 것은 아니어서 전체적으로는 계량분석적인 방법론 위에 서지만 양자의 질적인 차이도 찾을 수 있으면 찾아야 한다는 입장의 연구가 계속되었다.

미시시피주의 Holmes County에서 Wolfram, Shuy, Fasold가 행한 연구도 그러한 시도였다. 여기서는 두 영어의 차이가 역시 기저구조에서의 것이기보다는 표면적인 것이며 전체적으로는 양적인 것임을 밝혀냈지만, 때로 질적인 것이 있고 그것이 아프리카언어나 크리올의 영향일 가능성이 있음도 아울러 밝혀냈다. Wolfram이 미시시피주의 Franklin County를 대상으로 연구한 논문 "The Relationship of White Southern Speech to Vernacular Black English"(1972)에서 내린 결론도 마찬가지였다.

Crawford Feagin은 흑인영어의 자료는 기간(旣刊)의 연구에서 이용하고, 백인영어의 자료는 앨라배마주 Anniston에 사는 거의 80명에 달하는 제보자로부터 수집하여 두 영어를 비교하였는데 남부 미국 언어에 대한 최초의 본격적 연구가 된 이 연구는 역시 바로 앞의 연구들이 내린 것과 비슷한 결론을 내렸다. 즉 두 영어의 차이가 전체적으로는 양적인 것이지만 그렇다고 흑인영어에 크레올 영향의 잔재가 남아 있을 수 있다는 가능성을 배제하지는 않은 것이다.

결국 흑인영어에 대한 연구는 정도의 차이는 있지만 흑인영어의 양면적인 성격을 모두 인정하는 편으로 기울어진 셈인데, 흑인영어 연구의 성과는 그러한 결론보다는 한 지역 안에서 인종이 다름으로써 서로 뚜렷한 차이를 보이는 방언을 쓴다는 사실을 분명하게 드러낸 점이라고 할 수 있다. 어떻든 흑인영어는 그 특수한 성격 때문에 사회방언학을 일으키고 발전시키는 데 가장 직접적으로 기여하였으며 또 무한한 자료를 제공하는 한 보고(寶庫) 노릇을 해 주었다.

백인영어에 대한 연구

미국에서도 흑인영어 이외의 사회방언에 대한 연구가 없지는 않았다. L. M. Davis의 *A Study of Appalachian Speech in a Northern Urban Setting*(1971)이라든가 R. Hackenberg의 "A Sociolinguistic Description of Appalachian English"(1973)을 비롯하여 L. L. Blanton의 "The Verb System in Breathitt County, Kentucky : A Sociolinguistic Analysis"(1974), J. C. Mcgreevy의 "Breathitt County, Kentucky, Grammar"(1977) 등의 학위논문, 그리고 W. Wolfram and D. Christian의 Appalachian Speech(1976) 등은 모두 백인들 간의 사회방언을 연구한 업적들이다.

한편 이민 온 푸에르토리코 사람들의 영어를 대상으로 한 연구도 있다. Wolfram이 1974년 출간한 *Sociolinguistic Aspects of Assimilation : Puerto Rican English in New York City*가 그것이다. 또 미국 이주민들의 영어에 대한 연구도 시도된 바 있다. 작은 논문으로서 W. L. Leap가 1972년에 발표한 "On Grammaticality in Native American English : The Evidence from Isleta"가 그 예다.

그러나 흑인영어 이외의 미국 사회방언의 연구는 미미한 수준에 있었다고 할 수밖에 없으며, 앞에서 지적했던 대로 사회언어학 내지 사회방언학이 제 궤도에 오른 지 20년 동안의 이 방면 연구의 주된 대상은 흑인영어였으며, 따라서 흑인영어는 그만큼 이 방면의 연구에 기여한 점이 큰 바 있다.

5.1.4 Trudgill의 영국 사회방언 연구

앞에서 살핀 업적들은 모두 미국에서 이루어진 것들이었는데 미국 이외의 나라에서 이루어진 이 방면의 중요한 업적의 하나로

Peter Trudgill이 1974년에 간행한 *The Social Differentiation of English in Norwich*를 들 수 있다.

이 연구는 영국 Norwich시를 조사지점으로 하였는데 Trudgill은 이 Norwich의 토박이여서 면접 때 토박이 말을 씀으로써 제보자로 하여금 보다 자연스러운 말투로 응답하게 하는 이점이 있었다든가 Norwich의 사회구조를 미리 잘 알고 있었기 때문에 제보자의 선정이 더 신중하게 될 수 있었다든가 등 다른 경우보다 연구를 더 효율적으로 수행하였다는 점이 지적될 만하다.

조사지역과 제보자의 선정

Trudgill은 Norwich 전 지역을 다섯 구역으로 나누었다. 우선 사회경제적인 특성이 시 전체의 특성과 공통성을 가지면서도 사회적, 지리적인 특성과 가옥형에 있어 서로 다른 특성을 대표하는 네 구역(중앙의 Westwich, 북쪽의 Hellesdon, 서쪽의 Eaton, 남쪽의 Lakenham)을 선정하고 여기에 교외 지구를 대표하면서 동쪽 구역을 대표하는 구역(Thorpe St. Andrew) 하나를 더 추가한 것이다. 그리고 제보자를 이 다섯 구역에 한정하여 선정하였다.

제보자는 위의 다섯 구역에서 선거인 명부에 의해 무작위로 각각 25명씩을 뽑고 그중 10명에게 우선 편지를 띄웠다. 만일 그 10명이 모두 면접에 쾌히 응하겠다는 응답을 보내오고 또 결격사항이 없으면 그 10명을 그 구역의 제보자로 삼고, 그렇지 못하면 나머지 15명에서 차례로 한 사람씩 채워 결국 한 구역에 10명씩의 제보자를 선정하여 다섯 구역에서 모두 50명의 제보자를 확보하였다. 한 구역에서 10명을 뽑은 것은 주어진 시간 안에 면접을 할 수 있는 최대의 인원이 10명이기 때문에 취해진 조처였다고 한다. 그러나 Trudgill은 이 50명에다가 10세-20세 사이의 학생

10명을 다시 추가하였다. 이는 이러한 연구가 전 연령층에 걸쳐 이루어져야 한다는 생각에서였다. 결국 인구 16만명의 Norwich를 60명의 제보자로써 대표시킨 것이다.

사회현상과 언어 간의 상관성

Trudgill은 전체적으로 Labov의 방법론을 따랐다. 먼저 제보자의 말이 얼마나 일상적인가 아닌가에 따라 네 가지 스타일을 구별하여 일상 스타일(casual style), 격식 스타일(formal style), 문장 읽기 스타일(reading-passage style), 단어 리스트 스타일(word-list style)로 나누었다.

그리고 사회적 조건에 따라 달라지는지 않는지를 검증한 언어 현상은 16종이었는데 그중 13종은 모음에 관한 것이었고 나머지 세 가지는 자음에 관한 것이었다. 그 대표적인 것을 몇 가지 들면 ng의 발음에 관한 것으로서, walking, running, fishing의 접미사 -ing에 있는 ng의 발음이 [ŋ]으로 실현되느냐 [n]으로 실현되느냐를 비롯하여, happy, home 등의 h가 [h]로 발음되느냐 아니면 탈락하느냐, bad, cap, matter의 a가 [æ] [æ:] [æ:$^{\varepsilon}$] [ɛ:] [ɛ^{e}:] 중 어느것으로 실현되며, tune, music, hugh의 u가 [j]를 동반하고 실현되느냐 않느냐 등이었다.

이들 언어 현상 하나하나를 사회계층, 스타일, 성별 등의 사회적 요인과 관련시켜 사회적 조건과 언어와의 관계를 검토하였는데 특히 몇몇 언어 현상에서 양자의 관계가 매우 밀접함을 밝혀냈다. 그 한 예로 ng의 경우를 보면 도표 5-8가 보여주듯이 ng을 [n]으로 발음하는 빈도가 하층계급으로 내려갈수록, 또 말에 주의를 덜 기울일수록 높아짐을 밝혀낸 것이 그것이다. Trudgill은 동시에 접미사의 ng이 [n]으로 실현되는 빈도가 여성보다 남성에서

Class	Style			
	WLS	RPS	FS	CS
I MMC	000	000	003	028
II LMC	000	010	015	042
III UWC	005	015	074	087
IV MWC	023	044	088	095
V LWC	029	066	098	100

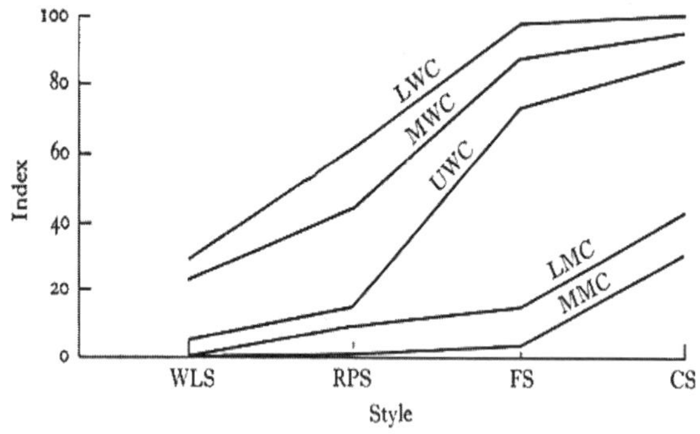

도표 5-8 (ng)이 [n]으로 발음되는 비율표 (Trudgill 1974 : 92)

더 높다는 것도 찾아내면서 표준어 형태가 남성보다 여성에게서 더 높은 빈도를 보이는 일이 미국에서도 밝혀진 바 있지만 영국에서는 그것이 더 일반적인 경향임을 지적하였다. 이것을 두고 Trudgill은, 영국 여성들은 남자들처럼 사회적 지위를 보장받기 어렵고 또 직업이나 수입 능력 등 밖으로 드러나는 형태로 사회적 지위를 높이기도 어렵기 때문에 말로써 자기들의 지위를 나타내려는 욕구가 남자들보다 클 수밖에 없고 그만큼 여자들이 표준어를 남자들보다 더 열심히 구사하려는 경향이 있다는 해석을 내렸다.

Trudgill의 연구는 다른 연구보다 여러가지 언어 현상을 다루었기 때문에 사회적 조건이 언어현상에 미치는 영향이 언어 현상에 따라 일정치 않고 어떤 사회적 조건에 어떤 언어 현상이 두드러지게 나타나고 어떤 것에는 별로 큰 영향을 미치지 않는가를 정밀히 관찰한 특징을 보여준다. 그러나 그보다도 언어가 사회적 조건에 따라 차이를 일으킨다는 일반론을 영국에서 다시 확인시켜 주었다는 점에서 Trudgill의 연구가 가지는 가치가 크다고 할 만하다.

5.1.5 Gumperz의 연구

사회방언에 대한 연구의 주류는 앞에서 본 것처럼 계량적 방법에 의한 것이었다. 어떤 언어 현상은 어떤 집단, 어떤 상황에서는 더 널리 쓰이고 어떤 집단, 어떤 상황에서는 덜 쓰인다는 사실, 즉 그러한 경향을 밝힘으로써 언어와 사회 요인과의 관계를 구명하려는 것이 이들 연구의 공통점이었다.

전통방언학적 사회방언 연구

그러나 사회방언에 대한 연구가 반드시 이러한 계량적 방법에 한정되어 있지는 않다는 것도 바로 인식할 필요가 있다. John J. Gumperz가 인도의 사회방언에 대해 행한 일련의 연구가 바로 계량적인 방법이 아닌 다른 한 경향의 연구 방법을 우리에게 보여준다. 전통적인 언어지리학이 어느 어형은 어떤 지역의 것이고 그와 다른 어느 어형은 또 어떤 지역의 것이라고 명확히 선을 그어 인식하듯이, 다만 지역을 사회계층으로만 바꾸었을 뿐 a 어형은 x 계층의 것이고, b 어형은 y 계층의 것이라는 식으로 사회방언을 인식할 수 있을 것인데 Gumperz의 연구는 바로 이러한 계통의 것이다.

Khalapur 부락 방언의 연구

Gumperz가 조사한 지역은 인도의 Khalapur라는 곳으로 Delhi 북방 80마일에 있는 인구 5천의 농촌이었다. 이곳은 사회계층이 아주 다양한 곳이었는데 Gumperz는 여기에서 사회학자들로 이루어진 팀에 끼어 그들의 성과와 관련시키면서 2년간 언어조사를 행하였다. 그 결과의 하나로서 발표된 것이 "Dialect Differences and Social Stratification in a North Indian Village"(1958)라는 논문이다.

Gumperz가 다룬 언어는 Khalapur의 부락방언(village dialect)이었다. 힌두어가 쓰이는 북부 인도는 대개 세 가지 말을 동시에 쓴다고 한다. 하나는 마을마다 달리 쓰는 부락방언이며, 다른 하나는 작은 시장에서 그 부락방언의 화자들이 공통어로 쓰는 지역방언(rigional dialect)이며, 나머지 하나는 Delhi 같은 큰 도시에서 쓰이는 표준힌두어(Standard Hindi)가 그것이다. Khalapur에서도 이 세 가지가 다 쓰이는데 Gumperz는 그 중 부락방언만을 대상으로 하여 그것이 이 마을의 사회계층에 따라 어떤 언어차를 보이는가를 관찰한 것이다.

Khalapur는 카스트(caste)가 31개로 나뉘는 복잡한 사회구조를 가진 곳인데 이 카스트를 대분(大分)하면 대체로 상류계급으로 Brahman, Rajput(무사-통치자), Vaishya(상인), 중류계급으로 기능공 및 노동자, 마지막으로 불가촉계급(不可觸階級, untouchable)인 하류계급으로 Chamar(무산노동자), Jatia Chamar(가죽세공인), Bhangis(청소부) 등으로 나뉜다고 한다.

제보자

Gumperz는 제보자를 부락 인구의 1% 이상 되는 18개의 계층 각각에서 2명씩(또는 그 이상)을 뽑아 썼는데 만일 Rajput나 수가 많은 계층이 몇 구역으로 나뉘어 부락을 이루고 있을 때는 그 부락 각각의 대표 제보자를 따로 선정하였다. 제보자는 모두 남자였으며 부락방언만 쓰고 지역방언을 쓰지 않을 사람만으로 한정하고, 교육 정도도 무학자나 글을 읽어도 겨우 읽는 사람으로 한정하여 고등교육을 받았거나 신문이나 책을 자주 읽는 사람은 제외하였다. 이 제보자의 선정 기준에서도 통계적인 방법과 다른 전통적인 방언학의 방법론을 따랐음을 볼 수 있다.

자료 수집 방법

질문지는 미리 만들지 않고 우선 제보자 하나를 대상으로 하여 그 사람의 부락방언의 음운구조를 세운 다음 그것을 다른 제보자들에게 확인하면서 거기서 드러나는 차이를 발견하고 이러한 차이를 여러 계층의 부락민들 사이의 자연발화에서 계속 추가하여 이에 근거로 질문지를 작성하는 방식을 취하였다. 그리고 질문지에 의한 면접을 통해 얻은 자료에서 가설을 세우고 이것을 다시 수개월에 걸쳐 자연스러운 발화의 관찰로 확인하였다. 짧은 기간 동안 잘 짜여진 질문지에 의해 일사천리로 조사를 진행하는 일반 조사방법과는 달리 주민들과 함께 그곳에 파묻혀서 생활하면서 조사하는 방법을 택한 것이다.

음운현상에서의 언어차와 언어군

Gumperz는 음운현상에 초점을 맞추어 사회계층에 따라 차이를 드러내는 음운현상 11가지를 찾아냈다. /bail/ /khair/처럼 자음 앞에서 /ai/ /ui/ 등의 이중모음이 실현되는 경우와 실현되지 않는 경우, 즉 그 음운분포에서의 차이를 일으키는 현상(1), 어원적인 차이로서 /bətáu/ 대 /butáu/ 사이에서와 같은 /ə/와 /u/의 분화 (2a), /ripə́t/ 대 /rapə́t/ 사이에서와 같은 /i/와 /ə/의 분화(2b), /kǽsa/와 /kə́sa/에서 보는 바와 같은 /æ/와 /ə/의 분화(2c), /khat/와 /khãt/에서와 같은 비모음과 구강모음의 분화(2d) 등이 그 대표적인 예다.

Gumperz는 이와 같은 11개 음운현상 중 어떤 특징을 가지는가에 따라 Khatapur 마을의 주민을 다음과 같은 6개의 언어군(linguistic group)으로 나누었다.

(A) 거의 모든 가촉계급(可觸階級, touchable caste)
(B) C구 및 G구에 거주하는 Rajput(지도 5-1 참조)
(C) 고풍을 지키는 가촉계급
(D) Chamar
(E) 제화공층
(F) 청소부층

그런데 이들 각 언어군의 언어 특징에 대한 이 지방 사람들의 의식은 놀랍도록 강하다고 한다. 그리하여 만일 어떤 어형을 대면 그것은 Chamar들의 말이라고 쉽게 판별하는가 하면 청소부층의 말은 순화되어야 할 말이라고 낮추어 평가하며, 또 만일 Rajput층이 동료의 말을 듣고 마치 Chamar층처럼 말한다고 하면 그것은 그 동료가 격에 맞는 말을 쓰지 않고 천민의 상스러운 말투를 쓴다는 뜻이라는 것이다. 하류층이 상류층의 말투를 흉내내면 상류층 사람들이 싫어한다고도 한다. 모두 각 계층의 언어 특징에 대해서 민감한 의식을 가지고 있는 증거이며, 그만큼 각 언어군의 언어 특징이 뚜렷함을 뜻하는 것이다.

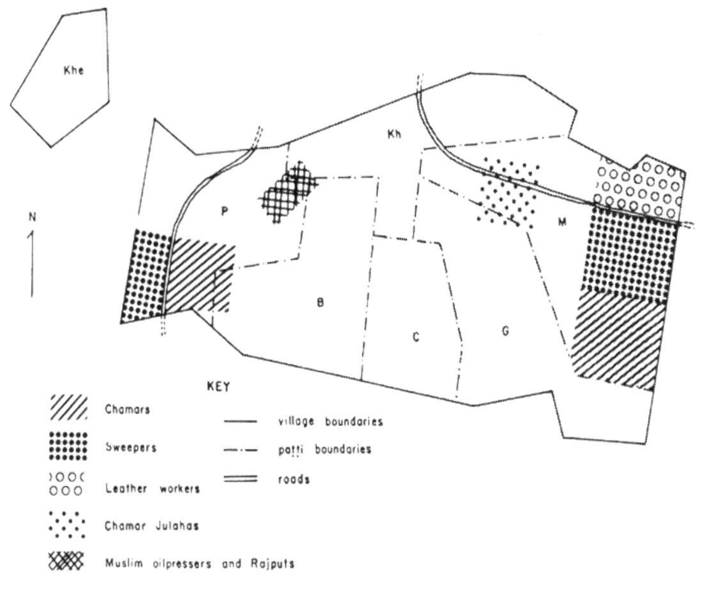

지도 5-1 인도 Khalapur의 구역도 (Gumperz 1971 : 40)

Gumperz는 이처럼 뚜렷한 언어 특징을 가지고 있는 위의 6개의 각 언어군이 어떤 지리군(地理群, geographical group)을 대표하는 것이 아니고 위에서 보인 바와 같은 각 사회군(社會群, social group)을 대표한다는 것을 결론으로 삼았다. 지도 5-1에서 보듯이 몇 계층은 한 부락 안이기는 하지만 지리적으로 떨어져 거주하는데 이들이 같은 방언을 쓰는 사실이 이를 입증한다고 하였다. 그러나 그들이 비록 전부 자기 구역을 따로 가지고 있다고 하더라도 한 부락 안에서의 언어분화를 사회적인 현상이 아니고 지리적인 현상이라고 하기 어렵다는 것은 너무도 자명하다. Khalapur 주민들은 100년 이상을 그곳에 머물러 사는 토박이들이라는 점에서 더욱 그러하다.

어느 사회에나 사회방언이 있다고 하지만 인도의 경우는 확실히 특이한 지역임이 분명하다. 한 부락 안에서 Gumperz의 연구에서 보이는 바와 같은, 구획이 선명한 방언군을 몇 개씩 가지고 있기란 드문 일일 것임에 틀림없기 때문이다. Gumperz는 Khalapur의 각 계층이 지도에서 보듯 거주 지역도 선명히 구분되어 있을 뿐만 아니라 거주 양식에서도 확연히 구분되고 그 복장이며 의식에서도 각기 독특한 양식이 있음을 지적하고 있다. 그만큼 사회계층간의 구분이 여러 문화 양식에서 엄격히 되어 있는 사회인 것이며, 다른 사회에서 보기 어려울 정도로 언어분화가 다양하고 선명한 것도 이러한 배경과 관련되는 것이 아닐 수 없다.

Gumperz는 어떤 계층 간의 방언차는 음운적인 것인 데 비해 어떤 계층 간의 것은 음성적이며, 또 어떤 계층 간의 것은 어휘적인 것이 고작인 점을 지적하며 이런 언어적인 차이의 다름이 사회적인 차이의 크기와 비례하거나 유관한 것인지 하는 문제를 숙제로 던졌다. 이러한 숙제는 앞으로의 사회방언 연구의 좋은 과제이기도 하지만 인도의 경우는 바로 그러한 숙제를 던질 만큼 특수한 사회이기도 하다고 생각된다. 그리고 Gumperz의 방법이 통계적이 아니고 전통방언학의 방법론과 상통하는 것도 인도의 특수성에 말미암은 것이 아닌가 하는 생각을 할 수 있다.

흔히 사회방언의 존재를 이야기하지만 오랫동안 이에 대한 관심이 지역방언에 대한 것만큼 크지 못하였던 것은 사회계층 간의 방언차가 지역 간의 그것만큼 크고 뚜렷하지 못하였던 데 무엇보다 큰 원인이 있었다고 생각된다. 그런데 Gumperz의 인도에서의 연구는 지역방언 간의 경계보다 더 뚜렷한 경계를 가지는 사회방언들을 제시하고 있다. Gumperz의 연구는 이 점에서 통계적으로 그 차이를 지시한 여타의 사회방언 연구와 다른 면모를 가지는 것이라 할 만하다. 차이가 워낙 뚜렷하여 굳이 통계적인 방법을 수용하지 않아도 되었던 것이며 그만큼 다른 곳에서는 예가 흔치 않은 특이한 지역의 사회방언을 우리에게 보고해 준 것이다.

Gumperz 연구의 특수성

사회방언에 대한 연구의 주류가 통계적인 방법이라는 점에서 보면 Gumperz의 연구는 사회방언학이 주류에서 벗어나 있다고 할 수 있다. Gumperz의 방법론이 통계적인 방법이 아니라고 하여 방법론적인 결함을 가졌다고 할 수도 있고 시대에 낙후한 방법론이라고 지적받을지도 모른다. 언어 현실의 실상을 보여주지 못한다는 점에서 통계적이지 않은 방법이 지적받는 그러한 지적을 면할 수는 없겠기 때문이다.

그러나 우리는 뉴욕이나 런던에서는 통계적인 방법을 쓸 수밖에 없을 정도로 사회방언의 존재가 그리 뚜렷하지 못한 반면 인도의 경우는 굳이 그러한 방법을 쓰지 않아도 각 사회계층 간의 언어차를 쉽게 찾아낼 수 있다는 점을 간과해서는 안 될 줄 안다. 모두 그 지역의 특성에 적합한 방법이지 어느 한 방법론이 모든 지역에 다 효율적으로 적용되는 것은 아니라고 보는 것이다. Gumperz의 방법론은 비록 사회방언학의 주류를 이루지는 못하였지만, 그리하여 Labov의 연구처럼 영향력을 크게 끼치지는 못하였지만 지역의 특성에 따라서는 매우 효율적으로 적용될 수 있을 것으로 생각된다. 이는 마치 전통방언학의 방법론이 통계적 방법론자의 비판에도 불구하고 지역에 따라서는 매우 적절한 방법인 것과 마찬가지다. Gumperz의 연구는 이처럼 사회방언의 연구를 전통방언학의 방법론 위에서도 할 수 있다는 가능성을 보여준 점에서 큰 의의를 가진다고 평가받아 좋을 것이다.

5.2 언어분화의 사회적 요인

앞 절의 사회방언 연구사에서 연구자들이 대체로 어떠한 사회적 조건들을 언어차를 일으키는 요인들로 잡고 관찰의 대상으로 삼았었는지가 드러났지만 여기서는 그 하나하나를 독립시켜 좀 더 상세히 살펴보고자 한다.

5.2.1 사회계층

사회방언과 계급방언

언어에 영향을 미치는 사회현상 중 제일 먼저 사람들의 주의를 끌었던 것은 사회계층(social stratification) 또는 사회계급(social class)이다. 사회방언학자들이 제일 크게 관심을 쏟았던 것도 이것이다. 사회방언을 한편으로는 계급방언(class dialect)이라 부르든가 사회계급방언(social-class dialect)이라 부르는 것도 사회계층이 그만큼 사회방언을 결정짓는 사회적 요인 중 가장 영향력이 큰 요인임을 입증해 주는 것이다.

사회방언에 대한 인식이 희랍 시대에 이미 있었다든가 그 후에도 그 존재에 대한 지식은 여러 곳에서 있었다고 할 때의 사회방언도 엄격히 따져 보면 거의 모두가 바로 계급방언으로서의 사회방언들이었던 것으로 판단되거니와, 이 사회계층에 의한 계급방언은 연령이나 성별이나 기타 요인에 의한 사회방언보다 어느 시대 어느 곳에서나 널리 존재하는, 가장 보편적인 사회방언임에 틀림없다.

사회계층이 연령이나 성별에 비해 언어의 분화에 그만큼 더 큰 영향을 미치는 것은 그럴 만한 이유가 있을 것이다. 두 집단

간의 언어가 멀어지고 갈린다는 것은 두 집단 사이에 어떤 장벽이 생기고 거리가 생기기 때문이다. 지역방언이 생기는 것도 바로 그러하다. 두 지역이 지리적으로 멀리 떨어져 있거나 지리적인 거리는 가깝다 하더라도 그 사이에 큰 산맥이나 강이나 늪이나 사막 등의 지리적 장애가 있으면 두 지역의 언어도 멀어지게 마련인 것이다. 사회방언도 어떤 집단 사이에 장애와 거리가 생김으로써 일어난 언어분화의 결과일 것인데 사회방언 중 사회계층이라는 요인 때문에 생긴 것이 가장 보편적인 것은 그러한 집단 간의 거리를 만드는 요인 중 사회계층이 가장 보편적으로 어느 사회에나 있다는 뜻일 것이다.

특수계급 사회와 일반 사회

그러나 사회계층의 양상은 반드시 어느 사회에서나 한결같이 나타나지는 않는다. 적어도 두 가지로는 나누어 볼 수 있는데 하나는 사회계층이 인습으로 굳어져 각 계층에 고유한 명칭이 있고 또 조상이 어느 계층이면 그 자손도 거의 자동적으로 그 계층에 속할 정도로 사회계층의 구분이 엄격한 사회이며, 다른 하나는 계층에 붙는 고유한 명칭도 없을 뿐만 아니라 계층 간의 이동이 비교적 자유로운 사회다. 전자의 대표적인 예는 인도일 것이다. 우리나라도 한때 양반계급과 상민계급이 준별(峻別)되어 있었고 백정이나 역참(驛站) 등의 천민계급이 또 따로이 엄격히 구별되어 있으면서 어느 한 계층에서 다른 계층으로 신분을 바꾸는 일이 불가능했던 적이 있다. 그 당시의 우리나라 사회도 역시 전자에 속할 것이다.

그러나 대부분의 사회는 어떤 양상으로든 사회계층이 없을 수는 없지만 그 구분이 그리 선명하게 그어지지 않는 것이 일반적이다. 상류계급이다 중류계급이다라고 할 때 가령 오늘날의 한국을 예로 들면 어떤 한 개인, 또는 한 가족을 두고 늘 일정하게 상류계급이라든가 중류계급이라고 규정짓기는 어렵다. 스스로는 중류층이라고 하는데 남들은 상류층이라고 할 수도 있으며 그 반대일 수도 있다. 그러나 인도에서 가령 Brahman이라면 누가 평가하든 Brahman이며 어떤 개인을 Brahman이라고 할 것이지 아닌지를 두고 곤란을 겪는 일이란 있을 수 없을 것이다. 그리고 상류니 중류니 하는 것은 방편으로 붙여진 이름이기도 하지만 중류에 속하였던 사람이 상류로 올라갈 수도 있고 그 반대일 수도 있다. 그만큼 후자에 속하는 사회에서의 사회계층은 전자 사회의 그것에 비하여 유동성이 크고 그만큼 그리 엄격한 개념이 아니라는 특징을 지닌다.

따라서 사회계층이 언어분화의 중요한 사회적 요인이라고 할 때 우리는 그 사회가 앞의 두 종류의 사회 중 어느 사회에 속하는가를 구별하여 인식할 필요가 있다. 사회계층이 엄격한 사회에서는 그것에 의한 언어분화의 도(度)가 그만큼 클 것이 예상되므로 거기에 대처해야 하며 또 만일 그렇지 않은 사회라면 거기에 적합한 방법으로 접근하도록 하여야 할 것이다. 두 종류의 사회를 동일 선상(線上)에 놓고 봄으로써 일으킬지도 모를 혼란을 어떻든 피하여야 할 것이다.

인도의 계급방언

실제로 인도에서는 카스트에 의한 계급방언, 즉 카스트방언(caste dialect)들이 지역방언 간의 차이보다 더 큰 차이를 보이는 수가 많다고 한다. 한 예로 남인도의 Dharwar와 Bangalore는 250마일이나 떨어진 곳인데 같은 계층끼리 비교해 보면 '앉다'를

Brahmin은 다같이 'küt-'라고 하고 비 Brahmin은 다 같이 'kunt-'라고 하는 데서 보듯 지역적 차이가 없는데, 계층을 달리 하여 비교하면 동일한 지역에서 'küt-'와 'kunt-'로 구별되고, 또 '그렇다'를 비 Brahmin이 두 지역에서 다 'ayti'라 하는데 Bangalore 지역의 Brahmin은 'ide'라고 하는 것 등을 들 수 있다.

이 정도는 아니더라도 앞의 Gumperz의 연구에서 보았듯이 동일 지역 안에서의 계층 간의 방언차는 인도의 경우 매우 뚜렷한 양상을 보인다. 어느 어형이 어느 계층의 언어 특징이라고 공인되다시피할 정도라면 그 특징이 얼마나 큰 것인가를 가히 짐작할 만하다. 이에 반하여 일반적인 사회에서의 사회방언 간의 경계는 지역방언 간의 경계처럼 뚜렷치 못한 것이 보통이다. 사회계층 자체를 어디에서 구획하여야 할지도 불분명하지만 언어에서 역시 어느 어느 특징이 상류방언의 특징이며 어느 어느 특징이 중류방언, 또는 하류방언의 특징이라고 경계를 뚜렷이 그어 말하기 어려운 경우가 많은 것이다.

영미의 계급방언

그러나 인도와 같은 특수 사회가 아니더라도 사회방언이 존재하는 것만은 틀림없고 그것도 때로는 상당히 뚜렷한 차이를 보이면서 존재한다는 사실이 이제는 꽤 널리 알려지게 되었다. 런던과 같은 수도에서 home과 같은 기초 단어에 사회계층에 따른 방언분화가 있을 듯싶지도 않은데 실은 [hoʊm]이라는 표준발음(RP) 이외에 [hʊvm] [ʌʊm]이라는 중류층의 발음 및 [æʊm]이라는 하류층의 발음까지 있다는 것은 사회방언에 대한 우리의 인식을 새롭게 해 준다. 그리고 비록 통계적인 방법을 써서 보기에 따라서는 겨우 경향만으로써 사회방언의 존재를 보여주는 것이지만 앞 절

표 5-1 3인칭단수어미 {-z}가 탈락하는 사회계층별 비율표

	Norwich	Detroit
중상층	0(%)	1(%)
중하층	2	10
상노동자층	70	57
중노동자층	87	(×)
하노동자층	97	71

에서 보았던 많은 통계에서 사회계층에 의해 사회방언이 갈리는 실례를 여러가지 보았다. 표 5-1도 영국과 미국의 두 도시에서 다같이 3인칭 단수 다음의 현재형 동사에 {-z}를 붙이지 않는 현상, 즉

She like him very much.
He don't know a lot, do he?

와 같은 현상이 하류(노동자)층으로 올수록 많아져 이것이 하류방언의 특징임을 여실히 보여준다.

우리나라의 계급방언

우리나라에서도 사회계층이 다름에 따라 언어에 그것이 드러나는 현상이 몇 가지 지적된 일이 있다. 양반과 상민의 구분이 허물어진 오늘날 그 사회적 구분이 언어에 어떻게 반영되어 있는지를 캐는 것은 이미 때늦은 일이지만 안동(安東) 지방의 경우 두 계층의 후손들의 말에서, 특히 친족명칭에서 차이가 드러난다는 것이 단편적으로나마 보고된 것이 있고, 어민(漁民)들의 언어가 이웃 농촌의 말과 현격히 구별되는데 그 차이가 사회방언으로

서의 차이로 해석된다는 연구도 나와 있다. 그러나 우리나라의 사회방언 연구는 아직 본궤도에 오르지 못한 채 있다. 사회학에서 우리나라 사회계층을 어떻게 구분할 것인지조차 아직 활발히 연구되지 않은 상태에 있지만 어느 사회보다도 사회계층의 구분이 불투명하게 되어 있다고 할 수 있는 우리나라에서 계층 간의 언어차가 그럴듯하게 드러나리라는 기대가 잘 서지 않아서 이 연구를 촉진시키지 못하는지도 모른다.

그러나 수학(修學)의 정도에 따라 '의원' '장관' '괴물' 등의 이중모음의 발음을 비롯하여 몇 가지 음운현상을 조사해 보면 사회계층의 다름에 따라 표준발음의 실현 빈도가 재미있게 드러날 가능성이 있을 것으로 기대된다. 또 한 연구는 '텔레비전', '텔레비', '티비(TV)' 중의 어느것을 선택하느냐가 사회계층과 관계된다는 사실을 밝힌 바 있는데 전체적으로 외래어의 사용 양상은 사회계층과 밀접하게 얽힐 가능성이 클 것이다. 우리나라에서도 이 방면으로의 연구는 그만큼 널리 열려 있다고 보아야 할 것이다.

5.2.2 연령

연령(age)의 차이에 따라 언어가 달라질 수 있다는 사실은 매우 널리 알려져 왔다. 그러면서도 이 현상은 어느 사회에서나 그만그만한 현상이요 사회에 따라 별다르게 나타나는 현상이 아닐 것이라는 생각 때문인지 언어분화를 일으키는 사회적 요인으로서 연령은 별로 큰 주목을 받아 오지 못한 편에 속한다. 그러나 연령이야말로 그 어느 요인보다도 가장 확실한 요인이어서 면밀한 관찰이 요구된다.

세대차에 의한 언어차

사회적 요인으로서의 연령의 문제는 우선 두 가지로 나누어 인식할 필요가 있다. 하나는 세대차(世代差, generation difference)다. 70대의 노년층과 20대의 청년층을 갈라 두 세대 간의 언어를 비교하면 여러가지 차이를 발견하게 되는데 이때의 언어차를 일으킨 사회적 요인은 연령이되 정확히는 세대차인 것이다.

가령 80대는 '희망, 환희'의 '희'의 'ㅢ'를 [ij]와 같은 이중모음으로 발음하고 '헌법, 문법'의 '법'을 평음 [법]으로 발음하는데 20대는 'ㅢ'를 단모음 [i]로, '법'을 된소리 [뻡]으로 발음한다면 그것이 좋은 한 예다. 어휘에 있어서도 70대가 널리 쓰는 '중의, 적삼, 남바우'나 '아주버니, 계씨(季氏)' 등을 20대들은 쓰지 않는다든가, 반대로 20대가 널리 쓰는 '스마트하다'니 '콤플렉스'니 '자기'(you의 뜻)니 하는 말을 70대에서는 쓰지 않는다면 이도 세대차가 언어에 반영되는 좋은 예다.

언어가 끊임없이 변화(change)를 거듭한다는 것은 결국은 이 세대 간의 언어차에 말미암은 것이라고 할 수 있다. 노년층은 대체로 젊은 시절에 익힌 언어 습관을 늙어서도 그대로 유지하여 젊은 층에서 일어나는 언어의 개신(innovation)을 받아들이지 않는다. 이 때문에 세대 간에 언어차가 생기게 되는데 이 현상이 자리를 잡게 되면 한 시대 한 시대의 언어를 특징짓는 언어의 변화를 일으키게 되는 것이다.

가령 '·'란 음운이 있던 것이 없어지고 '긔, 늬' 등의 자음 뒤 이중모음 역시 있던 것이 없어지고, '가니이다'의 '-니이다'와 같은 어미도 있던 것이 없어지게 되는 큰 언어변화가 애초에는 세대 간의 언어차에서 비롯되었을 것이다. 이처럼 동일 시대의 두 세대의 언어를 관찰한다는 것은 두 다른 시대의 언어를 보는 것으로서 세대 간의 언어차란 결국 언어변화의 한 단면을 반영하는 것이요 그 시발점을 보여주는 것이라 할 만하다.

언어의 변화는 모든 언어 현상에서 동시에 일어나는 것이 아니고, 어떤 음운현상은 아주 여러 세대가 바뀌어도 변하지 않는가 하면 또 어떤 것은 자주 바뀌는 것도 있다. 문법 현상이나 어휘에서도 마찬가지다. 따라서 한 시대에 사는 두 세대의 언어를 관찰하면 지금 어디에서 언어의 변화를 일으킬 조짐을 보이고 있는가를 관찰할 수 있고 그로써 앞으로의 언어변화의 방향을 예견(豫見)할 수 있게 된다. 흔히 각 지역방언은 각각 그 언어의 역사적 변화의 여러 단계를 보여주기 때문에 그것을 관찰함으로써 곧 그 언어의 역사를 아는 데 큰 도움을 받는다고 한다. 사회방언 중에서는 세대차에 의한 사회방언이 이 점에서 지역방언과 일면 상통한다고 하여 좋을 것이다.

연령 단계에 의한 언어차

연령을 세대차로 보는 외에 한 개인의 연령차, 곧 연령 단계(age-grading)로 이해하는 길이 있다. 가령 50대들은 친구에게 "자네, 나 좀 보세"라는 말을 쓸 수 있는데 10대의 중학생들은 동갑짜리 친구들에게 그런 말을 쓰지 않고 "얘, 나 좀 봐"라고 한다면 이것은 세대차에 의한 것이기보다는 연령 단계에 의한 언어차로 이해해야 한다.

왜냐하면 이 10대의 중학생이 어른이 되면 "자네, 나 좀 보세"라는 말을 쓸 수 있기 때문이다. 그리고 현재 50대들도 중학생 때는 "자네, 나 좀 보세"보다는 "얘, 나 좀 봐"를 썼을 것이기 때문이다. 이는 현재 80대들이 젊었을 때는 '헌법'의 '법'을 [뻡]으로 발음하다가 나이 들면서 [법]으로 발음한 것이 아니고, 또 '희망'

의 'ㅢ'를 젊었을 때는 [i]로 발음하다가 80대가 되면서 [ij]로 발음하는 것이 아닌 것과 좋은 대조가 된다. 물론 오늘날 [헌뻡], [히망]이라고 말하는 세대가 나이가 들면 [헌법], [희망]으로 발음을 고칠 가능성도 없다. 여기에 나이의 차이를 세대차와 연령 단계로 나누어 인식해야 하는 이유가 있다. 다같이 80대와 10대 사이에 있는 언어차라 할지라도 그것을 세대차에 의한 것으로 이해해야 할 경우가 있고 연령 단계에 의한 것으로 이해해야 할 경우가 있는 것이다.

후자의 예로서 나이가 들면 대체로 표준어를 더 많이 쓰는 현상을 드는 일이 있다. 사회 접촉이 많아지고 활동 무대가 커지면 소꿉친구들끼리 쓰던 사투리를 계속 쓸 수 없을 것은 당연한 일이다. 그러나 어린 시절, 또는 사춘기 때 쯤에는 또래들(peer)과의 일체감을 워낙 중시하기 때문에 부모의 영향보다도 같은 또래로부터의 영향을 더 크게 받아, 가령 뉴욕 동부 할렘가에 거주하는 푸에르토리코인들의 10대를 보면 부모들이 그토록 막으려 해도 함께 어울리는 흑인 아이들의 말의 영향을 결정적으로 받는 것이 드러난다고 한다.

그리하여 사회적으로 나쁜 말이라고 지탄받는 말을 가장 많이 쓰는 시기는 대체로 청소년기(adolescent years)라 한다. 그러다가 나이가 들면서 차츰 그런 말을 줄여 가게 된다고 한다. 도표 5-9는 그러한 현상의 한 가지를 보여준다. 이것은 디트로이트의 흑인들을 대상으로 "He didn't do nothing"과 같은 다중부정문(多重否定文)이 쓰이는 빈도를 조사한 것인데 어느 사회계층에서나 공히 나이가 들면서 그러한 틀린 문장을 덜 쓰게 됨을 보여준다.

여기서 반복하지만 젊은 연령층이 "He didn't do nothing"과 같은 다중부정문을 쓰고 어른들이 "He didn't do anything"과 같은

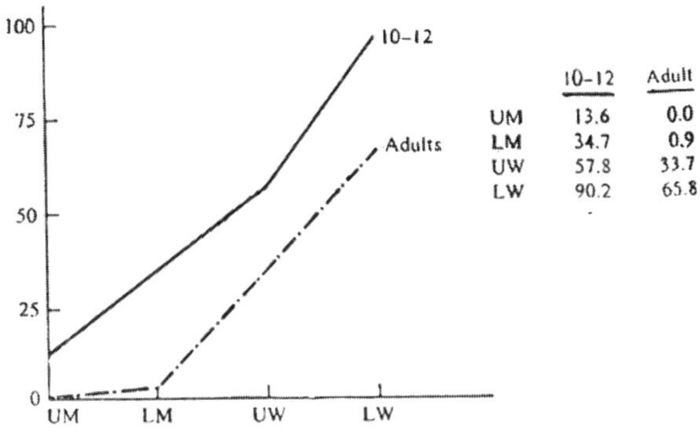

	10-12	Adult
UM	13.6	0.0
LM	34.7	0.9
UW	57.8	33.7
LW	90.2	65.8

도표 5-9 다중부정문의 연령별 실현 비율표 (Wolfram 1969)

문장을 쓰는 언어차는 언어변화의 한 단계(첫 단계)를 드러내는 세대차에 의한 언어차가 아니다. 영어가 후자에서 전자로 언어변화를 일으키고 있는 것이 아닌 것이다. 이 현상을, 비록 그것이 당장은 세대차에 의한 것처럼 보이지만 나이를 먹어 감에 따른 차이로 이해하여야 한다는 것은 이 때문이다.

연령차와 스타일

연령 단계에 따라 달라지는 언어 현상으로서 말투(style)의 변화를 들기도 한다. 어렸을 때는 상황에 따라 말투를 바꾸는 능력이 없는데 나이가 들어감에 따라 격식을 차려 점잖게 말해야 할 자리인지 아닌지를 판단하여 거기에 적절한 말투를 구사할 능력이 생기게 된다는 것이다. Labov에 의하면 이처럼 말투를 의식하고 그것을 구사하게 되는 큰 전환기는 중학교(high school) 1학년 때라고 한다. 그러다가 어른이 될 무렵 직장을 얻으면서 말투가 다양해지게 되고 그 후 지위가 비교적 확고해지면 말투가 더 이상 변하는 일이 별로 없게 된다고 한다.

말투가 굳어지는 일은 사회계층과 관련시켜 보면 중상층(upper middle class)과 하노동층(lower working class)에서 유난히 더 그렇다고 한다. 중상층은 가장 고급스러운 표준말을 아주 잘 익히고 있어 더 추구할 것이 없기 때문이며 하노동층은 자기의 처지가 이제 더 향상할 희망이 없는 상태여서 새삼 자기 말투에 신경을 쓸 필요를 느끼지 않기 때문이라고 한다.

연령에 따른 언어의 여러 현상은 나머지 사회적 요인과 관련시켜 고찰하면 여러가지 재미있는 사실을 발견할 수 있으리라는 점을 이상에서 엿볼 수 있었다. 특히 급격한 사회적 변혁기를 겪고 있는 현금과 같은 우리 사회에서는 더욱 그러할 것이라고 기대된다.

5.2.3 성별

성별(sex)에 따라 언어가 달라질 수 있다는 사실도 일찍부터 널리 알려져 온 사실이다. 연령과 함께 성별이 언어분화의 한 변수(variable)임은 사실 전통방언학자들에 의해서도 바로 인식되어 왔었다. 그들은 제보자를 선정할 때 대체로 노년층으로 한정하였으며 나라에 따라서는 여성을 배제하고 남성만을 제보자로 썼던 것이다. 세대 간에도 언어차가 있고 성별에 따라서도 언어차가 있다는 것을 바로 인식한 소치였다.

그러나 이때 성별은 연령만큼은 크게 언어분화에 관여하지 않는 것으로 인식되는 경향이 있었다. 제보자를 선정할 때 60대와 20대를 뒤섞는 일은 여간해서 용납되지 않았지만 성별을 구별하지 않는 일은 크게 문제시되지 않았거나 실제로 남성, 여성을 구별하지 않았던 일이 있는 것이 이를 말해 준다. 세대 간의 언어차는 어느 사회에서나 보편적으로 발견되며 또 현저하여 무시할 수 없는 것임에 반해서 성별에 따른 언어차는 나라에 따라서는 무시해도 좋을 만큼 현저한 것이 아니라고 인식하였던 것이다.

사실 이러한 전통방언학자들의 인식은 옳은 것이었다. 그들은 비록 사회방언학자들이 하듯 성별에 따른 언어차를 본격적으로 조사한 일은 드물었지만 대략적인 관찰로도 이 사실을 올바로 감지(感知)할 수 있었던 것이다. 즉 성별에 의한 언어차는 곳에 따라서는 그 차이가 뚜렷하여 누구나 쉽게 지적해 낼 수도 있지만, 곳에 따라서는 아주 미미하며 별로 눈에 띄지조차 않을 수도 있는 것이다. 세대차에 의한 언어차가 어느 사회에서나 기대되는 것과는 대조적이라 하겠다.

금기와 언어차

남자와 여자 사이에 말이 달라지는 이유의 하나로서 금기(禁忌, taboo)를 든다. 여자들은 쓸 수 없는 어휘들이 있으면 거기에 해당하는 어휘들을 따로 만들어 쓸 터이므로 남자들의 어휘와 여자들의 어휘가 구별될 것은 자연스러운 이치다. 한 예로 서인도 제도의 아메리카토인 카리브인들은 남자가 전쟁에 나갔을 때는 만일 그 단어들을 여자나 아이가 쓰면 액(厄)이 온다고 하여 어른 남자만 쓸 수 있는 단어가 여러 개 있는데 여기서 자연 여성용의 단어를 만들어 쓰게 된다고 한다. 이런 금기는 단어에 국한하지 않고 음운에 해당되는 수도 있다. 한 예로 남아프리카 줄루(Zulu)족은 여자들은 /z/ 음소가 들어 있는 단어를 쓸 수 없다고 한다. 그리하여 이 종족의 여자들은 물을 뜻하는 'amanzi'라는 단어를 'amandabi'로 바꾸어 부를 수밖에 없다고 한다.

친족명칭에서의 차이

그러나 남녀 간의 언어차는 금기 이외의 이유로 생기는 경우가 더 일반적이다. 그 하나로서 먼저 친족명칭의 체계 때문에 남녀 간의 말이 달라진 경우를 들 수 있다. 동일한 인물을 놓고 화자가 남자냐 여자냐에 따라 '누나'와 '언니'로 말이 갈리는 것이 그 좋은 예다. 영어에서는 이 경우 화자가 남자든 여자든 다같이 sister라고 함으로써 이러한 분화를 일으키지 않는다. 그러나 볼리비아에 거주하는 아메리카토인 Chiquito족 말은 우리 국어보다도 더욱 심해, 우리가 '오빠'와 '형'으로 구분하듯 my brother에 해당하는 말을 남자가 할 때는 'tsaruki'(우리 형), 여자가 할 때는 'ičibausi'(우리 오빠)로 갈리는 것은 말할 것도 없고 아버지, 어머니를 가리키는 단어조차 화자의 성별에 따라 다음과 같이 달라진다고 한다.

	남자 화자	여자 화자
아버지	ijai	išupu
어머니	ipaki	ipapa

여자들의 보수성

여자들이 남자들보다 보수적이기 때문에 언어차를 일으킨다는 사실도 지적되고 있다. 루이지애나에 거주하는 아메리카토인의 언어인 Koassati어에는

	남자	여자
'He is saying.'	/ka:s/	/kã:/
'He will lift it.'	/lakauwa:s/	/lakauwã:/
'He is peeling it.'	/mols/	/mol/
'you are building a fire.'	/o:sč/	/o:st/

와 같은 남녀 간의 언어차가 있는데, 다는 아니지만 이러한 차이를 일으키는 것 중에는 여자들의 어형이 고형(古形)인 데서 말미암는 것이 많다고 한다. 시베리아에서 쓰이는 언어인 Chukchi어에서도 이러한 현상이 보고되어 있다. 이 언어에서 보면 여자들의 말에 있는 모음 간의 자음이 남자들의 말에서는 탈락한 예가 많다고 한다. /nitvaqaenat/(여성어)와 /nitvaqaat/(남성어)가 그 한 예다. 남성어에는 자음 /n/이 탈락하고 없는데 여기에서 여성형은 고형이라는 것이다. 여자들의 말이 남자들의 말에 비하여 더 보수성을 띠는 현상은 꽤 여러 사회에서 발견되는 현상으로 지적되고 있다.

다르카트(Darkhat) 몽고어에서 발견되는 남녀 언어에서의 모음 대응은 남녀 간 언어차의 한 극심한, 그러면서도 매우 질서정연한 예를 보여준다. 이것은 반드시 여성어 쪽이 더 고형의 모습을 보여주는 것인지는 밝혀진 바 없지만 어느 한쪽이 한 단계 앞 시대의 것이리라는 해석은 가능할 듯하여 보수성의 문제로 남녀 간의 언어분화를 해석할 수 있는 경우인 듯싶다. 즉 이 언어에서는 다음과 같은 남녀 언어 간의 모음 대응을 보여주는데 여기서 모음 하나가 자리를 옮김으로써 나머지 모음도 구조의 균형을 이루면서 자리를 옮겼다고 해석되는 것이다.

여성어	남성어
y	ʉ
ʉ	u
Ø	θ
θ	o

여성의 표준어 지향 경향

영어에는 이상에서 본 것과 같은 뚜렷한 성별방언(性別方言)이 보고된 것이 없다. 일반적으로 영어에서의 남녀 간의 언어차에 대해서는 이렇다 할 의식을 가지고 있지 않기도 하다. 그러나 통계적인 방법으로 관찰하여 보면 여기에도 남자와 여자 사이에 언어차가 있는 것이 드러나는 경우가 있다. 앞 절에서 그 일부가 제시되었지만 한 예로 디트로이트에서 "I don't want none"과 같은 다중부정문을 표 5-2에서처럼 여자 쪽이 훨씬 적게 쓰고 있음을 들 수 있다.

다중부정문을 쓰는 빈도가 적다는 것은 여자들이 표준어형을 그만큼 더 많이 사용한다는 것을 뜻하는데 여자들이 사회적으로 낮은 지위의 사람들이 쓰는 비표준형을 피하고 남자들보다 표준형을 더 선호하는 경향은 여러 사회에서 발견되는 꽤 일반적인 경향으로 지적된다. 영국에서의 조사도 이를 뒷받침해 주는데 표 5-3은 Norwich 지방에서 walking의 ng가 [n]으로 발음되는 빈도를 보인 것이다. 여기서도 계층에 관계없이 늘 여자가 남자들보다 그 비표준발음을 덜 쓰고 있음을 볼 수 있다.

그리고 다음은 남아프리카 Transval에서 같은 나이, 같은 도시의 고등학교 학생들의 말을 비교한 것인데 여기에서도 동일한 결론을 내리게 한다. 즉 여기에서는 gate, can't, out, boy의 네 가지 모음을 조사하였는데 이들 각각의 표준 발음인 [geit], [ka:nt], [aut], [bɔi]를 사용하는 빈도를 보면 표 5-4에서 보듯이 늘 여학생들이 더 높은 비율로 표준발음을 사용한다.

이처럼 영어 사용국의 여러 곳에서 여자들이 남자들과 비교하여 표준어를, 다시 말하면 더 높이 평가되고 더 우아한 말을 선호하는 경향이 있는 이유는 무엇일까. 흔히 이것은 사회학적으로

표 5-2 다중부정문의 성별 실현 비율표

	중상층	중하층	상노동층	중노동층
남자	6.3	32.4	40.0	90.1
여자	0.0	1.4	35.6	58.9

표 5-3 (ng)을 [n]으로 발음하는 성별 비율표

	중상층	중하층	상노동층	중노동층	하노동층
남자	4	27	81	91	100
여자	0	3	68	81	97

표 5-4 표준발음 사용의 성별 비율표

	gate	can't	out	boy
남학생	0	0	25	0
여학생	62	62	85	15

여자들이 사회적 지위에 더 민감한 현상과 관련시켜 이해한다.

남자들은 사회적인 어떤 지위가 있어 그것으로 간판을 삼을 수가 있는데 여자들은 그런 것이 없는 경우가 많아 자연히 일반적으로 사회적으로 낮은 지위에 있는 사람들의 말인 비표준어를 피하고 표준형을 선호하게 된다는 것이다. 자녀의 교육에 더 깊이 관여하는 것이 여자들이기 때문이라는 쪽으로 해석하기도 한다. 또는 일반적으로 여자들에게 더 얌전하고 더 규범적이기를 기대하는 사회적인 압력 때문이라는 해석도 있다.

그런가 하면 이 현상을, 비표준형이란 대체로 노동자층의 말인데 노동의 현장에 나가는 것은 남자들이기 때문에 자연히 남자들이 비표준형을 더 쓰게 되는 것이라고 이해하기도 한다. 또 한편으로는 남자들은 소속감과 동료 간의 유대를 중시하기 때문에 그들이 쓰는 비표준형을 그대로 유지하려는 경향이 여자들보다 크다는 면에서 이 현상을 이해하려고도 한다. 어떻든 여자들이 상위의 말을 쓰려는 경향이 남자들보다 강하고 그로써 남녀 간의 언어차가 생기는 현상이 있다는 것만은 확실하다 하겠다.

남녀의 역할과 성별방언

이상에서 보면 남녀 간의 언어차는 전체적으로 남자와 여자가 사회에서 점하는 자리가 다름에서, 다시 말하면 그들의 사회적 역할이 다름에서 기인하는 것이라고 할 만하다. 남자는 남자로서 할 일이 있듯이 여자는 여자로서 해야 할 일이 있으며, 또 모든 사회는 남자는 남자답기를 요구하고 여자는 여자답기를 요구한다. 이런 것들이 언어에 반영된 것이 곧 성별방언이라 하겠다. 대체로 남녀의 사회적 역할이 엄격히 구분되어 있는 사회의 성별방언이 그렇지 못한 사회의 그것보다 폭이 크고 그 구별이 더 뚜렷한 것도 이러한 맥락에서 이해된다고 할 것이다.

5.2.4 기타의 요인들

언어분화에 관여하는 사회적 요인으로서 가장 보편적이고 또 중요한 것은 대개 앞에서 말한 사회계층, 연령, 성별 등이라 할 수 있다. 그러나 이들 이외에도 사회에 따라서는 매우 중요한 작용을 하는 요인들이 더 있다.

종교

언어분화를 일으키는 또 하나의 사회적 요인은 종교다. 가령 인도에서 힌두교도와 회교도들 간의 언어차는 꽤 큰 것으로 알려져 있다. 그러나 많은 사회에서 종교가 다르면 그 종교에 관련된 어휘에서는 각기 다른 어휘를 쓸 수는 있어도 여타의 언어 현상 전반에 걸쳐 언어차를 일으키는 일은 그리 흔치 않은 것으로 알려져 있다.

종족

어느 요인 못지않게 종족(種族)이 언어분화를 일으키는 중요한 사회적 요인이 된다는 것도 널리 알려져 왔다. 앞에서 미국의 사회방언 연구의 주류가 백인과 흑인 간의 언어차에 대한 것이라고 하였는데 그것은 미국 사회에서 종족이 그만큼 큰 사회적 요인임을 뜻하는 것이다.

종족이 다르면 한 나라 국민이면서도 그 나라 언어 안에서 방언적인 차이를 일으킬 뿐만 아니라 심하면 완전히 다른 언어를 쓰는 일조차 있다. 캐나다에서 종족에 따라 영어를 사용하는 국민과 프랑스어를 사용하는 국민이 갈리는 것은 널리 알려져 있지만 아프리카 가나(Ghana)의 Accra 지방 교외에는 종족마다 각각 제 말을 써 무려 80개가 넘는 언어가 쓰이고 있다고 한다. 그러므로 동일한 언어를 쓰면서도 종족이 다름에 따라 방언적인 차이를 일으키는 현상은 매우 자연스러운 현상이기까지 하다고 하여도 좋을 것이다.

종족이 다르면 자연히 접촉이 빈번치 않게 될 것이다. 말하자면 서로 다른 종족 간에는 사회적 장애(social barrier)가 생기는 것이다. 따라서 이들 사이에, 지역이 다를 때와 같은, 또는 사회계층이 다를 때와 같은 언어분화가 생길 것은 당연한 일일 것이다. 더구나 자기들이 다른 종족에 속한다는 의식은 자기들이 다른 사회계층에 속한다는 의식보다 더 강한 것이 일반적이므로 종족 간의 언어차는 오랜 세월을 두고 꽤 지속적으로 이어진다고 한다. 흑인영어와 백인영어를 수 분 동안의 녹음만 듣고도 쉽게들 구분해낸다는 조사 결과가 보고되어 있는데 이것도 두 종족 간의 언어차가 얼마나 심화되어 있는가를 입증하는 한 사례일 것이다.

구(舊) 유고슬라비아의 사라예보에는 세 종족이 같은 언어를 쓰면서 사는데 이들 간에도 오랫동안 지속되어 오는 언어차가 있어 그 말만 듣고도 어느 종족에 속하는지를 구별해 낼 수 있다고 한다. 스코틀랜드에도 지금은 다같이 스코틀랜드인이라고 하고 또 다같이 영어를 사용하고 있지만 기원적으로는 타지(他地) 스코틀랜드족과 겔(Gael)족으로 갈리는데 이들 사이에는 아직까지도 뚜렷한 언어차가 잔존해 있다고 한다. 미국에 이민하여 사는 사람들도 다 영어를 쓰지만, 가령 뉴욕에 사는 이태리인들은 bad, bag의 a를 유태인들보다 더 높은 위치의 모음으로 발음하고, 반면 유태인들은 off, lost, dog의 o를 이태리인들보다 더 높은 위치의 모음으로 발음한다고 한다. 단일민족으로 이루어진 우리나라에서는 이러한 현상을 보기 어렵지만 재일교포나 중국, 중앙아시아 및 러시아 등지의 교포, 또는 미국, 브라질 등지의 우리 교포들(특히 그 2세, 3세들)의 말이 그 나라 토박이 국민들의 말과 어떤 차이를 가지는지 그리고 그것이 한국어의 저층(substratum)과 어떤 관련을 가지는지 등이 앞으로 관찰해 볼 만한 좋은 과제가 될 것이다.

사회적 상황

다음으로 사회적 상황(social context)도 언어분화를 일으키는 중요한 사회적 요인으로 간주된다. 교장 선생이 학생들을 운동장에 모아놓고 훈화를 할 때의 말투와 집에 돌아와 가족끼리 이야기할 때의 말투는 같지 않다. 부친상을 당한 친구를 문상(問喪)할 때의 말투와 그 친구와 술자리에서 농담할 때의 말투도 같을 수 없다. 대학 강단에서의 강의투, 성당 안에서의 설교투, 또는 기도문을 읽는 말투, 법정 공판에서의 말투, 국회의사당에서의 말투, 방송 뉴스 시간의 말투 등 모두 거기에 적합한 말투가 있다. 절친한 사이끼리 나누는 말투와 낯선 사람끼리 나누는 말투에도 분명한 차이가 있다. 이처럼 사회적 상황에 따라 선택되는 언어변종(linguistic variety)들을 스타일(style), 곧 말투라 한다.

사회적 상황은 곧 말투를 결정짓는 요인으로서 특히 사회언어학의 대두와 함께 관심의 표적이 되었다. 종래의 언어학이, 특히 변형생성문법이 언어사회를 동질사회(同質社會, homogeneous society)로 보고 어떤 사람들이나, 또 어떤 경우에나 동일한 말을 쓴다는 전제 위에서 출발한 데 반해서 사회언어학은 앞에서 보았듯이 사회계층에 따라서도 말이 같지 않을 수 있고 나이, 성별 등에 의해서도 말이 갈릴 수 있음을 근거로 하여 어느 언어사회나 언어적으로 이질사회(異質社會, heterogeneous society)라는 입장을 취한다. 그리하여 언어능력이란 문법에 맞는 문장을 만들어내는 능력뿐만 아니라 사회 상황에 적절한 말을 골라 쓰는 능력까지 포괄하는 개념이어야 한다고 이들은 주장한다. 말투도 이러한 입장에서 사회언어학자들에게 중시(重視)되어 왔다. 한 개인이 각 상황에 적절한 말을 골라 써야 비로소 말을 바로 쓰는 것이며 그만큼 언어란 변형생성문법가들이 생각하는 것처럼 단조로운 것이 아니라는 것을 이 말투로 입증하려 하는 것이다.

그러나 말투가 사회방언으로 간주될 수 있는지는 의문시되는 점이 있다. 프랑스어에서 상대방을 tu로 지칭하느냐 vous로 지칭하느냐의 선택도 말투의 문제로 인식되어 있다. 그 tu와 vous가 사회방언의 차이로 인식될 수 있을지는 의문인 것이다. 우리도 상황에 따라 남의 아버지를 '아버지'라 부르기도 하고 '부친'이라 부르기도 하며 또 때로는 '춘부장'이라 부르기도 한다. 이 삼자(三者) 역시 사회방언으로서의 차이라고 이해하기에는 주저되는 바가 있다.

방언은 어떤 집단의 언어를 가리킨다. 중류계층이라는 집단의 말, 노년층이라는 집단의 말, 또는 제주도 사람들이라는 집단의 말을 이들 집단이 아닌 여타 집단의 말과 구별하여 무슨 무슨 방언이라고 부르는 것이다. 그런데 말투는 한 개인이 상황에 따라 달리 쓰는 말을 가리킨다. 격식을 차린 말투, 일상 말투 등 모두 한 개인에 있어서의 선택이다. 방언은 선택이 아니요 그것밖에 모르는 경우가 많지만 말투는 그렇지 않다. 어느 말투나 다 잘 알고 다만 그때그때 적절히 골라 쓸 뿐인 것이다.

이 점에서 말투를 결정짓는 사회적 상황을 여타의 사회방언을 결정짓는 요인들과 동궤(同軌)에 놓고 다루는 일은, 사회언어학의 입장에서라면 어떨지 몰라도 사회방언학의 입장에서는 합당치 않은 것으로 여겨진다. 따라서 사회적 상황은 사회계층이나 연령이나 성별과 같은 요인들과는 구별해 보아야 할 것이다.

■ 참고

사회방언의 개념에 관한 참고문헌은 제1장에서 소개되었었다. 사회방언에 대한 연구사를 가장 알기 쉽게 진술한 책은, 미국영어 사용권을 중심으로 서술한 것이기는 하나 Davis의 *English Dialectology* (1983)의 제3장 "Social Dialectology"일 것이다. 본서에서 특히 흑인영어에 대한 연구사는 주로 이 책을 참조하였다. 그리고 Meillet의 이야기도 이 책에서 가져온 것이다. 기타 Hudson의 *Sociolinguistics*(1980) 제5장에도 최근까지의 업적들이 간결하게 요약되어 있다.

Gumperz류의 연구는 대부분의 연구사에서 빠져 있는데 Gumperz의 논문집인 *Language in Social Groups*(1971)를 직접 참조하여야 할 것이다. 여러 곳에 자주 이름이 오르내리는 Hymes, Fishman 등의 사회언어학자들의 업적은 사회방언 연구와는 직접적으로 연관되지 않는 듯이 보인다. Labov의 연구는 여러 개설서에서 널리 소개하고 있지만 그의 논문집인 *Sociolinguistic Patterns* (1972)를 일독(一讀)하기를 권하고 싶다.

언어에 영향을 미치는 사회적 제요인에 대해서는 사회언어학 입문서 대부분에 잘 소개되어 있지만 그중 가장 풍부한 예와 다각적인 논의를 곁들여 극명하게 해설한 것은 Trudgill의 *Sociolinguistics*(1983)일 것이다. 간명하기로는 Wolfram and Fasold의 *The Study of Social Dialects in American English*(1974)가 추천될 만하다. 후자는 이 방면으로 관심을 가지려는 사람에게 가장 먼저 추천할 수 있을 만큼 사회방언의 특징 및 그 연구 방법을 구체적인 예를 가지고 쉽고 명쾌하게 설명한 양서(良書)라 생각된다.

사회방언에 대한 종합적인 소개는 Chambers and Trndgill의 *Dialectology*(1998)의 제4장, 제5장, 제6장, 제10장에 가장 잘 되어 있다. 간략하지만 Kurath의 *Studies in Area Linguistics*(1972)의 마지막 장도 참조할 만하다. 아울러 Trudgill의 논문집인 *On Dialect* (1983)도 좀더 깊이 있는 이 방면의 공부를 위하여 유익할 것이다.

제 6 장

방언의 전파

말은 혼자 간직하고 있기 위해 있는 것이 아니라 서로 주고받기 위해 있다. 그만큼 내 말이 남에게 영향을 주고 남의 말이 또 나에게 영향을 준다. 따라서 어디에서인가 만일 새 말이 생겼다면 그 말은 다른 사람한테 퍼져나갈 가능성을 늘 지닌다고 할 수 있다.

그러나 새 말이 퍼져나가려고 하면 다른 한편에서는 기존의 말이 침해를 받지 않고 버티려고도 한다. 말하자면 우리의 사회란 새 말과 헌 말의 각축장이라고 할 수 있다. 서로 자기의 영토를 확보하려고 끊임없는 투쟁을 계속하고 있는 것이다. 앞에서 본 방언권이나 전이지대 등은 바로 이 투쟁의 산물이요 그 흔적이라고 할 수 있다.

그렇다고 하면 지금까지 우리가 다루어 온 것은 이 산물, 즉 그 결과만이었다. 어떻게 새 말이 그 영역을 확대해 가는지 그 과정에 대해서는 아무런 논의도 하지 않았던 것이다. 이 장에서는 방언의 전파(傳播)라는 이름 밑에서 새 말이 퍼져나가는 과정에 대한 문제를 다루어 보고자 한다.

6.1 언어의 개신

개신과 변화

언어는 끝없이 변한다고 한다. 이것은 이른바 언어의 개신(改新, innovation)이 끝없이 일어나고 있음을 뜻한다. 언어의 개신이란 기존의 언어 현상에 새로이 나타나기 시작한 변화를 말한다. '뫼'라고 부르던 것을 '산'이라고 부르는 일이 어디에서인가 일어나기 시작하였다면 이 변화가 곧 개신이다. '오너라'라고 하던 것은 '와라'라고 하는 변화나, '가니이다'를 '갑니다'로 바꾼 변화도 같은 예들이다.

개신이란 곧 언어의 변화를 뜻한다. 그러면서도 이들을 언어의 변화(change)와 구별하여 부르는 것은 그 변화의 시초라는 데 역점을 두기 위해서인 것으로 이해된다. 다시 말하면 언어의 변화는 그 결과나 또는 진행 과정, 또는 그 시초까지를 모두 포괄하거나 그 일부를 일컫는 용어임에 비해 개신은 그 시초만을 일컫기 위한 이름이라는 것이다.

개신자

개신이 이처럼 언어변화의 시초라면 그것을 시작하는 무리가 있을 것이다. 어떤 개신이 여러 곳에서 약속이나 한 듯이 동시에 일어나기는 어려울 것이다. 또 한 곳이라 하더라도 그곳의 모든 사람들이 동시에 어떤 언어변화를 일으키지는 않을 것이다. 즉 어떤 언어 현상에 변화가 일기 시작하는 것은 어떤 특정 지역의 어떤 특정 무리에 의해서일 것이다. 이처럼 어떤 언어의 개신을 주도하는 무리를 개신자(改新者, innovator)라 한다.

개신과 사회계층

어떤 사람들이 개신자들일까. 이에 대한 연구는 아직 많이 이루어져 있지 않다. 다만 면밀히 관찰하여 보면 언어 개신자들이 어떤 무리인지를 찾아낼 수 있다는 것이 몇몇 연구에서 밝혀졌을 뿐이다.

보통의 경우 개신을 주도하는 사회계층은 중하층(lower middle class)과 상노동층(upper working class)으로 알려져 있다. 상류층이나 극단적인 하류층은 각각 자기 신분에 만족하거나 체념하는 데 반해서 이들은 한 단계 위로 발돋움하려는 의욕이 크기 때문에 말에 대해서도 좀더 상류층의 말에 가까운 말을 구사하려는 쪽으로 민감하고 그로써 이들에게서 개신의 물결이 시작되는 수가 많다는 것이다. 즉 개신은 더 권위 있는 말 쪽으로 향하려는 심리에서 유발되는 것이 자연스러운 현상으로 이해된다.

그러나 예외도 없지 않다. Labov가 보스턴 가까운 Martha's Vineyard 섬에서 밝혀낸 것도 그중의 하나다. 이 섬에서는 wife, right 등의 /ay/의 첫 모음을 [əi]와 같은 중설모음으로 발음하는 개신이 일어났는데 이를 주도한 것은 어부들이었고 나머지 토박이 주민들이 이 언어 특징을 받아들임으로써 매년 여름 이 섬으로 찾아오는 피서객들과 자기들을 구분짓는 징표(marker)로 삼았다고 한다. 자기 고장의 개성을 부각시키기 위한 심리가 작용하여 비표준어 쪽으로 개신이 일어난 재미있는 현상의 하나인 것이다.

영국 Norwich 지방에서 노동자층에 의해 주도된(엄밀히는 상노동자층을 중심으로 하고 중노동자층이 가세하고, 저노동자층도 중류층보다는 많이 가담한) 개신도 특수하다. 이곳에서는 tell, bell 등의 e를 중설모음(中舌母音) [ɜ] 및 [ʌ]로 발음하는 개신이 노동자층에 의해 일어났는데, 이 발음이 중류층에 남성답다는 매력을 줌으로써 받아들여져 세력을 얻고 그것이 젊은 층에 확대됨으로써 자리를 굳혀 갔다고 한다. 비표준 발음이 일종의 신선감을 주어 언어 개신이 그쪽으로 진행된 예로서 흥미있는 사례라 할 만하다.

어떻든 언어 개신이 어떤 동기에 의해서든 어느 한 사회계층에 의해 주도된다는 사실은 주목을 요한다. 좀더 많은 사례가 다각적으로 분석되면 어떤 경우에 어떤 사회계층이 언어 개신에 가장 크게 관여하게 되는지에 대한 우리의 일반론이 보다 새로운 면모를 띠게 될 것이다.

개신과 세대

언어 개신을 세대와 관련시켜 보면 이들 양자 간에서도 깊은 관계가 발견된다. 세대별로 보았을 때 기성세대에서보다 젊은 세대에서 언어변화의 싹이 트리라는 것은 쉽게 예측된다. 노년층은 이미 굳어진 자기의 말을 바꾸기 어려운 반면 젊은 세대는 말을 배우고 익혀 가는 과정에서 어디에든 조금 다른 요소를 가미하게 될 것은 매우 자연스러운 현상일 것이기 때문이다.

이에 대한 실제 조사가 Labov에 의해 행해진 바 있다. 즉 뉴욕에서는 1940년대까지만 하여도 bird, third, verse 등의 모음을 [ɜɪ]로 발음하는 현상이 어느 계층, 어느 세대에서나 널리 발견되었다 한다. 그런데 이 발음이 하층 계급의 발음으로 지탄의 대상이 되자 급격히 줄어들기 시작하였는데 1966년에 Labov가 조사한 결과로 보면 이 발음이 60세 이상에서는 어느 계층에서나 100% 나타난 반면 8-19세의 연령층에서는 최하류층의 30%를 제외하고는 어느 계층에서나 0%로 나타났다. 새 세대가 새 언어 현상을 만들고 있다는 사실을 너무도 여실히 보여주는 것이다.

앞에서 언급한 바 있지만 영국 Norwich 지방에서의 {E}의 발음에서도 비표준 발음으로 개신되는 현상이 있다. 즉 일상언어를 기준으로 보면 30-39세가 200점 만점 기준으로 67인 것이 20-29세에서 100, 10-19세에서 173으로 나타나고 있다. 젊은 층으로 갈수록 새 언어 현상이 급격히 높게 나타남을 보여주는 것이다.

서울에서 가령 'ㅐ'와 'ㅔ'를 분별하지 못하는 현상이나 '문법, 효과, 작다' 등에서의 된소리화 현상을 세대별로 조사한다면 역시 새 세대로 갈수록 표준어와 먼 언어 현상이 높은 스코아로 나타날 것이다. 언어뿐만 아니라 어떤 새 문화, 새 역사가 새 세대에서 비롯되고 그것이 아래 세대로 내려갈수록 큰 세력을 얻게 되리라는 것은 너무나 당연한 일인지 모른다.

개신과 성별

성별에 따라 어느 한쪽이 개신의 주도권을 더 크게 구사(驅使)하리라는 것도 가상(假想)할 수 있다. 우리나라라면 대체로 언어의 개신은 남성 쪽에서 시작되리는 짐작이 간다. 그러나 아직 구체적으로 연구된 바는 없다. 경우 경우에 따라 남성이 개신자일수도 있고 여성이 개신자일 수도 있을 것이다.

북아일랜드의 Belfast에 있는 한 노동자층 구역에서 여성이 언어 개신의 주도자가 된 사례는 우리에게 흥미를 일으킨다. 이 도시에는 mother, other 등의 th음이 탈락하는 현상이 있는데, 남자의 경우는 이 현상이 젊은 세대에까지 그대로(정확히는 약간 더 높은 비율로) 유지되고 있는 반면 여자의 경우는 40-55세층과 18-25세층을 비교하여 보았을 때 젊은이층에서 크게 줄어들고 있음이 밝혀졌다. 이는 여자들은 남자들과 달리 표준발음 쪽으로 언어 개신을 일으키고 있음을 뜻하며 개신이 어느 한 성(性)에서 먼저 일어나고 있다는 좋은 실례를 보여주는 것이다.

이 지역에서 여자들이 표준어 쪽으로 개신을 일으키게 된 이유를 설명해 줄 만한 현상으로서 이 지역에서의 남녀 간의 사회 접촉망(social network)의 차이를 들고 있다. 즉 이 지역의 남자들은 대부분 2분이면 걸어갈 수 있는 직장에 다니면서 비슷한 직업을 가지고 아주 한정된 사회 접촉을 하는 반면 여자들은 그 구역 밖의 직장에 나가 청소부나 사무원 등의 일을 하면서 출입이 넓다는 사실이 바로 이 지역에서 여자들이 언어 개신을 일으키는 주체가 된 이유라는 것이다.

앞에서 본 Norwich에서의, 비표준어 쪽으로의 개신은 남자들에 의해서 일어나고 여자들은 거기에 참여하지 않음을 보았다. 늘 그런 것은 아니겠지만 언어의 개신이 어느 한 성에 의해 먼저 시작된다는 사실이 위의 두 경우에서 충분히 밝혀졌다고 생각된다.

이상에서 개신이 사회적 조건으로 보았을 때 어떤 부류에서 먼저 시작하는지를 외국에서의 사례를 통하여 살펴보았다. 개신이 어떤 조건에서 먼저 시작되는지를 알기 위해서는 이러한 사회적 조건 이외에 관찰해 보아야 할 조건이 여러가지 더 있을 것이다. 지역적으로 도시와 시골 중 어느 곳에서 개신이 시작되는지, 도시라 하더라도 어떤 조건의 도시에서 시작되는지도 고찰되어야 할 것이고 언어 현상 중에서는 단어라면 어떤 단어에서, 음운현상이라면 어떤 음운현상에서 개신이 시작되고 그것이 정밀히 어떤 양상을 띠는지 등도 정확히 고찰되어야 할 것이다. 그러나 언어의 변화에 대한 연구는 주로 그 결과에 대해서만 행해져 왔기 때문에 개신에 대한 이러한 여러 조건에 대한 연구는 아직 잘 진척되어 있지 않다. 앞으로의 과제라 할 것이다.

6.2 방언의 전파

언어의 개신이라는 개념은 한 지역을 한정시켜 놓고 보면 지금까지 없던 새로운 언어 현상의 출현을 뜻하지만, 좀더 넓은 지역을 함께 고려하면 그 현상은 이미 다른 지역에 있던 현상일 수도 있다. 앞 절에서 든 표준어 쪽으로의 개신의 예가 이 부류에 속할 것이다. 이 점에서 언어의 개신은 이미 있던 언어 현상이 다른 지역으로 전파(傳播)되는 일과 밀접한 관계가 있음을 깨달을 수 있다.

그런데 양자 간의 긴밀한 관계는 가령 한국 전역을 놓고 보았을 때 완전히 새로운 어떤 개신이 나타날 때도 마찬가지다. 개신이 일어났다가 전혀 세력을 얻지 못하고 바로 사라졌다면 우리는 개신이 일어난 사실도 모르기 쉽고 따라서 그러한 개신은 누구의 관심사도 되기 어려울 것이다. 개신이 세력을 얻고 그것이 기존의 어떤 언어 현상을 밀어낼 때 비로소 개신은 주목의 대상이 되는 것이다. 그런데 세력을 얻는다는 것은 무엇인가. 그것은 새 현상이 여러 곳으로 전파되어 자리를 잡는다는 뜻이다. 개신은 전파될 때 비로소 뜻을 가지며 양자 간의 관계가 밀접하다는 것은 바로 이것을 뜻하는 것이다.

이 절에서는 한쪽에 없던 언어 현상이 다른 쪽에서부터 침투해 들어가는, 말하자면 방언의 전파가 어떠한 모습으로 이루어지는지에 대해 몇 가지 기술코자 한다.

파동설

방언이 퍼져나가는 과정을 파문(波紋, wave)에 비유하여 이해하여 온 일이 오랫동안 계속되어 왔다. 호수에 돌이 하나 던져지면 그곳을 중심으로 하여 물결이 차츰차츰 멀리 넓게 퍼져나간다. 돌이 떨어진 곳을 언어의 개신이 일어난 곳으로 보면 이 개신의 물결도 호수의 물결처럼 차츰차츰 주변 지역으로 확산되어 나가게 된다는 것이 이 이론이다. 그리하여 이 개신의 물결을 개신파(改新波, ondes d'innovation)라 불렀다.

이 물결의 중심을, 호수에 비유한다면 돌이 떨어져 물결이 시작된 곳을 방사(放射)의 중심지(centre de rayonnment)라 부른다. 물결을 햇살이 퍼져나가는 현상으로 인식하여 방사라 부르고 개신파의 진원지를 그 방사의 중심지라 부른 것이다.

이 방사의 중심지 내지 개신파와 관련되는 개념으로 잔재지역(殘滓地域, relic area)이라는 개념도 있다. 잔재지역은 특히 방사의 중심지가 하나가 아니고 복수일 때 상정하기 쉽다. 가령 서울이 그 한 중심지이면서 경주와 광주가 각각 다른 현상의 중심지일 수 있다. 그러면 a, b, c 세 언어 현상의 개신파가 이 세 중심지로부터 주변 지역으로 확산되어 나올 것이고, 그러면 애초 이들 지역에 있던 언어 현상 d 또는 e, f는 차츰 이들 현상에 밀려나 그 자취를 감추게 될 것이다. 그런데 이때 a, b, c 세 개신파 중 어느것도 그 세력이 미치지 않아 d, e, f 등의 옛 언어 현상이 그대로 보존되는 지역이 하나의 섬처럼 남을 경우가 있을 수 있다. 이처럼 개신파의 힘이 미치지 않아 섬처럼 남아 있는 지역이 곧 잔재지역이다.

이러한 잔재지역의 전형적 예로서 지도 6-1을 들 수 있다. 이 지도는 언어지도가 언어 변화의 여러 층위를 드러내 보이는 실례

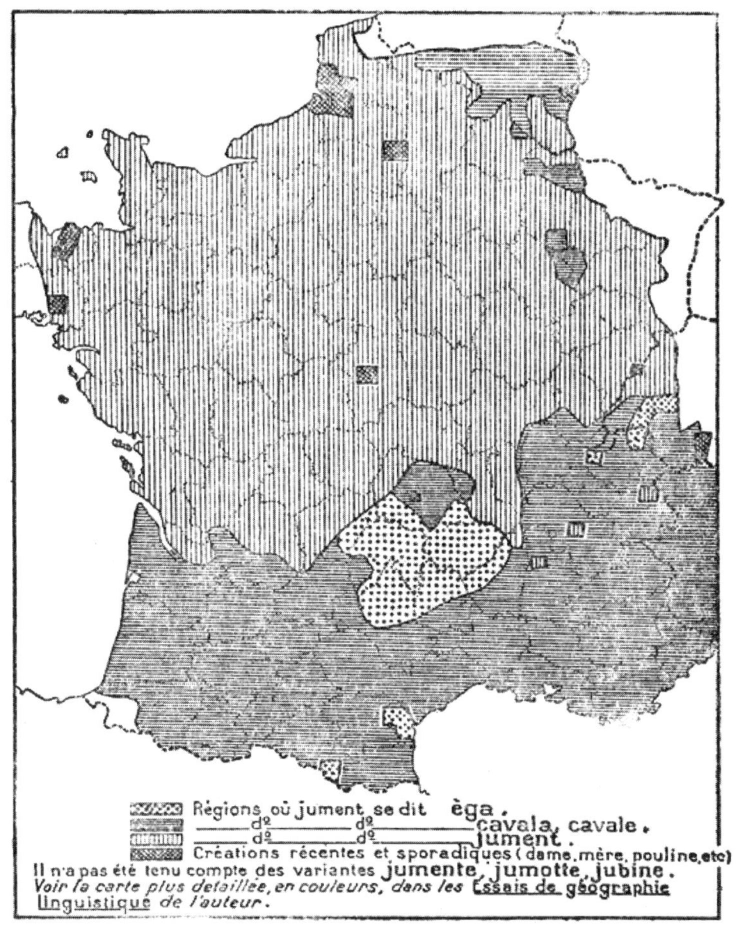

지도 6-1 프랑스의 '암말'의 방언 분포 (Dauzat 1944 : 36)

를 보이기 위해 흔히 이용되는 것인데 잔재지역도 그 변화의 층위에 따라 재미있게 나타나고 있다. 즉 이 지도는 암말(jument)을 가리키는 방언형의 분포를 보이는 것인데 éga를 쓰는 지역이 중앙 아래 쪽에 큰 섬을 이루고 있고 동시에 그 동쪽 끝과 제일 남

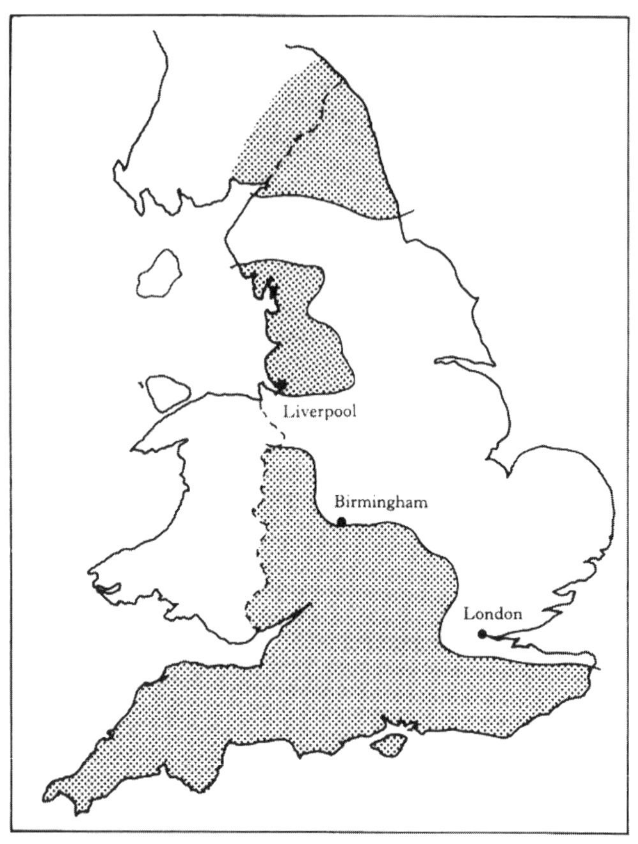

지도 6-2 영국의 모음 뒤 (r)의 잔재지역 (Chambers and Trudgill 1998 : 95)

쪽 끝에도 조그만 섬을 이루고 있음을 볼 수 있다. 이 섬들은, 이 프랑스 남부 지역이 애초 éga가 쓰이던 지역인데 한편에서는 남쪽 이태리로부터의 차용어인 cavale가 중세 때부터 밀려 올라오고 다른 한편 북부에서는 애초 짐 싣는 말을 지칭하던 jument이 13세기 경부터 암말을 가리키는 단어로 세력을 확대함에 따라 결과된 섬이다.

잔재지역은 방사의 중심지가 하나일 때도 나타날 수 있다. 지도 6-2가 그 한 예를 보여준다. 이 지도에서 점으로 찍힌 부분은 yard, farm 등의 r음이 모음 뒤의 r(post-vocalic r)로 발음되는 지역이고 흰 부분은 그 r음이 탈락한 지역이다. 점으로 찍힌 부분이 세 개의 섬으로 분리되어 있는데 이는 애초 이 지도의 전지역이 모음 뒤 r음을 가지고 있었던 지역인데 그 r음을 탈락시키는 개신 현상이 가령 런던을 방사의 중심지로 하여 일어나 퍼져나가면서 이들 세 지역을 고립시킨 결과로 해석된다. 그렇다고 하면 이는 방사의 중심지가 여러 곳이고 그 각 중심지로부터 퍼져나오는 물결이 정지된 결과로서의 잔재지역이 아니라 하나의 중심지로부터 개신파가 퍼져나가면서 여기저기에 남겨놓은 잔재지역의 예일 것이다.

잔재지역은 당연히 방사의 중심지로부터 먼 곳에 자리잡게 된다. 그러므로 만일 그 중심지가 하나이면서 그곳이 그 나라의 수도쯤이라면 최후의 잔재지역은 그 나라의 변방이 되는 것이 일반적이다. 흔히 중심지로부터 먼 곳에 있는 형태들이 고형(古形)이라고 하는 언어층위학에서의 일반론은 이에 바탕을 둔 것이다. 지도 6-3이 이의 예를 잘 보여준다.

이 지도는 현대 표준 프랑스어의 échelle, écuelle, écrire, école 등의 단어를 아직도 라틴어에서처럼 scala, scutella, scribere, schola로 발음하는, 즉 어두에 [sk-]를 아직도 유지하고 있는 지역을 보이는 것으로서 A에서 D까지가 전부 변방에 있고 다만 F 지역만 내륙에 있음을 보여준다. 잔재지역이 한 나라의 변방에 몰려 있는 한 전형적인 예라 할 것이다.

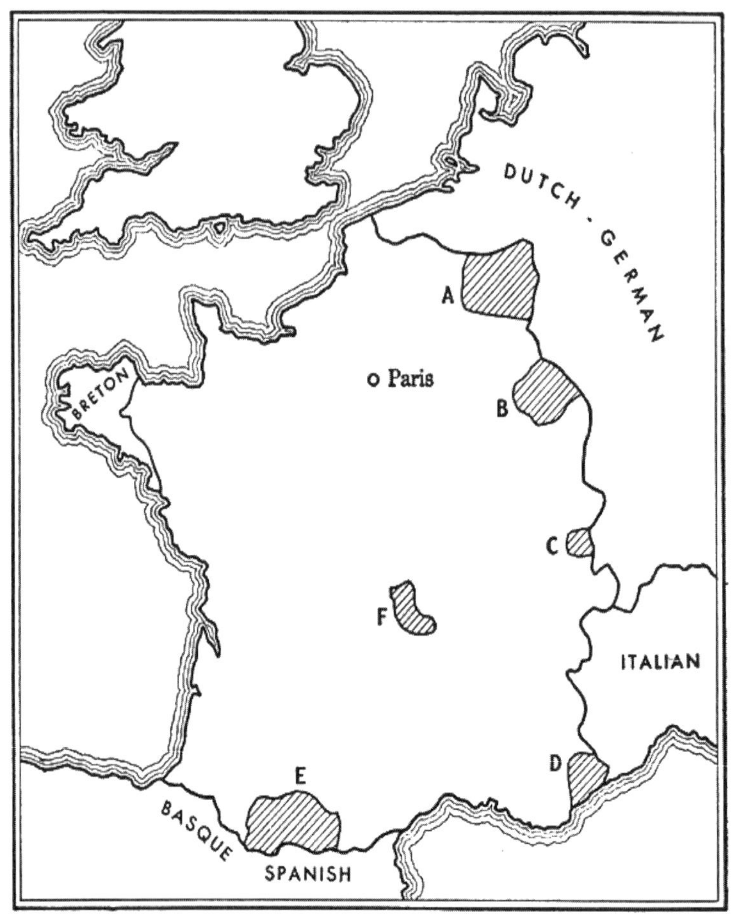

지도 6-3 프랑스어에서 어두음 [sk-]를 유지하고 있는 지역 (Bloomfield 1993 : 336)

방언 전파의 거점

방언의 전파(傳播)를 물결의 퍼짐에 비유하여 이해하는 일은 이 현상을 너무 단순화하는 흠이 있다. 어느 곳으로는 더 멀리 퍼지고 어느 곳으로는 그 물결의 퍼짐이 막혀 버리는 현상은, 호

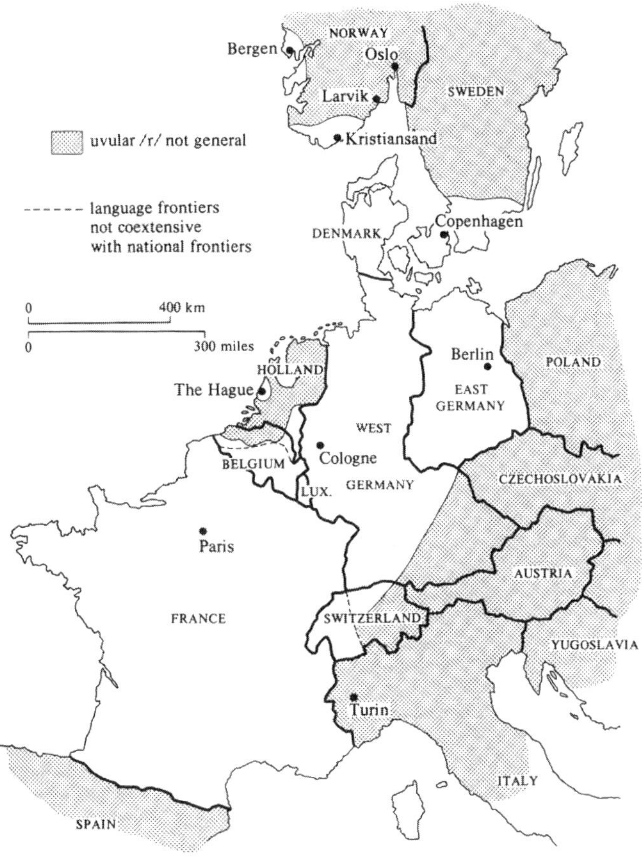

지도 6-4 유럽에서의 목젖음 /r/의 분포도 (Trudgill 1983 : 57)

수의 물결에서도 장애물의 유무에 따라 생기는 현상이므로 가령 산맥 등의 지리적 장애 등이 그 원인일 때는 쉽게 설명할 수 있을 것이다. 그러나 당장 어느 지역에 철로가 생기면서 개신파가 그 철로를 따라 깊숙히 파고드는 현상만 하여도 자연현상으로서의 파동 현상과 비교하기는 어려울 것이다.

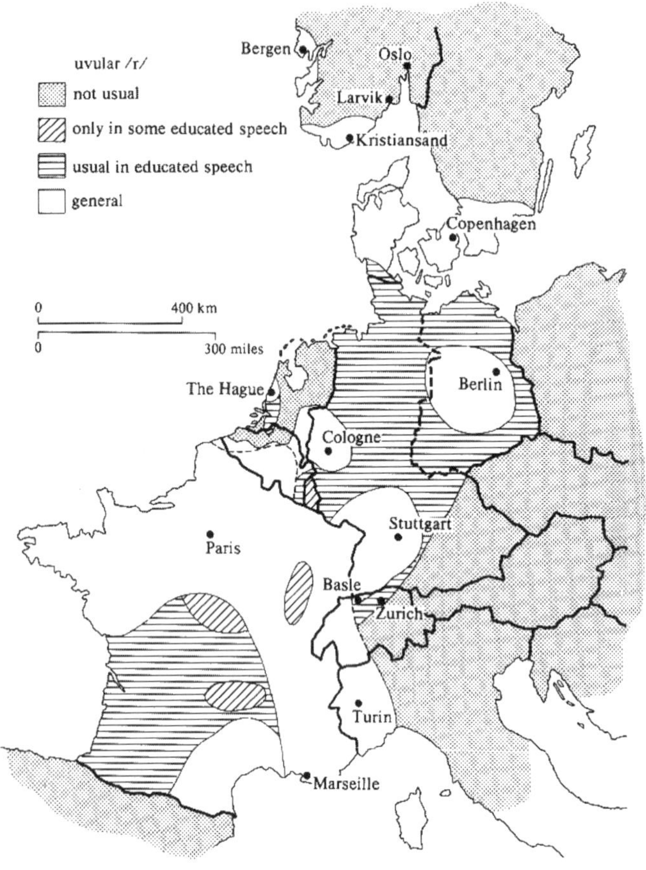

지도 6-5 유럽에서의 목젖음 /r/의 계층별 분포 (Trudgill 1983 : 58)

개신파의 전파는 물결이 번지듯 주위 지역으로 차례차례 퍼져 가지 않고 성큼성큼 건너뛰는 일도 있다는 사실이 관찰되었다. 다음의 두 지도는 이 사실을 매우 극명하게 보여준다. 이 지도는 한 언어 안에서의 현상을 보이는 것이 아니고 서로 다른 언어이면서도 어떤 공통된 언어 현상을 가지는 이른바 언어권(linguistic area)을 형성하는 지역에서의 한 현상을 보이는 것이지만 언어 전파 현상의 매우 극적인 모습을 보여준다.

지도 6-4는 목젖음(uvular) r의 분포도(分布圖)로서 흰 부분이 그 r음을 가진 지역이다. 이 목젖음은 프랑스 파리를 기점으로 하여 그 주변 지역, 주변 국가로 퍼져나간 것으로 해석된다. 그런데 지도 6-5는 같은 목젖음 r의 분포도이지만 사회계층을 구분하여 그 계층을 고려하였을 때의 분포도다. 여기서 짐작되는 사실은 목젖음 r의 개신파가 일차적으로는 파리로부터 큰 도시로 껑충껑충 뛰면서 퍼져갔고 그러한 전파를 담당한 전령은 교육을 받은 층이었으리라는 점이다. 파리로부터 프랑스 국경까지 퍼져가고 그것이 그 이웃나라 국경 지대로 퍼져갔다가 다시 그 나라 수도로 퍼져나간 것이 아니라 우선은 국제적인 교섭을 빈번히 가지는 지식층에 의해 그 나라 중심지인 대도시로 개신파가 흘러가고 그것이 다시 그 주변 지역으로 퍼져나갔다고 해석하는 것이다.

사실 우리나라 서울에서 새로이 생긴 어떤 언어 개신 현상이 퍼져나가는 과정을 상상하여 보아도 그것이 호수의 물결이 퍼져나가듯 먼저 수원에, 다음에 오산에, 다음에 천안에, 다음에 대전에, 다음에 영동에, 다음에 김천에 식으로 하여 부산까지 퍼져나간다고 생각하기는 어렵다. 가령 영동이나 황간 지방이 서울에서 더 가깝다고 하여 대구보다 서울로부터의 영향을 더 크게 받는다고 하기는 어려울 것이 분명하다. 우선 대전, 대구, 전주, 부산, 광주 등 큰 도시로 퍼지고 거기서 다시 주변 지역으로 퍼지는 것이 언어 현상 아닌 여러 사회 문화 현상에서도 자연스러운 흐름일 것이다.

말하자면 개신파는 우선 껑충껑충 뛰면서 전파의 거점을 확보해 두고 그 거점에서 다시 주변에 작은 거점을 확보하거나 그야말로 물결처럼 퍼져나가는 특성을 가진다고 할 수 있다. 거점이 될 만한 곳이 아예 없다면 몰라도 그렇지 않다면 뜀박질(jumping) 현상이 따른다는 점을 방언의 전파를 이해할 때 유의할 필요가 있다고 하겠다.

인력

개신파가 주위로 퍼져나갈 때 호수의 물결과 달리 껑충 뛰기도 하고 또 어떤 방향으로 유난히 강력하게 멀리 퍼지기도 한다는 것은 지역 간의 인력(引力, gravity)이 다름에서 말미암는 현상이라 해석된다. 좀더 긴밀한 관계를 가지면서 더 크게 끌고 끌리는 지역들이 있는가 하면 그 관계가 소원하여 상호간에 별로 큰 영향력을 행사하지 못하는 지역들도 있을 것이다. 이 주고받는 영향력의 크기가 곧 인력인데 인력이 큰 지역끼리 언어에 있어서의 영향력도 크리라는 것은 쉽게 짐작되는 일이다.

두 지역 간의 인력을 결정짓는 요인에는 여러가지가 있을 것이다. 우선 두 지역 간의 거리를 들 수 있다. 거리가 가까우면 영향력도 그만큼 비례하여 커질 것이다. 그런데 이 거리는 지도상에서의 두 지점의 거리이기보다는 두 지역을 이어 주는 통로의 거리이어야 할 것이다. 두 지역 사이에 사람의 왕래를 불가능케 하는 험준한 산맥이나 깊은 늪이 있다면 그 지역들이 아무리 인접하여 있더라도 그 거리는 의미가 없을 것이다. 두 지역이 지도상에서의 거리로는 8km라 하더라도 실제로 100km를 우회하여야 갈 수 있는 곳이라면 이 두 지역간의 거리는 100km로 계산하여야 할 것이다.

그리고 두 지역이 가까운 육로가 있음에도 불구하고 주로 배를 통하여 해상으로 왕래한다면 이때는 그 해로(海路)의 거리를 이들 지역 간의 거리로 간주하여야 할 것이다. 또 만일 시대적으로 교통 수단에 어떤 변동이 있어, 가령 20년 전까지는 해로가 거의 유일한 통로였는데 그 이후에는 철로가 놓이고 고속도로가 놓임으로써 육로가 주된 통로가 되었다면 어떤 언어 현상을 파악하려 할 때 이 변동을 고려에 넣어 두 지점 간의 거리를 계산하여야 할 것이다.

인력을 결정짓는 요인으로 인구도 빼놓을 수 없다. 인구가 많은 큰 도시는 영향력을 그만큼 크게 행사하게 마련이기 때문이다. 두 도시가 인구가 크게 다를 때 이들이 같은 거리에 있는 제3의 도시에 미치는 영향력이 다를 수 있는 것은 물론이고, 더 멀리 떨어져 있는 곳이더라도 그곳이 워낙 대도시라면 이웃한 소도시보다 더 큰 영향을 미칠 수도 있는 것이다.

방언 간의 유사성도 인력을 결정짓는 요인의 하나로 간주된다. 언어적으로 유사성이 크면 그만큼 영향을 많이 받기가 쉽고 유사성이 적으면 적을수록 그만큼 영향을 덜 받는다는 것이다. 이 유사성은 보통 5 단계 정도로 구분되어 같은 군내(郡內)의 다른 도시의 말과는 4, 같은 도내(道內)의 어떤 도시의 말과는 3 정도의 유사성이 있다는 식으로 하여 0까지 설정한다.

이상의 요인을 변수로 하여 인력을 측정하는 공식은 다음과 같다. 여기서 Iij는 어떤 도시(center) j에 대한 i 도시의 영향력이며, P는 인구, d는 거리, S는 언어 간의 유사성이다.

$$Iij = S \cdot \frac{PiPj}{(dij)^2} \cdot \frac{Pi}{Pi + Pj}$$

그러나 지역 간의 인력은 위의 요소들 이외에도 많은 요인이 더 복잡하게 복합적으로 얽혀 만들어지리라는 점을 우리는 여러

가지 경험을 통하여 예측할 수 있다. 즉 먼 거리에 있는 쪽과는 통혼(通婚)도 하며 긴밀한 관계를 가지면서 그보다 가까운 거리에 있는 쪽과는 소원한 관계를 가지는 예를 보게 되는데, 지역감정 등이 개입됨으로써 좀체로 왕래가 이루어지지 않는 경우도 있고 사적(史的)인, 또는 종교적인 배경으로 원만한 관계가 이루어지지 않는 경우도 있을 것이다. 지역 간의 인력을 계산하려면 이 모든 요인들을 모두 고려에 넣어야 할 것이다.

그러나 어떻든 한 지역의 언어적 특성을 파악하고자 할 때, 다시 말하면 그 지역에 왜 어느 곳으로부터의 개신파의 영향은 미쳤으면서 어느 곳으로부터의 그것은 미치지 않았는가를 구명하려면 이 지역이 주변 지역으로 이끌리는 인력을 측정해 보는 일은 한 필수적인 절차라 할 만하다. 이 인력이 바로 측정된다면 한 지역의 언어적 특성은 상당한 정도까지 예견될 수도 있을 것이며, 그 지역이 왜 어떤 지역들과 한 방언권을 이루는가를 설명할 수도 있을 것이다.

우리는 저 앞(4. 4)에서 방언권은 여타(餘他)의 문화권, 가령 통혼권이라든가 교육권, 경제권 등과 상관성을 가짐을 보았다. 결국 하나의 테두리를 이룬다는 것은 그들 간의 인력에서 비롯되는 것일 것이다. 한 예로 경제권을 형성하는 인력과 방언권을 형성하는 인력이 반드시 동일한 요인에 의해 결정되지는 않을 것이나 이들이 결코 무관할 수는 없을 것이다. 언어외적인 배경을 방언학자들이 참조하려 함은 이 때문일 것이다.

방언의 전파는 결국 지역 간의 인력에 의해서 이루어진다고 이해되며 먼 도시로 먼저 껑충 뛰는 현상도 그곳과의 인력이 그 중간 지대와의 인력보다 크기 때문이라고 해석되는 것이다. 앞에서 인력을 측정하는 공식 하나를 제시하였지만 좀더 보완하여 정밀한 공식을 만들 수 있다면 방언의 전파 현상을 구명하는 데 큰 도움을 얻게 될 것이다. 인력을 측정하는 보다 완벽한 공식을 만들기 위한 노력이 일각(一角)에서 일고 있지만 이 또한 방언학도의 앞으로의 큰 과제라 할 것이다.

■ 참고

개신파의 개념에 관한 고전적 설명은 Dauzatz의 *La Geographie Linguistique*(1944) 및 Saussure의 *Cours de Linguistique Générale*(1916)에서 볼 수 있다. 근래의 것으로는 Kurath의 *Studies in Area Linguistics* (1972)의 제8장에 각 나라에서의 전파의 실례가 상세히 설명되어 있다. 그러나 본장의 대부분은 Chambers and Trudgill의 *Dialectolgie* (1998)의 제10장과 제11장에 의거한 것이다. 이 내용은 Trudgill의 논문집인 *On Dialect*(1983)에 실린 "Linguistic Change and Diffusion"에도 상세하게 서술되어 있다. 방언의 전파에 대한 연구는 아직 초기적인 단계에 있고 Trudgill이 그 전위에서 새 방법론을 개척하기에 힘쓰고 있는 듯하다. Trudgill이 주로 의존하고 있는 것은 지리학자인 Hägerstrand의 방법론인데 특히 그의 "The Propagation on Innovation Waves"(*Human Geography* 4, 1952)가 이 방면의 개척자적인 업적으로 영향이 컸던 것으로 보인다. 우리로서는 그의 후기 저서인 *Innovation Diffusion as a Spatial Process* (University of Chicago Press, 1967) 정도를 참조할 수 있을 것이다. 이러한 지리학자들의 방법론을 원용(援用)하든 어떤 다른 방법론을 개척하든 방언의 전파 현상에 대한 연구는 방언학자들의 개척을 기다리는 미개척 분야로서 앞으로의 연구에 기대를 걸어야 할 것이다.

참고문헌

강정희(1988). 『제주방언연구』. 한남대학교 출판부.

곽충구(1994). 『함북 육진방언의 음운론』. 태학사.

김덕호(2001). 『경북방언의 지리언어학』. 월인.

김방한(1967). 「구조방언학」. 『어학연구』 4.1. 『언어학논고』(서울대학교 출판부 1970)에 재수.

김병제(1965). 『조선어 방언학 개요』. 평양: 사회과학원 출판사.

김연진 외(2004). 『대전 사회방언 연구』. 다운샘.

김영배(1984). 『평안방언연구』. 동국대학교 출판부.

———(1997). 『평안방언연구』. 자료편. 태학사.

김영태(1975) 『경상남도방언연구(1) : 자료편』. 진명출판사.

김완진(1957). 「제주도방언의 일본어 어사 차용에 대하여」. 『국어국문학』 18.

김이협(1981). 『평북방언사전』. 한국정신문화연구원.

김형규(1974). 『한국방언연구』. 서울대학교 출판부.

김영황(1982). 『조선방언학』. 평양 : 김일성종합대학 출판부.

김인기(2004). 『강릉방언총람』. 한림출판사.

김주석 · 최명옥(2001). 『경주 속담 · 말사전』. 한국문화사.

김충회(1992). 『충청북도 언어지리학』. 인하대학교 출판부.

김택구(2000). 『경상남도의 언어지리』. 박이정.

대한민국 학술원(1993). 『한국 언어지도첩』. 성지문화사.

박정수(1999). 『경남방언 분화연구』. 한국문화사.

박경래(1993). 「충주방언의 음운에 대한 사회언어학적 연구」. 서울대학교 박사학위논문.

방언연구회(2001). 『방언학사전』. 태학사.

서주열(1981). 『전남 · 경남방언의 등어지대연구』. 정화출판문화사.
신기상(1999). 『동부경남방언의 고저장단 연구』. 월인.
유필재(2001). 「서울지역어의 음운론적 연구」. 서울대학교 박사학위논문.
이기갑(1986). 『전라남도의 언어지리』. 탑출판사.
———(2003). 『국어 방언 문법』. 탑출판사.
———(외 4인). (1998) 『전남방언사전』. 탑출판사.
이기문(1972). 『국어사개설』. 개정판. 민중서관.
이병근(1969). 「방언경계에 대하여」. 『한국문화인류학』 2.
이숭녕(1967). 「국어방언사」. 『한국문화사대계』 5.
이익섭(1970). 「전라북도 동북부지역의 언어분화」. 『어학연구』 6.1.
———(1976). 「한국 어촌방언의 사회언어학적 고찰」. 『진단학보』 42.
———(1979a). 「강원도 영서지방의 언어분화」. 『진단학보』 48.
———(1979b). 「방언자료의 수집 방법」. 『방언』 1.
———(1981). 『영동 영서의 언어분화 — 강원도의 언어지리학』. 서울대학교 출판부.
———(1983a). 「방언조사 질문지의 질문법에 대하여」. 『방언』 7.
———(1983b). 「한국어 표준어의 제문제」. 이기문 외 『한국 어문의 제문제』. 일지사.
———(2000). 『국어학개설』. 개정판. 학연사.
이명규(2000). 『서울 · 경기지역 지명 및 방언』. 한국문화사.
이상규(1995). 『방언학』. 학연사.
———(2000). 『경북방언사전』. 태학사.
전혜숙(2003). 「강원도 동해안 방언의 사회언어학적 연구」. 한국외국어대학교 박사학위논문.
최명옥(1980). 『경북동해안방언연구』. 영남대 민족문화연구소.
———(1982). 『월성지역어의 음운론』. 영남대학교 출판부.
———(1998). 『한국어 방언연구의 실제』. 태학사.
——— 곽충구 · 배주채 · 전학석(2002). 『함북 북부지역의 연구』. 태학사.
최전승(1986). 『19세기 후기 전라방언의 음운현상과 그 역사성』. 한신문화사.

——(1995). 『한국어 방언사 연구』. 태학사.
최학근(1959). 『국어방언학서설』. 정연사.
——(1962). 『전라남도방언연구』. 한국연구원.
——(1968). 『국어방언연구』. 서울대학교 출판부.
——(1971). 「남부지방군과 북부방언군과의 사이에 개재하는 등어선 설정을 위한 방언조사연구」. 『지헌영선생 화갑기념논총』
——(1978). 『한국방언사전』. 현문사.
최현배(1946). 『시골말캐기잡책』. 정음사.
한영목(1999). 『충남방언의 연구와 자료』. 이회문화사.
현평효(1962). 『제주도방언연구 1집(자료편)』. 정연사.
현평효(1974). 『제주도방언의 정동사연구』. 아세아문화사.
한국정신문화연구원(1980). 『한국방언조사질문지』.
——(1986-1994). 『한국방언자료집 I-IX』.
日本國立國語硏究所(1966-75). 『日本言語地圖』 전6권.
小倉進平(오구라 신페이)(1940). *The Outline of the Korean Dialects*. 東京 : 東洋文庫.
——(1944). 『朝鮮語方言の硏究』. 東京 : 岩波書店.
紫田式(시바타 다케시)(1969). 『言語地理學の方法』. 東京 : 筑摩書房.
河野六郎(고노 로쿠로)(1945). 『朝鮮方言學 試攷—'鋏'語攷』. 서울 : 東都書籍.

Allen, H. B. (1971). "Some Problems in Editing the Linguistic Atlas of the Upper Midwest." In L. H. Bughardt ed.. *Dialectology : Problems and Perspectives*. University of Tennessee Press.
——(1973-6). *The Linguistic Atlas of the Upper Midwest*. 3 vols. University of Minnesota Press.
——and M. D. Linn eds.(1986). *Dialect and Language Variation. Orlando* : Academic Press.
Atwood, E. B. (1968). "The Methods of American Dialectology."

Zeitschrift für Mundartforschung 30.
Berns, J. and J. van Marle eds. (2002). *Presend-day Dialectology: Problems and Findings*. Berlin : Mouton de Gruyter.
Bloch, B.(1935). "Interviewing for the Linguistic Atlas." *American Speech* 10.
Bloomfield, L.(1933). *Language*. New York : Holt, Rinehart & Winston.
Bottiglioni, G.(1954). "Linguistic Geography : Achievements, Methods and Orientations." *Word* 10.
Bright, W. F. (1966). *Sociolinguistics*. The Hague : Mouton.
Bynon, T.(1977). *Historical Linguistics*. Cambridge University Press.
Catford, J. C.(1957). "The Linguistic Survey of Scotland." *Orbis* 6.
Chambers, J. K.(1993). "Sociolinguistic Dialectology." In Preston (1993b).
——(1995). *Sociolinguistic Theory : Linguistic Variation and Its Social Signficance*. Oxford : Blackwell.
Chambers. J. K. and P. Trudgill(1998). *Dialectology*, 2nd ed. Cambridge University Press. [초판, 1980]
Coates, J. (1986). *Women, Men and Language*. London : Longman.
Coulmas, F.(1997). *The Handbook of Sociolinguistics*. Oxford : Blackwell.
Dauzat. A.(1944). *La Geographie Linguistique*. Paris : Flammarion.
Davis, A. L.(1948). "A Word Atlas of the Great Lakes Region." Ph. D. Dissertation. University of Michigan.
Davis, L. M.(1983). *English Dialectology : An Introduction*. The University of Alabama Press.
Francis, W. N.(1983). *Dialectology : An Introduction*. London : Longman.
Gardett, P.(1983). *Études de Géographie Linguistiqe*. Paris : Strasbourg.
Gilliéron, J.(1902-10). *Atlas Linguistique de La France*. 13 vols. Paris : Champion.
Gumperz, J. J.(1971). *Language in Social Groups*. Stanford University Press.

Haugen, E.(1966). "Dialect, Language, Nation." *American Anthropologist* 68.

Hockett. C.(1958). *A Course in Modern Linguistics*. New York : Macmillan.

Holmes, J. (1992). *An Introduction to Sociolinguistics*. London : Longman.

Hudson, R. A.(1980). *Sociolinguistics*. Cambridge University Press.

International Phonetic Association(1999). *Handbook of the International Phonetic Association: A Guide to the Use of the International Phonetic Alphabet*. Cambridge University Press.

Jochnowitz, G.(1973). *Dialect Boundaries and the Question of Franco Provençal*. The Hague : Mouton.

King. K. C.(1954). "The Study of Dialect in Germany." *Journal of Lancashire Dialect Society* 4.

Kirk, J. M., S. Sanderson and J. D. A. Widdowson eds. (1985). *Studies in Linguistic Geography*. London: Croom Helm.

Kretzschmar, W. (1996). "Dialectology and Sociolinguistics: Same Coin, Different Currency." *Language Science* 17.

——, V. G. McDavid, T. K. Lerud and E. Johnson eds.(1994). *Handbook of the Linguistic Atlas of the Middle and South Atlantic States*. University of Chicago Press.

—— and E. W. Schneider(1998). *Introduction to Quantitative Analysis of Linguistic Survey Data*. Thousand Oaks, CA : SAGE Publication.

Kurath, H.(1949). *A Word Geography of the Eastern United States*. University of Michigan Press.

——(1972). *Studies in Area Linguistics*. Indiana University Press.

—— and R. I. McDavid Jr. (1961). *The Pronunciation of English in the Atlantic States*. University of Michigan Press.

—— and B. Bloch.(1939). *Handbook of the Linguistic Geography of New England*. Brown University Press.

—— et al(1939-43). *Linguistic Atlas of New England*. 3 vols. Brown University Press.

Labov. W.(1966). *The Social Stratification of English in New York City*.

Washington, D. C. : Center for Applied Linguistics.

——(1972a). *Language in the Inner City: Studies in the Black English Vernacular*. University of Pennsylvania Press.

——(1972b). *Sociolinguistic Patterns*. University of Pennsylvania Press.

—— ed.(1980). *Locating Language in Time and Space*. New York: Academic Press.

——(1994). *Principles of Linguistic Change*. vol. 1: *Internal Factors*. Oxford: Blackwell.

Lakoff, R. (1975). *Language and Woman's Place*. New York: Harper & Row.

Langacker, R. W.(1967). *Language and Its Structure*. New York: Harcourt, Brace & World.

Mase, Y.(1999). "Dialect Consciousness and Dialect Divisons: Examples in the Nagano-Gifu Boundary Region." In Preston (1999).

McDavid. R. I. and V. McDavid(1959). "The Study of American Dialects." *Journal of the Lancashire Dialect* 8.

McIntosh, A.(1952). *An Introduction to a Survey of Scottish Dialect*. Edinburgh: Nelson.

Mather. J. Y. and H. H. Speitel(1975-77). *The Linguistic Atlas of Scotland*. 2 vols. London: Croom Helm.

Milroy. L.(1980). *Language and Social Networks*. Oxford: Blackwell.

Moulton, W. G.(1972). "Geographical Linguistics." In T. A. Sebeok ed. *Current Trends in Linguistics* 9. The Hague: Mouton.

Niedzielski, N. A. and D. R. Preston(2003), *Folk Linguistics*. Berlin: Mouton de Gruyter.

Orton. H.(1960). "An English Dialect Survey: Linguistic Atlas of England." *Orbis* 9.

——(1962). *Survey of English Dialects: Introduction*. Leeds: E. J.

Arnold.
——— et al.(1962-71). *Survey of English Dialects : The Basic Materical*. 4 vols. Leeds : E. J. Arnold.
———(1971). "Editorial Problems of an English Linguistic Atlas." In L. H. Bughardt ed. *Dialectology : Problems and Perspectives*. University of Tennessee Press.
———, S. Sanderson and J. Widdowson(1978). *The Linguistic Atlas of England*. London : Groom Helm.
——— and N. Wright(1974). *A Word Geography of England*. London : Seminar Press.
Pederson, L. (1993). "An Approach to Linguistic Geography: The Linguistic Atlas of the Gulf States." In Preston(1993b)
———, S. L. McDaniel, G. H. Bailey and M. Bassett eds.(1986). *The Linguistic Atlas of the Gulf States*, vol 1 : *Handbook*. Athens, GA : University of Georgia Press.
Petyt, K. M.(1980). *The Study of Dialect : An Introduction to Dialectology*. London : Blackwell.
Pop, S.(1950). *La Dialectologie*. 2 vols. Louvain : Centre internationale de dialectologie générale.
Preston, D. R.(1989). *Perceptual Dialectology: Nonlinguists' View of Areal Linguistics*. Dordrecht, Holland : Folis.
———(1993a). "Folk Dialectology." In Preston(1993b).
——— ed.(1993b). *American Dialect Research*. Amsterdam : John Benjamins.
——— ed.(1999). *Handbook of Perceptual Dialectology*. Amsterdam : John Benjamins.
———(2002). "Perceptual Dialectology : Aims, Methods, Findings." In Berns and Van Marle(2002).
Samarin, W. J.(1967). *Field Linguistics : A Guide to Linguistics Field Work*. New York : Holt, Rinehart and Winston.
Schouten, M. E. H. and P. Th. van Reenen eds.(1989). *New Methods*

in Dialectology. Dordrecht, Holland : Foris.

Séguy, J. (1952). *Atlas Linguistique et Ethnographique de la Gascogne*, vol 1. Paris : Centre nationale de la recherche scientifique.

——(1973). *Atlas Linguistique de la Gascogne*, vol 6 : *Notice Explicative*. Paris : Centre nationale de la recherche scientifique.

Shuy, R. W., W. A. Wolfram and W. K. Riley(1968). *Urban Language Study*. Washinton DC. : Center for Applied Linguistics.

Speitel. H. H.(1969). "An Areal Typology of Isoglosses Near the Scottish-English Border." *Zeitschrift für Dialektologie und Linguistik* 36.

Thomas, A. R. ed.(1988). *Methods in Diatectology*. Clevedon, England : Multilingual Matters.

Trudgill, P.(1974) *The Social Differentiation of English in Norwich*. Cambridge University Press.

——(1983a). *Sociolinguistics : An Introduction*. rev. ed. Penguin. [초판 1974]

——(1983b). *On Dialect*. New York University Press.

Tuaillon, G.(1976). *Comportements de Recherche De Dialectologie Française*. Paris : CNRS.

Wakelin, M. F.(1977). *English Dialects : An Introduction*. rev. ed. London : Athlone Press.

Weijnen, A.(1978). *Outlines for an Interlinual European Dialectology*. Assen(The Netherlands) : Van Gorcum.

——(1979). *Atlas Linguarum Europae : Second Questionnaire*. Assen (The Netherlands) : Van Gorcum.

Weinreich, U.(1954). "Is a Structural Dialectology Possible?" *Word* 10 and Allen and Linn(1986).

——(1968). *Language in Contact*. The Hague : Mouton.

Wolfram. W.(1969). *A Sociolinguistic Description of Detroit Negro Sreech*. Washington, DC : Center for Applied Linguistcs.

—— and R. Fasold(1974). *The Study of Social Dialects in American English*. New York : Prentice-Hall.

찾아보기

ㅇ

ㅈ

ㅊ

ㅋ

ㅌ

ㅍ

ㅎ

A

B

T

U

V

W

저자 소개

이익섭(李翊燮)

1938년 강릉 출생
1956~1981　서울대학교 국어국문학과 및 동 대학원 졸업(문학박사)
1963~1969　전북대학교 조교수
1969~2003　서울대학교 인문대학 국어국문학과 교수
1976~1977　Harvard Yenching Institute 객원학자
1996　Maryland 대학교 객원학자
1996~1997　국어학회 회장
1997~1999　국립국어연구원 원장
2002~2004　한국어세계화단 이사장
현재 서울대학교 명예교수

저서

『嶺東 嶺西의 言語 分化』(서울대학교 출판부, 1981)
『國語文法論』(공저, 학연사, 1983)
『國語 語文의 諸問題』(공저, 일지사, 1983)
『方言學』(민음사, 1984)
『國語學槪說』(학연사, 1986/2000)
『國語 表記法 硏究』(서울대학교 출판부, 1992)
『사회언어학』(민음사, 1994)
『한국의 언어』(공저, 신구문화사, 1997)
『국어문법론 강의』(공저, 학연사, 1999)
The Korean Language (공저, State University of New York Press, 2000)
『국어 부사절의 성립』(태학사, 2003)
『한국어 문법』(서울대학교 출판부, 2005) 등

이익섭

서울대학교 국어국문학과를 졸업하고 동 대학원에서 문학박사 학위를 취득하였다.
전북대학교 교수, 하버드 대학교 옌칭 연구소 초빙교수,
메릴랜드 대학교 초빙교수, 국어학회 회장, 국립국어연구원 원장을 역임했고,
현재 서울대학교 국어국문학과 교수로 재직 중이다.
저서로는 『영동 영서의 언어분화』, 『국어문법론』, 『사회언어학』,『국어학개설』,
『국어표기법연구』, 『한국의 언어』(공저), 『국어문법론 강의』(공저) 등이 있다.

방언학

1판 1쇄 펴냄 • 1984년 12월 10일
1판 12쇄 펴냄 • 1998년 4월 15일
2판 1쇄 펴냄 • 2000년 4월 8일
3판 1쇄 펴냄 • 2006년 2월 15일
3판 7쇄 펴냄 • 2014년 9월 8일

지은이 • 이익섭
발행인 • 박근섭, 박상준
펴낸곳 • (주) 민음사

출판등록 • 1966. 5. 19. 제16-490호
서울특별시 강남구 도산대로1길 62(신사동)
강남출판문화센터 5층 (135-120)
대표전화 515-2000 • 팩시밀리 515-2007
www.minumsa.com

ISBN 978-89-374-5446-2 94710
ISBN 978-89-374-5420-2 (세트)